本书受到国家自然科学基金（71561011、71973056）和杭州
职业技术学院高层次人才科研启动项目（HZYGCC202204）资助

激励合同对机构投资行为和资产价格的影响机制研究

徐 思 盛积良◎著

中国财经出版传媒集团
中国财政经济出版社

图书在版编目（CIP）数据

激励合同对机构投资行为和资产价格的影响机制研究 / 徐思，盛积良著. --北京：中国财政经济出版社，2023.6

ISBN 978-7-5223-2167-7

Ⅰ.①激… Ⅱ.①徐… ②盛… Ⅲ.①机构投资者—投资行为—关系—股票价格—研究 Ⅳ.①F830.59 ②F830.91

中国国家版本馆 CIP 数据核字（2023）第 070404 号

责任编辑：庄 莉　　责任校对：胡永立

封面设计：孙俪铭

激励合同对机构投资行为和资产价格的影响机制研究

JILI HETONG DUI JIGOU TOUZI XINGWEI HE ZICHAN JIAGE DE YINGXIANG JIZHI YANJIU

中国财政经济出版社 出版

URL：http：//www.cfeph.cn

E-mail：cfeph@cfeph.cn

社址：北京市海淀区阜成路甲 28 号　邮政编码：100142

营销中心电话：010-88191537

天猫网店：中国财政经济出版社旗舰店

网址：https：//zgczjjcbs.tmall.com

北京财经印刷厂印刷　各地新华书店经销

成品尺寸：170mm×240mm　16 开　17 印张　224 000 字

2023 年 6 月第 1 版　2023 年 6 月北京第 1 次印刷

定价：80.00 元

ISBN 978-7-5223-2167-7

（图书出现印装问题，本社负责调换，电话：010-88190548）

本社质量投诉电话：010-88190744

打击盗版举报热线：010-88191661　QQ：2242791300

前言

近年来，伴随着证监会“超常规发展机构投资者”的战略方针，我国机构投资者的发展呈现井喷之势，证券市场投资主体机构化程度不断加深，机构投资行为及其对资产价格的影响受到广泛关注。机构投资决策者较个人投资者具备更高专业水平，同时投资决策的规划性更强，理应发挥稳定证券市场的作用。然而，在委托代理投资实践中，由于不对称薪酬合同的广泛采用，机构投资策略会出现风险转嫁现象，这一现象进一步影响了证券市场的股票价格和波动。因此，深入研究激励合同对机构投资策略的影响，进而揭示资产价格的微观形成机理具有重要的实践意义。本书在现有研究的基础上，结合国内外机构投资管理的实践，建立动态委托代理投资和资产定价理论模型，从微观层面研究机构投资者的激励合同对其投资行为及资产价格的影响机制。

本书第 2 章利用连续时间动态投资组合决策模型，分析来自不对称薪酬合同的显性激励对机构投资行为的影响。假设基金管理者具有基于基准组合的不对称薪酬合同，分别设薪酬合同中的基准为静态基准（常数）和动态基准组合（市场指数），构建机构投资者的动态投资决策模型，利用完备市场下的鞅方法求解模型，得到最优投资组合期末价值和动态最优投资组合策略的封闭解。研究发现，在不对称薪酬导致的显性激励作用下，管理者会采取更激进的投资策略，具体而言，显性激励强度的增加会促使基金管理者增加投资组合的风险暴露，这一策略虽然能使得基金在市场状态好时获得更高收益，但同时也提高了基金损失全部资产的风险。若提高不对称薪酬合同中的管理费率，能有效缓解基金管理者的冒险行为。此外，在面对相同的薪酬合同时，损失厌恶度较高的基金管理者往往会采取更保守的投资策略。

本书第3章利用连续时间动态投资组合决策模型，分析基金管理者在固定比例的薪酬合同下，来自业绩—资金流动的隐性激励对机构投资行为的影响。假设基金管理者受到业绩—资金流动凸关系引起的隐性激励，构建机构投资者的动态投资组合决策模型。在基金业绩—资金流动关系为Two-tier型且基准收益率为常数的假设下，利用鞅方法得出模型的封闭解。当业绩—资金流动关系为更具一般性的Collar型时，同时以随市场动态变化的指数收益率作为基准收益率，利用Monte Carlo方法进行数值模拟得到了与简化模型类似的结论。研究发现，业绩—资金流动关系中的资金流入系数的增加会促使基金管理者增加投资组合的风险暴露，而业绩表现较差导致的基金资金流出量对基金最优投资组合策略没有影响。这表明隐性激励强度的增加，使得管理者采取更激进的投资策略。此外，在面对相同的隐性激励时，损失厌恶度较高的基金管理者往往会采取更保守的投资策略。

本书第4章利用多期均衡定价模型，研究了在基于基准和相对业绩的薪酬激励合同作用下，显性和隐性激励如何影响多个机构投资者在资产管理竞赛中的策略互动行为。发现在完美均衡中，年中业绩表现较好的基金在后续投资中持有高风险资产的概率更高，而年中表现较差的经理人正好相反。如果流入绩优基金的现金流量取决于其成功程度，那么绩优基金将采取更激进的投资行为。当薪酬激励合同更加关注相对于基准的业绩表现时，管理者更可能采取积极的策略。

本书第5章研究了管理者薪酬合同的显性和隐性激励对市场上

的风险资产价格的影响。设激励合同为基于相对业绩的不对称合同，该合同导致资金在投资业绩不同的基金之间不对称地流动。假设在经济体中有四类代表性的代理人，资金可以在指数基金投资者和积极基金投资者之间流动，建立均衡资产价格模型，利用 Mills 率的性质与数值分析研究合同不对称（显性激励）、资金流动不对称（隐性激励）及积极基金投资者比例等对资产价格的影响。结果发现：资产价格随着合同不对称程度、资金流动量和积极基金投资者比例的增加而升高；随着资金流动不对称程度的增加而降低；夏普比率是积极基金投资者比例的减函数；同时考虑合同不对称与资金流动不对称对资产价格的影响，两类不对称之间存在相互制约。通过分析合同与资金流动对积极基金投资组合的影响就研究结论进行了解释。

本书第 6 章在连续时间的金融模型框架下，利用动态资产定价均衡模型，薪酬激励合同中的基准测试强度对资产价格及波动率的影响。假设市场参与者为个人投资者和机构投资者两类，从异质信念、异质效用和异质初始禀赋的角度构造并求解了单个风险资产的一般均衡定价模型，给出了均衡状态下的动态资产价格和波动率，以及两类投资者的动态财富过程和市场份额的闭式解。通过数值模拟，分析了三类异质性对市场主体的投资策略及资产价格的影响，发现异质信念导致资产价格的波动率增大；异质偏好中的基准测试强度越大，风险资产的均衡价格越高；异质初始禀赋中机构的初始市场占有率足够大时，风险资产的波动率会降低。此外，当机构投资者比个人投资者具有更悲观的信念时，基准测试强度越大，风险资产的波动率越小，同时资产价格随机构投资者初始市场占有率的增加而减少。

本书梳理和总结了委托代理投资决策和中介资产定价领域的最新研究成果，介绍了开展相关研究需要的数理金融理论基础。各章节基于不同的视角，利用动态委托代理投资和资产定价模型，对现有研究进行了有益的补充，丰富和拓展动态资产定价理论，相关结论有望为基金管理者的薪酬设计及监管机构的政策制定提供理论依据，以发挥机构投资者稳定市场的作用，促进我国基金业健康发展。此外，在后记中笔者为后续研究提供了一些拓展方向，希望能为相关领域的学生和研究者提供参考。

目录

第1章

绪　　论

1.1 研究背景及意义

1.1.1 研究背景

随着资本市场的日渐成熟，投资主体机构化特征日益凸显，缺乏专业研究和投资技能的个人投资者交易份额逐渐减少。一方面，以公募、私募、保险基金为代表的机构投资者逐步发展壮大，成为市场投资者主体。另一方面，随着信息技术和人工智能的快速崛起，量化、对冲等一大批新兴投资手段纷纷涌现，投资行为表现出高门槛特征。普通个人投资者委托专业投资机构进行投资和财富管理将逐步成为主流模式。在发达金融市场中，机构投资者的持股比例极高，美联储公布的统计数据显示，截至2020年第一季度，美国股市总市值为48.02万亿美元，其中机构投资者持股比例为62.4%。近年来，我国的机构投资者亦呈现跨越发展之势，特别是自2001年9月国内第一只开放式基金华安创新发行以来，伴随着证监会提出的“超常规发展机构投资者”的方针，我国基金行业规模急速扩张。截至2020年底，国内共有基金9 556只，包括股票型基金、债券型基金、混合型基金、货币型基金、QDII基金[①]等，总资产净值约15万亿元人民币，占2020年国内生产总值的14.85%。随着投资主体机构化程度的不断深入，机构投资行为及其对金融市场中资产价格的影响受到广泛关注。

不同于个人投资者，机构投资者用于市场投资的资金并非自有资产，机构投资的决策者——基金管理者（Fund Manager）向委托人提供资产管理服务，在投资期限结束时根据约定的薪酬激励合同

---

① QDII基金指合格境内机构投资者（Qualified Domestic Institutional Investor），是在我国境内设立，经国内相关部门批准从事境外证券市场股票和债券交易的金融投资机构。QDII基金是在外币未实现自由兑换的情况下，境内投资者有限度地投资境外资本市场的过渡性途径。

（Incentive Contract）获得收入。薪酬激励合同的设计直接影响了机构投资者的投资行为，进而导致证券市场的价格波动。具体影响因素包括以下几个方面：

（1）薪酬合同中包含的不对称期权项对管理者产生的显性激励（Explicit Incentive）。具体而言，基金的业绩超过某一基准（Benchmark）时，管理者能获得超额收益部分的分红，而未达到基准业绩却不受到惩罚（或惩罚的比例远低于奖金的比例）（Carpenter，2000；Ross，2004；Golec 和 Starks，2004；Cuoco 和 Kaniel，2011）。

（2）基金业绩—资金流动凸关系引起管理费变化导致的隐性激励（Implicit Incentive）。基金的薪酬合同中包含一部分管理费，其为管理资产净值的固定比例。与此同时，基金的业绩表现会影响委托人的申购和赎回份额，大量研究表明当基金业绩优于基准时的资金流入量大幅超过业绩未达到基准时的资金流出量（Chevalier 和 Ellison，1997；Sirri 和 Tufano，1998；伍燕然和王凯等，2019），即基金业绩与管理资产的流动之间存在凸关系。具体而言，基金业绩导致的资金流动使得基金管理资产规模发生变动，进而改变了管理者的薪酬。因而隐性激励表现为基金业绩超过基准时，管理者所获得的薪酬增加量远超过业绩未达到基准时的薪酬减少量。

（3）激励合同中管理者薪酬与基准的相关程度，即基准测试强度（Benchmarking Intensity，BMI）。而从基金行业的现状来看，绝大多数的基金管理者的薪酬合同往往与一个动态的基准组合（Benchmark Portfolio）（如市场指数）挂钩（Evans 和 Gomez，2020），这种以动态的基准组合来衡量机构投资者的业绩的行为被称为基准测试（Benchmarking）。管理者的薪酬激励合同与基准组合的相关程度被称为基准测试强度，该因素影响了投资者的行为和均衡资产价格。

现有研究认为，显性和隐性激励的存在使基金管理者的投资优化目标与投资者产生矛盾，投资策略出现风险转移（Huang 和

Clemens 等，2011；Brennan 和 Cheng 等，2012）。为了粉饰账面价值，基金管理者可能会进行投资组合拉抬（Portfolio Pumping），即通过在期末最后几天大量买入已持有的股票，从而暂时性提高股票收盘价（Agarwal 和 Daniel 等人，2011；Bhattacharyya 和 Vikram，2013；Lee 和 Baek 等人，2014）。同时，上述的基金投资策略进一步影响了资本市场的资产均衡价格，导致资本市场的价格波动（Basak 和 Pavlova，2013；Sato，2016；Cvitanić 和 Hao，2018）。此外，基准测试强度越高导致股票的长期回报率越低（Pavlova 和 Sikorskaya，2020）。不少学者基于理论模型研究了激励合同中各因素对机构投资行为及资产价格的影响，但由于模型的一些假设不符合金融市场实际，导致相关结论对实证研究成果的解释能力受到限制。

1.1.2 研究意义

本书在现有研究的基础上，结合国内外机构投资管理的实践，基于更符合市场实际的假设，构建动态委托代理投资和资产定价模型，从微观层面研究机构投资者的激励合同对其投资行为及金融市场资产价格的影响机制，相关研究具有重要的理论和实践意义。在理论方面，本书基于前景理论和投资者异质信念视角，研究了在委托代理投资中普遍采用的基准测试型激励合同，对机构投资者的显性和隐性的双重激励，以及机构投资者行为对均衡资产价格的影响，对丰富和拓展动态资产配置和资产定价理论具有重要的学术意义。在实践方面，本书的研究成果可应用到委托代理投资管理实践中，为委托代理薪酬合同设计和证券监管部门提供政策建议和理论支持。具体归纳为以下两点。

（1）理论意义

理论上，本书在连续时间金融框架下，从机构投资决策的微观层面，探讨委托代理投资中普遍存在的两类激励对机构投资组合策略的影响，以探索其中蕴含的经济学规律。进一步，利用动态一般均衡模型，研究在投资者具有异质信念的情况下，激励合同对风险资产价格的影响机制，为相关实证结果提供理论依据。本书的研究丰富了委托代理投资框架下的动态投资组合管理理论，同时拓展了动态资产定价模型的相关理论。

（2）实践意义

实践上，本书深入研究了激励合同对机构投资策略的影响，进而揭示资产价格的微观形成机理，对于识别金融市场风险源、加强对机构投资者的监管、提高监管机构监管水平具有重要的实践意义。本书理论模型的相关成果为基金管理者的薪酬设计及监管机构的政策制定提供理论指导，对保护基金投资者利益、发挥机构投资者稳定市场的作用、促进我国基金业健康发展具有积极的实践意义。具体而言，本书的结论可分别应用于两个方面：首先，可以为基金管理者的薪酬合同设计、基金业绩评价的基准组合选择、基金的产品设计提供理论依据；其次，可为证券监管部门制定相关政策提供理论支持。

1.2 概 念 界 定

本节对文中使用的一些关键概念进行界定，包括：机构投资者、显性激励、隐性激励、投资者异质信念。通过对这些概念内涵的界定，为后续章节的理论分析和模型构建提供基础。

1.2.1 机构投资者

作为本书研究的主要投资主体，机构投资者（Institutional

Investors）在国内外学术界尚未有统一的权威定义，这主要归因于各国证券市场制度和监管政策的差异。

在国外，被广泛认可的机构投资者的权威定义由《The New Palgrave Dictionary of Money and Finance》（1992）提出，该定义指出机构投资者为进行长期储蓄资金管理的专业化金融机构，包括养老基金、人寿保险基金和投资基金或单位信托基金，其资金的投资组合管理均由聘请的专业基金经理（基金管理者）完成。为了确保基金投资者的利益，基金管理者必须根据市场状况随时调整其管理资金的投资组合。该定义揭示了机构投资者为代理投资的金融中介机构这一属性，并局限于证券投资组合管理，为较为狭义的定义。此外，《Webster's New World Investment and Securities Dictionary》（1986）中机构投资者的定义为：为广大投资者的利益以较低的手续费进行大宗交易的公司或机构。该定义较为宽泛，是更广义的定义，涵盖了从事金融投资的中介机构、契约型的存款储蓄机构及各类基金公司和慈善机构。

国内对于机构投资者尚未有权威定义，但不少学者在相关论著中给出了其定义，对本研究概念的界定提供了参考。耿志民（2000）认为，机构投资者是指以其所管理的资金在资本市场上进行投资的金融机构，包括共同基金、养老保险基金、保险公司、信托公司和投资银行等。何基报和王霞（2006）指出，机构投资者可划分为广义和狭义机构投资者，其中广义机构投资者指除了个人投资者之外从事投资经营活动的投资者，因此工商企业亦被视为机构投资者；而狭义的机构投资者为专门投资于证券市场并对投资组合进行积极管理的金融中介机构。

本书中的机构投资者（概念）采用国内外相关研究对机构投资者的狭义定义。具体而言，所谓机构投资者，是相对于个人投资者（Retail Investors）而言，指以各种金融工具集中社会资金，通过聘请专业的管理者将资产投资于证券市场，实现积极投资组合管理的金融中介机构。值得注意的是，狭义机构投资者的两个主要特征：

一是机构投资者不以自有资金进行投资；二是进行投资组合决策的管理者按事先约定的薪酬合同共享投资的收益。

1.2.2　机构代理投资中的显性激励

机构代理投资中的显性激励（Explicit Incentives），指委托代理合同对管理者的激励。显性激励中的凸性，来源于管理者薪酬合同中的不对称性，即薪酬合同中包含期权项，当业绩超过基准时，管理者能获得业绩奖金，而未达到基准却不受到惩罚（或惩罚的比例远低于奖金的比例）（Carpenter，2000；Ross，2004；Golec 和 Starks，2004；Cuoco 和 Kaniel，2011）。因此，显性激励指不对称的管理者薪酬合同对机构投资者的激励。

随着资本市场机构化程度不断加深，机构代理投资中管理者薪酬合同的选择及其激励效果受到学界广泛关注。由于信息不对称，委托人无法对基金管理者进行有效监督，管理者因降低努力程度（逃避工作）而享有私有利益，因而导致道德风险和逆向选择问题的出现（Stracca，2006；Spatt，2020）。如何设计出能有效激励管理者的薪酬合同，一直是学术界和业界共同关注的热点问题，并已有大量丰富的研究成果，但对于最优薪酬合同的结构尚无定论。

一种观点认为，基于业绩的线性薪酬合同对管理者没有激励作用，具有显性激励的合同才能激励管理者获取私有信息。如 Stoughton（1993）基于静态投资组合模型发现线性合同不能激励管理者为获取信息进行投入。Admati 和 Pfleiderer（1997）、曾勇和唐小我等（2000）指出基于超基准绩效的线性薪酬合同不仅不能激励管理者获取信息，而且使基金投资组合的选择发生了扭曲。Li 和 Tiwari（2009）发现包含不对称期权项的薪酬合同可以解决管理者对私人信息获取投入不足的问题，从而有效缓解道德风险。刘京军和梁建峰（2009）认为管理者的报酬合同应包括固定费用、代理成本及超额收益的分红。Cvitanić 和 Wan 等（2009）研究认为在动态委托代理关系下，管理者的最优报酬合同为非线性合同。Breugem 和 Buss（2019）通过求解多期离散均衡模型，发现基于基准的线性合同拉低了管理者私有信息的价值，从而降低了整个市场的信息效率。进一步，Breugem 和 Buss（2020）指出为了提高市场信息效率，委托投资组合管理的最优合同应包含一个与相对业绩相关的不对称薪酬项。

另一种观点认为，线性薪酬合同具有激励作用，而且可以避免委托代理投资组合出现风险转移。如 Das 和 Sundaram（2002）通过单期的风险分担模型，发现非对称合同使得管理者选择高风险的资产，而对称合同能使风险更好地在投资者和管理者之间进行分担。Ou-Yang（2003）通过构建连续时间的动态投资组合模型，发现基于超基准业绩的线性薪酬合同为最优，即最优合同中不包含变量的二次项、交叉项和期权项。Huang 和 Qiu（2020）认为随着市场机构化程度的提升，线性薪酬合同中的激励成分随之提高，能有效激励机构投资者的信息获取和风险规避行为。Sotes-Paladino 和 Zapatero（2020）发现当基金管理者比基金投资者拥有信息优势和更高的投资技能时，基于基准的线性对称合同能使得基金的最优投资组合符合基金投资者的利益，投资风险在基金管理者和投资者之间得到有效分担。

虽然学术界对最优薪酬合同形式尚无定论，但在机构代理投资实践中，包含显性激励的不对称薪酬合同被广泛采用。大量研究表明，在美国不对称的期权激励项是构成共同基金和对冲基金经理薪酬的主要部分（Ackermann 和 McEnally 等，1999；Elton 和 Gruber 等，2003；Goetzmann 和 Ingersoll 等，2003；Agarwal 和 Daniel 等，2004；Cuoco 和 Kaniel，2011；Ma 和 Tang 等，2019）。Li 和 Wu（2019）通过对我国 60 余家共同基金公司的薪酬进行调研，发现所有这些公司的基金管理者薪酬中均包含依据业绩排名确定的奖金，且该奖金是一个期权项。综上，在国内外投资管理实践中，不对称的薪酬合同对基金管理者的显性激励普遍存在。

1.2.3 机构代理投资中的隐性激励

机构代理投资中的隐性激励，指薪酬合同以外的其他隐含因素对管理者的激励。从产生原因的角度，基金管理者所面临的隐性激励可分为两类：一类产生于基金公司与管理者之间的委托代理关系，即基金管理者对职业前景和职业声誉（Reputation）的担忧。具体体现为管理者对因业绩不佳可能导致的解聘或降级风险的担忧，而良好的职业声誉能提高管理者在委托关系中的议价能力，因此对管理者的投资行为具有隐性激励作用（Chevalier 和 Ellison，1999；罗真和张宗成，2004；Kempf 和 Ruenzi 等，2009；彭文平和杨蓝蓝，2013；Pool 和 Stoffman 等，2019），不少学者发现这类隐性激励会导致管理者出现从众的羊群行为（Avery 和 Chevalier，1999；Harrison 和 Kubik，2000；Boyson，2010）。另一类产生于委托人的申购赎回行为造成的基金净值改变。具体表现为基金投资组合的业绩会引起委托人申购赎回份额的调整，这种业绩引发的资金流动导致了基金管理资产规模的变化，由于管理者薪酬中往往包含根据管理资产净值收取的固定比例管理费率，因而资产规模的变化使得管理者的薪酬发生对应改变，进而影响了基金管理者的投资决策，从而对管理者产生了薪酬合同以外的隐性激励（李学峰和张舰等，2011；Huang 和 Li 等，2020）。

隐性激励的凸性，主要来源于上述第二类激励，即基金业绩引发的资金流动对管理者的激励作用。国外不少实证研究发现基金的业绩与资金流动之间存在凸关系，具体而言，业绩良好的基金能吸引更多的资金流入，管理资金规模增加，而业绩较差的基金会面临更多的赎回压力，管理资金规模缩小（Chevalier 和 Ellison，1997；Sirri 和 Tufano，1998；Edelen，1999；Ferreira 和 Keswani，

2012；Agarwal 和 Green 等，2018）。进一步的研究表明，委托人在基金业绩表现好和表现差时，申购和赎回的份额具有不对称性，即委托人对于差的业绩敏感度低，赎回份额较少，而对于良好的业绩敏感度更高，申购增加的份额更多。因而导致基金业绩良好时的资金流入量大幅超过了收益不佳时的资金流出量（Huang 和 Wei 等，2007；Ivkovich 和 Weisbenner，2009；Spiegel 和 Zhang，2013；Leung 和 Kwong，2018）。国内早期的一些研究认为我国基金业存在与上述文献不一致的“赎回异象”，即业绩表现好的基金反而面临更大的赎回压力（陆蓉和陈百助等，2007；汪慧建和张兵等，2007）。但随着国内基金业的不断发展，最新的相关研究否定了赎回异象的存在，认为在我国基金行业业绩与资金流动之间同样存在凸关系（肖峻和石劲，2011；莫泰山，2013；伍燕然和王凯等，2019）。本书中的隐性激励指的是这种广泛存在的基金业绩—流动凸关系对管理者的激励。

1.2.4 投资者异质信念

作为证券市场中的行为主体，投资者之间存在着必然性的个体差异，这是由于投资者在认知方式、投资理念、投入时间、注意力以及处理信息的能力等方面的差异所致。这些不同特质造成了投资者对市场的判断和决策风格的不同。行为金融学理论对于投资者异质性的研究主要集中在异质信念（Heterogeneous Beliefs）和异质偏好（Heterogeneous References）。在本书第 4 章和第 5 章的资产定价模型中，放宽了传统资产定价模型研究中对投资者同质性的假设，从投资者异质信念角度讨论管理者薪酬激励合同对资产价格的影响。

Savage（1972）指出，信念（Beliefs）是人的主观概率估计，而概率是度量多大程度上确认某一命题真实性的一种测度，概率估计表达了个体对命题真实性的信心。Neumann 和 Morgenstern（1953）认为这种概率估计直接影响了个体的决策行为。根据社会学和心理学的相关理论，投资者的情绪等个人因素使得他们在面对相同的信息时，会以不同的方式进行加工和处理，从而产生了对证券市场中不确定性的不同感受和判断，在此基础上学者们提出了异质信念的概念。目前学术界普遍认为投资者的异质信念也称为意见分歧（Disagreement），是指在不同的投资者在相同的持有期，对相同股票的预期回报（Payoff）的分布具有不同的估计。

由于本书的理论模型均是建立在连续时间金融框架下，风险资产的回报过程服从几何布朗运动，因而传统研究中以不同的分布表达投资者异质信念的方法对本书并不适用。鉴于此，本书借鉴了 Basak（2005）、Cvitanić 和 Jouini 等（2012）、Bhamra 和 Uppal（2014）、Dumas 和 Lewis 等（2017）等连续时间金融框架下的相关研究，假设投资者的异质信念表现为对风险资产回报过程中的漂移项具有不同的认识。

1.3 文献综述

管理者的薪酬激励合同对机构投资行为及资产价格的影响，是金融经济学研究的前沿问题，国内外理论界从不同角度对此进行了广泛而卓有成效的研究，积累了大量有价值的文献，不少相关理论研究发表在 American Economic Review（AER）、Review of Economic Studies（RES）、Journal of Finance（JF）、Journal of Financial Economics（JFE）等国际重要学术期刊上。本节从薪酬合同中显性激励和隐性激励对机构投资策略的影响、隐性激励下的机构投资者策略互动及其对资产价格的影响、基准测试合同对机构投资行为和资产价格的影响、机构投资行为对资产价格及波动的影响、行为金融学相关理论等方面分别对国内外已有相关研究文献进行梳理，以此为本书的研究工作奠定理论基础。

1.3.1 显性激励对机构投资策略的影响

在显性激励对机构投资策略影响的研究中，Li 和 Tiwari（2009）认为，委托人可以通过与管理者签订包含显性激励的合同来缓解代理摩擦，凸性薪酬合同提高了管理者的收入与基金业绩的相关性，从而更能激励管理者的努力，并为委托人带来更高的收益。

在包含显性激励的合同被普遍采用的背景下，不少学者认为这种合同形式会导致管理者的决策目标与委托人的利益相背离，出现风险转移。如 Grinblatt 和 Titman（1989）认为显性激励使得管理者选择更高风险的投资策略。Allen 和 Gorton（1993）认为基金管理者为委托人提供资产管理服务，分享投资组合价值提升的收益，但对下跌的风险却只承担有限责任，这种具有显性激励的薪酬结构类似于一个基于资产组合的看涨期权，这使得管理者脱离市场的基本面而进行无信息的交易（Churning）。Nicolosi（2018）在 Black-Scholes 模型中，以两种风险资产的线性组合为基准，得出了最优投资组合的封闭解，发现当管理者不能获得超额奖金时，基金的风险敞口会不断增加，随着评估日的临近，显性激励的存在会导致管理者增加投资组合的风险暴露程度更甚。Ma 和 Tang 等（2019）发现美国的绝大多数共同基金都采用包含显性激励的薪酬合同，这是投资组合管理者在日常投资决策中出现风险转移的重要因素。Sotes-Paladino 和 Zapatero（2019）发现显性和隐性激励的存在导致管理者对风险的评估发生偏差，出现泡沫骑乘行为（Riding the Bubble），且在投资组合策略上管理者要么增加风险敞口（风险转移），要么单纯地对基准进行复制。

另有部分研究不支持显性激励导致风险转移这一观点。如Carpenter（2000）在假设基金管理者的效用函数为双曲绝对风险厌恶型（HARA）的基础上，分别以常数和与状态价格密度成反比的投资组合为基准，研究发现：如果管理者不能为其报酬套期保值，则显性激励不一定导致更大的风险暴露。具体而言，当基金的收益率低于基准组合时，显性激励会导致管理者增加基金投资组合的风险暴露；当基金的收益率高于基准时，管理者会降低投资组合的波动率。Ross（2004）的研究在基金管理者具有相对风险厌恶型（CRRA）效用函数的假设下，亦得到了类似的结论，即包含显性激励的合同并不一定会让基金管理者更愿意冒险，当基金投资组合的价值高于基准组合时，管理者会通过调整投资组合的波动性以锁定其收益。Panageas 和 Westerfield（2009）认为由显性激励导致的管理者对风险的偏好行为非常有限。Barucci 和 Bua 等（2018）、Barucci 和 Marazzina 等（2019）证明了并不是不对称薪酬中的显性激励导致基金管理者产生过度的冒险行为，为了防止基金管理者在业绩恶化时出现激进的赌博行为，应限制薪酬中所包含的与管理资产规模和业绩无关的固定费用，以增加管理者的薪酬对业绩的敏感度。此外，大量实证研究发现不对称的凸性薪酬使基金管理者增加了投资组合的风险暴露（Ackermann 和 McEnally 等，1999；Brown 和 Goetzmann 等，2001；Agarwal 和 Naik，2004；Lan 和 Wang 等，2013），或者导致其他形式的基金投资组合和委托人利益不一致的风险转移行为（Guercio 和 Genc 等，2018；Lee 和 Trzcinka 等，2019）。

1.3.2 隐性激励对机构投资策略的影响

在隐性激励对机构投资策略影响的研究中，大部分学者认为隐性激励会导致基金投资组合出现风险转移，同时会引起管理者薪酬合同的显性激励出现偏差。如 Basak 和 Pavlova 等（2007）在连续时间金融框架下，假设相对业绩与资金流动之间存在不对称的凸关系，研究了相对风险厌恶型（CRRA）管理者的投资行为，发现在隐性激励的影响下，基金的投资策略优化目标与投资者的终期财富最优目标并不一致。Sensoy（2009）研究发现在隐性激励作用下，为了吸引更多的资金流入，管理者会采用与基金投资风格不匹配的比较基准来衡量投资组合的回报。Sheng 和 Wang 等（2019）通过对投资者的行为特征进行分类，研究了基金管理者薪酬合同的不对称性，以及业绩与资金流动的不对称性对投资决策的影响，发现显性激励与隐性激励的作用存在相互制约。Basak 和 Makarov（2014）认为业绩引起的资金流动导致机构投资者之间形成竞争性的策略互动，构建并求解了均衡模型，发现当机构投资组合业绩较接近时，隐性激励会激发管理者的赌博行为。Nicolosi 和 Angelini 等（2018）假设风险资产价格服从 Ornstein-Uhlenbeck 过程，求解出最优策略的半封闭形式，并利用数值分析得出了与 Basak 和 Pavlova 等（2007）类似的结论。Colaneri 和 Angelini 等（2020）研究了 CRRA 型基金管理者在局部信息下的最优资产配置问题，发现其最优投资策略与风险厌恶度有关。风险厌恶度较低的管理者倾向于增加对风险资产的投资。此外，大量实证结果也支持这一观点，并且认为高的隐性激励水平能提高管理者的收益，但也导致了更高的投资风险，且投资失败所面临的损失更大程度上由委托人承担（Kempf 和 Ruenzi，2008；Chen 和 Pennacchi，2009；Huang 和 Zhang，2011；Ferreira 和 Keswani，2012；Lim 和 Sensoy 等，2016）。

通过文献梳理可以发现，目前学者对于两类激励对机构投资策略的影响进行了深入研究，取得了丰富的理论成果。但现有连续时间的理论研究均基于投资者具有风险厌恶型效用函数框架下开展，与行为金融学的一些新理论融合不够，这使得理论模型对实证结果的解释能力受到限制。此外，在对两类激励中的相关参数（如薪酬合同中的超额奖金比例、业绩—流动关系中的流动系数等）与机构投资组合策略的关系方面尚显不足。

1.3.3 薪酬合同激励下机构投资者之间的策略互动

（1）理论研究方面

相关研究根据建模方法可以分为两类：一类基于 Brown 和 Harlow 等 Starks（1996）的研究，采用基金竞标赛的理论框架建模；另一类采用动态博弈方法建模。

在第一类研究中，Taylor（2003）在 Brown 和 Harlow 等（1996）的研究基础上，通过建立一个两期模型，研究两只年中不同业绩的基金之间的竞争行为，发现当两只基金都是积极投资者时，年中业绩好的基金为了保住竞争优势以吸引新资金的流入在年末持有更多风险资产，而业绩差的基金正好相反。特别地，当两基金的业绩差额越大、股票的收益越高和波动率越低时这种趋势更加明显。Palomino（2005）假设投资者根据相对业绩来评价基金管理者和配置资金，基金管理者的报酬基于其管理的资产的规模，这种选择基金的规则和报酬方案使得管理者追求相对业绩。他们研究了相对业绩目标对竞争的基金数量与交易策略的影响，与最大化绝对业绩相比，相对业绩目标增加了基金市场战略的风险，降低了低质量基金的数量，增加了投资者的期望收益。Basak 和 Shapiro 等（2006）、Van Binsbergen 和 Brandt 等（2008）、盛积良和马永开（2008）研究了管理者企图战胜外生基准组合时的投资行为。Carpenter（2000）、Basak、Pavlova 和 Shapiro（2007）证明了管理者目标函数的凸性对管理者投资组合选择具有显著影响，导致风险转嫁行为。Chen 和 Hughton 等（2012）研究了管理者在一个多期赢者通吃（Winner-Take-All）的竞标赛中竞争的最优投资策略，考虑到多期多个管理者的竞争，最优策略依赖于中间期的状态，在最后日期，除了业绩领先的基金，其他所有的管理者最大化增加投资组合的风险，而业绩遥遥领先的基金，减少其风险，他们的实证研究支持理论研究的结论。另外，Anderson（2012）研究了基金管理者相对业绩目标对管理者博弈行为的影响，发现管理者报酬分布呈现负偏态（Negative Skew），他的研究侧重于博弈行为对收益分布的影响，而不是研究管理者之间的投资策略。

在第二类研究中，Browne（2000）在连续金融时间框架下研究了两个投资者的随机动态博弈行为，两个投资者有不同的投资机会，投资者的回报函数依赖于两个投资者的财富过程，其中一个投资者选择动态投资组合策略来最大化其期望回报，然后另一个投资者同时选择一个动态投资组合策略最小化同样数量的回报（the Same Quantity）。两个投资者之间的博弈为控制漂移与方差的随机微分博弈。他们研究了相对业绩目标及两个投资者的投资业绩差额对双方投资策略的影响，给出了在一般回报率函数下博弈有可行价值的条件、显性表达式及最终的均衡投资组合策略，排除平凡解需要满足非完全的相关性。Browne（2000）应用一般结论来解决很多特殊情况，例如，求解概率最小化博弈，在此博弈中，每个投资者都企图最大化战胜对手的概率。他们也研究了目标函数为最小化或最大化一个投资者的收益超过另一个投资者的收益的期望时间等博弈。他们的研究结论对 Black-Scholes 假设下的风险的市场价格提供了一个新的解释。Basak 和 Makarov（2014）通过建立两个风险厌恶的双方都企图战胜对手的管理者之间的动态博弈模型，研究了管理者之间的竞争如何影响他们的交易行为，以及这种影响如何传递给他们的投资者，并且分析了资产专业化与管理者博弈之间的关系。他们对纯纳什均衡下的投资组合选择分析发现，管理者之间的竞争使得风险容忍的管理者减少其投资组合的风险，而风险厌恶的管理者却增加投资组合的风险。风险厌恶越高，管理者投资组合的风险越大，这一结论与没有竞争影响时管理者的风险选择正好相反。Basak 和 Makarov（2014）研究认为竞争能导致管理者资产选择的专业化，当风险容忍时，管理者自愿选择专业的资产和承担相应的分散化带来的损失，以避免交易相同的股票而导致的竞争。他们还发现，对于投资者来说，投资者赞成或反对资产专业化的偏好与管理者正好相反，而且，管理者的流动及不符合投资者利益的选股变化会提高投资者的投资成本。

在近几年的研究中，研究者们更关心策略互动时机构之间的博弈是否存在均衡。Frei 和 Reis（2011）研究了当管理者互动时金融市场是否存在均衡。他们认为代理人考虑其同行的业绩，在投资约束下，最大化个人效用函数，代理人将会相互破坏，即使不是有目的地这样做，均衡将不存在。然后，如果代理人愿意放弃很少的期望效用函数，则近似均衡能够实现，他们用倒向随机偏微分方程揭示了不存在均衡的数理原因。他们把市场的投资者分为强代理人和弱代理人，当所有的代理人有相同的交易约束或者在模型中有确定性的系数，则能保证均衡的存在。然而，当某些代理人有更多的投资可能性，则他们的交易策略会对弱代理人产生负面影响，则此时只能建立一个弱纳什均衡。他们的研究揭示了金融市场的相对业绩考虑会导致市场的崩溃，但是当强代理人表现出团结，则可以避免这种情况的出现。

在连续金融框架下，Espinosa 和 Touzi（2013）研究了相对业绩考虑下的最优投资问题。他们假设市场有 N 名不同的投资者，投资者之间相互比较，代理人是异质的（如具有不同的效用函数、不同的投资约束集等），不只考虑绝对财富，而且考虑自己财富与投资者平均财富的差额，投资者的目标财富是此两类财富的凸组合。相对财富目标导致投资者之间互动与 N 名投资者的博弈。在完全市场假设和所有投资者具有相同的投资约束集时，在一般效用函数下，Espinosa 和 Touzi（2013）证明了存在唯一纳什均衡。他们也分析了当投资者有不同渠道进入金融市场，如有不同的投资组合约束集时均衡是否存在。假设资产的对数价格服从具有确定的漂移率与波动率的伊藤过程，利用倒向随机偏微分方程 Espinosa 和 Touzi（2013）得出了纳什均衡存在且唯一。

Espinosa 和 Touzi（2013）没有考虑个人的要求（Claims），模型中假设资产价格服从确定系数的伊藤过程，这些假设实际上对分析做了简单化处理，在此假设下，Espinosa 和 Touzi（2013）得出了一个存在纳什均衡的非常漂亮的结论，他们并且分析了纳什均衡的形式。在更一般的假设下，他们研究纳什均衡是否存在，并且解释了在不存在纳什均衡的情况下是否存在其他均衡。当所有的代理人面临相同的交易约束时，在一个随机框架下，存在唯一纳什均衡。不同的投资可能性使某个代理人采取具有风险的和有利的交易策略，从而对那些将自己的投资策略基准设定为市场最少约束的投资策略的代理人产生负面影响。当有更多投资可能性的代理人表示出团结并且愿意放弃少部分期望效用，则代理人的破坏可以避免。在这种投资策略下存在近似纳什均衡，即对任意的$\varepsilon>0$，存在$\varepsilon-$纳什均衡。在$\varepsilon-$纳什均衡中，每个代理人采用的投资策略所得的期望效用与最佳策略相比相差ε。这意味着每个代理人不计较效用函数很小的提高，接受一个很小的偏离最优化投资策略的方案，将能帮助其他代理人的失败。

为了吸引到更多的资金流入自己管理的基金，管理者之间激烈竞争，这种竞争导致基金经理投资策略互动。Basak 和 Makarov（2014）研究了在连续时间金融框架下，两个风险厌恶的管理者投资策略互动下动态投资组合选择，发现有三种不同的结果：多策略均衡、纯策略均衡与混合策略均衡。在纯策略均衡中，受追赶和反转（Chasing and Contrarian）机制的驱使，当某个投资者的业绩领先且他们之间的业绩相近时，为了博弈获胜，他们采取相反的投资策略。Basak 和 Makarov（2014）认为风险转嫁与投资策略互动导致了不存在均衡与多策略均衡。他们发现每个管理者的均衡策略依赖于对方的风险态度，对于委托人来说，不但要关心代理人是否按照投资者的利益来交易，而且要了解其竞争对手的特征。

在国内相关研究中，罗琰和杨招军（2010）研究了基于投资者与自然之间二人零和随机微分博弈的最优投资问题。他们假设投资者具有指数效用，自然是博弈的“虚拟”对手，通过求解最优控制问题对应的HJB方程，在完备市场及存在随机收益流的非完备市场模型下，得到了投资者最优投资策略以及最优值函数的闭式解。

（2）实证研究方面

在研究相对业绩关心导致基金管理者投资策略互动时，Brown和Harlow等（1996）提出了基金管理者“竞标赛”的概念，在此竞标赛中，基金管理者是竞争者，基于相对排名的资金流入是奖励。自他们提出竞标赛概念后，很多学者从不同角度实证研究了基金的风险承担行为如何对相对业绩排序做出反应。

Brown和Harlow等（1996）利用基金月度数据来发现上半年业绩表现较差的基金倾向于在下半年增加基金的投资组合风险，而业绩领先于市场的基金，其行为则正好相反，新基金改变投资组合风险程度的激励超过老基金和过去惨遭重创的基金。Koski和Pontiff（1999）利用Beta、收益率标准差等风险指标所进行的实证检验也得出相同的结论。但Busse（2001）却对此持相反的态度，他利用基金日交易数据而非月度数据重复了Brown和Harlow等（1996）的检验，结果并没有发现业绩表现较差的基金倾向于增加基金的投资组合风险，Goriaev、Nijman和Werker（2005）也有类似研究。Qiu（2003）研究了相对业绩下管理者的竞争对基金风险承担行为的影响，发现业绩接近于最高业绩的那些基金比最高业绩的基金更倾向于提高基金风险。终止风险（Termination Risk）对业绩落后的基金风险承担行为是一种约束，赢家拿走所有（Winner Take All）激励基金管理者追求行业的最高业绩。Kempf和Ruenzi（2008）研究了基金公司内部各基金管理者之间的竞争，这种竞争一般为了在公司内部获取最好的排名。他们采用美国共同基金的数据发现管理者根据其在公司内部的相对位置而调整基金风险，风险调整的方向依赖于公司内部竞争的形势。那些有很高费用率的基金其风险调整特别显著，这些基金由单个管理者管理，并属于大的基金管理公司。Chen和Pennacchi（2009）假设管理者的报酬机构是所管理的基金与其基准组合相对业绩凹函数、线性函数或凸函数，研究基金管理者之间的竞争行为，发现在特别保持结构下，当相对业绩下降时管理者增加其管理基金的“跟踪误差”的波动率，然而，业绩下降时管理者不一定增加基金收益率的波动率。

在国内的研究中，史晨昱和刘霞（2005）通过比较赢家和输家两组样本在基金排名宣告期前后相对风险的变动量，来检验中国基金经理人风险调整行为的差异。研究结果表明，前期绩效较差的基金会增加本期投资组合的风险，新基金对投资风险的调整程度会比老基金来得大。丁振华（2006）通过我国开放式基金的周收益率数据没有发现年中业绩差的基金下半年增加基金组合的风险。束景虹（2013）研究表明基金经理采取积极投资战略的程度与其面临的竞争压力和激励强度相关，但是与基金经理是否具有择股能力无关。业绩不佳的基金经理为改变排名，会选择更加积极的投资策略，但这些基金经理没有显著的股票选择的能力，积极投资战略不能给投资者带来超额回报率。在合资格职业经理人普遍供给不足的情况下，锦标赛竞争不能正向选择基金经理，高激励和强竞争增加了投资者的激励成本和风险。杨坤和曹晖等（2013）基金经理在中期业绩较好时会倾向于承担风险以成为“明星基金”，而在中期业绩较差时则会通过规避风险以避免“垫底”。路磊、黄京志和吴博（2014）根据历史业绩，把基金分为排名上升和排名下降的基金，发现排名变化与羊群效应变化有着显著的正相关关系。另外学者们对相对业绩与资金流动的关系也进行了实证研究。很多文献实证研究发现，相对业绩越好，流入的资金越多。如 Chevalier 和 Ellison（1997）、Sirri 和 Tufano（1998）对共同基金的研究，Gallaher 和 Kaniel 等（2006）对共同基金管理公司的研究，Agarwal、Danie 和 Naik（2004）、Ding et al（2010）关于对冲基金的研究，均发现这一现象。在国内的研究中，陆蓉和陈百助等（2014）研究发现中国开放式基金的业绩及资金流动的关系与成熟市场不同，呈现负相关且为凹形。这说明投资者的选择未能发挥“优胜劣汰”机制，面临赎回压力较大的是业绩良好的基金而不是业绩较差的基金。然后，肖峻、石劲（2011）实证发现：基金滞后年度回报率对资金净流量产生显著的正面影响，投资者总体上“追逐业绩”而非“反向选择”，“赎回异象”不过是一种假象。王擎、吴玮和蔡栋梁（2010）研究发现基金评级有助于降低基金投资者选择基金的“搜寻成本”，基金星级的提高增加了基金的资金净流入；明星基金的资金净流入高于明星家族基金与非明星基金，明星家族基金的资金净流入要高于非明星基金；明星基金可以为基金管理公司带来“明星效应”与“溢出效应”；机构投资者持有的基金份额越多，基金吸引的资金净流入也越多。

1.3.4 两类激励对资产价格的影响

在显性激励对资产价格影响的研究中，早期的相关文献基于静态均值—方差模型。Brennan（1993）首先将机构投资者作为市场参与者引入资产定价模型中，在常数绝对风险厌恶（CARA）效用函数框架下，假设委托代理合同为基于相对业绩的对称型合同，其中基准组合为给定指数，发现风险资产的均衡收益与该资产与非基准组合成分股的协方差呈线性关系。Allen 和 Gorton（1993）认为显性激励的存在使管理者脱离市场的基本面进行无信息的交易（Churning），从而导致市场中短期投机收益的产生，出现资产泡沫。随后，Gomez 和 Zapatero（2003）、Cornell 和 Roll（2005）在 Brennan（1993）研究的基础上，利用资本资产定价模型（Capital Asset Prcing Model，CAPM），以市场组合和基准组合为定价因素，讨论了显性激励对资产价格的影响。近年来，主流的研究围绕连续时间金融框架下，构建动态一般均衡资产定价模型开展。Kapur 和 Timmerman（2005）发现与个人投资者直接参与投资相比，在委托代理投资模式下，显性激励的存在使得市场对风险资产的需求显著增加。其原因有两点，一是薪酬合同使得投资风险在管理者和委托人之间得到分摊，因而管理者和委托人都愿意承担比单独投资更大的风险；二是管理者比个人投资者具有更多的私有信息，从而降低了投资组合的风险。此外，该研究还认为委托资产管理缓解了市场上的资产溢价。Cuoco 和 Kaniel（2011）研究了对称薪酬合同和包含显性激励的非对称合同对资产价格的影响，认为对称合同中的薪酬比例与基准组合成分股的均衡价格显著负相关，与均衡夏普比例显著负相关。而包含显性激励的薪酬合同使非基准组合中的股票有更高的价格，更大的波动率和更低的夏普比例。与对称合同相比，包含显性激励的非对称合同增加了市场交易量，使得管理者的资产配置策略对相对业绩的变化更敏感。

在隐性激励对资产价格影响的研究中，Berk 和 Green（2004）假设机构投资者们具有异质性的超过个人投资者的收益预测能力，在隐性激励的作用下，管理者的投资能力能通过学习不断提高，在市场均衡状态下，委托人不能获得超额收益。Abreu 和 Brunnermeier（2003）发现尽管存在理性套利者，来源于基金投资者的定时隐性激励，仍会导致资产泡沫持续存在。Kaniel 和 Kondor（2013）将代理投资引入 Lucas 交换经济中，假设有两类投资者：一类直接管理者自有资产；另一类委托机构代理投资。第二类投资者所占比例（代理投资比例）根据基金投资组合的业绩递增，以此来表达隐性激励。研究发现，当代理投资比例较高时，机构投资者具有异质的交易策略，通过借款对风险资产持有高杠杆的头寸，且代理投资比例与夏普比率之间存在倒 U 型关系。Vayanos 和 Woolley（2013）提出了基于投资基金间资金流动的动量和反转理论，认为资金流动由基金管理者的效率变化触发，投资者要么能直接观察到，要么能从过去的业绩中推断得出。如果资本流动表现出惯性，就会出现动量效应，这是因为价格对未来资金流动反应不足，而出现逆转是因为资金流动（隐性激励）使得价格推离了基本价值。除了动量和反转之外，流动还会产生协同、超前滞后效应和放大效应，且对于高风险的资产而言，这些效应更显著。Savov（2014）研究认为如果考虑资金流动（隐性激励），资产定价模型能很好地解释基金的收益。Ahoniemi 和 Jylha（2014）研究了业绩与资金流动的关系（隐性激励）对资产价格的影响，资金流动会影响对冲基金的投资策略，并对资产价格产生压力。Sato（2016）研究发现基金管理者为了争夺业绩排名导致的资金流动，倾向于采取泡沫骑乘行为（Riding the Bubble）以达到超越对方的业绩水平，从而使资产泡沫长期存在的目的。刘京军和刘彦初等（2018）认为基金在泡沫资产配置上表现出模仿性策略，隐性激励扩大了基金管理的资产规模，但是并没有给基金投资者带来显著的超额收益。

近年来，不少学者发现显性激励与隐性激励对资产价格的作用机制类似，因此在资产定价模型中将二者的影响进行综合分析。Basak 和 Pavlova（2013）指出由于机构投资者的业绩评估相对于某一基准组合（如指数）进行，因此在两类激励的作用下，机构投资者关于基准组合回报的边际效用为正，这使得机构投资者对风险资产的需求提高，增加了基金投资组合的杠杆率，推高了风险资产价格，该研究为金融危机期间去杠杆化的金融政策提供了理论解释。Duarte 和 Lee（2019）、Hodor 和 Buffa（2020）在研究两类激励对资产定价影响的研究中，借鉴了 Basak 和 Pavlova（2013）的框架，以一个与基准组合回报正相关的管理者效用函数，来考虑两类激励对机构投资者投资行为的影响。Sotes-Paladino 和 Zapatero（2019）用统一的函数形式表达出显性激励与隐性激励对机构投资者效用的影响，构造并求解了一个动态投资组合模型。该研究表明风险厌恶的基金管理者在双重激励的作用下，不是利用市场的错误定价进行套期保值，而是更倾向于采取泡沫骑乘的操作，即增加在定价过高的股票上的投资比例，这无疑加剧了风险资产的泡沫化。

通过对两类激励与资产价格的文献进行梳理可以发现，国内外相关研究已有丰硕成果。但尚无从投资者异质信念角度，建立动态资产定价理论模型的研究，这限制了理论模型对相关实证结果的解释能力。

1.3.5 基准测试合同对机构投资行为和资产价格的影响

在机构代理投资组合管理过程中，一方面，管理者的凸性薪酬合同往往与一个基准相关；另一方面，委托人对基金投资组合的业绩评估亦相对于某一比较基准进行。因此，薪酬激励合同对资产价格的作用效果与基准的选择有关。

早期的相关研究假设基准是外生给定的固定常数。如在Carpenter（2000）、Kouwenberg和Ziemba（2007）的研究中，均假设基准是固定的（如无风险资产）。而从基金行业的现状来看，绝大多数的基金管理者的薪酬合同往往与一个动态的基准组合（如市场指数）挂钩（Evans和Gomez，2020），这种以动态的基准组合来衡量机构投资者的业绩的行为被称为基准测试（Benchmarking）。薪酬合同与基准组合的相关程度被称为基准测试强度（Benchmarking Intensity，BMI）。基准测试合同中的基准组合选择和基准测试强度均对机构投资者的行为和均衡资产价格产生了重要影响。

由于基准测试合同在实践中已被广泛采用，因此近年来大部分相关研究均基于基准测试框架，探讨薪酬合同对风险资产价格的影响。Basak和Pavlova（2013）指出在不对称薪酬合同的激励下，机构投资者关于基准组合回报的边际效用为正，这使得机构投资者更倾向于选择基准组合的成分股，推高了基准组合中股票的价格。Hodor（2014）研究发现基准组合选择影响机构的资产配置与资产价格，当市场风险增加时，机构更倾向于持有基准组合，从而推高了基准组合成分股[①]的价格，使其夏普比率降低。Breugem和Buss（2019）将机构投资者分为两类，一类业绩根据市场指数或基准组合的表现来度量，称为基准机构投资者（Benchmarked Institutional

① 基准指数成分股（Benchmark Stocks），是指包含在基准指数内的风险资产；非基准指数成分股（Non-benchmark Stocks），为市场上不包含在基准指数的风险资产。

Investors）；另一类为非基准组合投资者（Non-benchmarked Institutional Investors）。基准机构投资者关注他们相对于某一基准的表现，提高了有效避险的意识，从而削弱了其投机的意愿，但与此同时，其获取私有信息的动力也减退了。在均衡状态下，基准机构投资者比例的增加会导致价格信息性的下降，从而导致所有风险资产和市场投资组合的价格下降。价格信息性的下降也导致收益波动性的大幅增加，使非基准投资者的表现大大优于基准投资者。Hodor 和 Buffa（2020）假设在薪酬合同中，每个管理者具有异质的基准组合，在不同的基准测试下，基本面的冲击可以在资产之间传播。包含在基准中的资产不仅可以与包含在不同基准中的资产负相关，还可以与属于同一基准的资产负相关。该研究的结论符合行业投资组合和投资风格在短期内减弱的趋势，并对资产“类别效应”（Asset-class Effect）提供了一种新的解释。具有不同基准组合的机构投资者的存在，也引发了额外的价格压力，放大了收益的波动性。Duarte 和 Lee 等（2019）证明了当机构投资者的业绩与一个狭窄的基准组合挂钩时，其交易方式使个人投资者面临更高的风险和福利损失。当基准组合回报高于个人投资者的投资回报时，机构投资者能获得更高的效用。这使得机构投资者对坏的现金流消息反应过度，而对好的现金流消息反应不足，增加了资产价格的波动性。基准测试使资产价格脱离基本面，基准组合成分股的价格升高。Pavlova 和 Sikorskaya（2020）利用美国 33 种股票指数的数据，构建了基准测试强度，并利用实证分析发现，基准测试强度较高的股票长期回报率偏低。

通过文献梳理可以发现，国内外不少研究已对基准测试下的风险资产价格形成机制进行了深入讨论，取得了丰硕成果。但尚缺乏从个人投资者和机构投资者的异质信念视角，开展相关理论研究的文献。

1.3.6 机构投资行为对资产价格及波动的影响

现有研究针对机构投资者行为对资产价格及其波动的影响的观点分为三类。

（1）机构投资者行为发挥了稳定市场的作用

国外的文献表明机构投资者发挥了市场稳定的作用，主要是基于以下几个方面的原因。

第一，机构投资者采取了负反馈策略。Lipson 和 Pucket（2007）研究了当股市处在剧烈波动状态中机构的交易行为。结果发现，当股市处于急剧下行状态时，机构投资者会买入处于低谷的股票从而缓解股票价格的下跌；当股市处于迅速上涨行情，机构投资者会卖出处于高位的股票从而抑制股票价格的过度上涨。Barber 和 Odean（2008）发现机构投资者在市场行情不稳定时经常采取低买高卖的投资策略，即当市场处于重大利好状态时卖出股票，当市场处在利空状态时买入股票，这种负反馈策略有效缓解了市场波动。

第二，机构投资者提高了市场效率。Wermers（1999）发现共同基金理性的羊群效应能够促进股票迅速调整价格，此时价格反映了其市场价值。Gabais 等（2006）以新兴市场波兰为研究对象，对 30 家公司的养老基金进行研究发现，基金持股比例的变动与股票收益率负相关，表明机构投资者行为能加速市场信息的流转速度，从而提高市场的效率。Luo 等（2014）的研究发现，在日本市场上机构投资者提高了市场上股票的信息含量，尤其是外国机构投资者。Bernile 等（2014）研究了机构投资者的偏好和股票所在的地理位置之间的关系。研究结果发现，机构投资者更喜欢投资于地理位置上离自己更近的股票。与个人投资相比，机构投资者更善于利用自己所拥有的技能对相关的信息进行专业的解读，这容易形成信息优势。机构投资者通过自己的投资行为向市场释放了自己所拥有的私人信息，提高了市场效率。

第三，机构投资者提高了公司治理水平。公司在生产经营过程中缺乏有效的监督，而机构投资者作为大股东，可以运用其先进的治理理念督促提高生产效率、完善经营制度。Bredin 和 Liu（2014）的研究发现，中国境内合格的机构投资者更热衷于投资机械、金属等行业，在进行投资选择和决策时，更倾向于投资那些规模较大、盈利能力较好的国有上市公司。

国内学者刘建洲和丁楹（2002）对市场上机构投资者的作用进行了严谨细致的分析，结果发现机构投资者在提高公司管理水平、优化企业融资结构方面具有积极的影响。机构的正面作用告诉我们，引进并积极发展机构投资者的决定是完全正确的。

胡大春和金赛男（2007）从收益率的角度研究了我国 A 股市场上机构的持股行为。结果发现，机构投资者在进行投资决策时更喜欢收益波动较大的股票，且随着持股比例的逐渐上升，收益波动趋向于稳定。

盛军锋等（2008）从市场整体的角度出发，利用 GARCH 模型研究了中国机构投资者对证券市场的影响，研究发现引进机构投资者有助于抑制市场波动。邓学斌（2009）利用非对称的 GATCH 模型对我国股票市场的波动进行了拟合，合格的境外机构投资者和社保基金的入市有效降低了我国股票市场收益的波动及自相关性。

赵春艳等（2012）基于相关的数据对机构投资者成为主导力量前后阶段的市场波动进行了对比分析，结果表明，机构投资者的羊群行为是理性的，起到了稳定股市的作用。刘秋平（2015）以 2001—2012 年沪深 A 股为样本，从机构投资者持股稳定性和股价暴跌关系的视角进行了研究，研究表明机构持股稳定和股价暴跌显著负相关，机构投资者持股稳定性越高，价值投资动机越强；持股比例较低时，交易动机越强。

童元松（2016）利用 2004—2015 年的数据建立了 SVAR 模型研究了机构资金规模对流动性的影响，结果表明机构投资者持股虽然对流动性有负面影响，但是显著降低了股市波动性，在牛市中更为明显。李诗瑶（2017）基于 2010—2015 年的 A 股数据研究了基金持股比例与股价波动之间的关系。研究结果表明，对于波动率较高的股票，基金持股比例的提高加剧了股票价格的波动；对于波动率较低的股票，基金持股比例抑制了股票的波动。总体而言，证券投资基金持股降低了市场上股票价格的波动。

（2）机构投资者行为加剧市场波动性

机构投资者的参与一方面提高了市场信息效率，督促公司改善治理水平。在股价下跌时，负反馈交易策略有效缓解了股票价格的下跌，另一方面机构投资者也同样具有一些非理性的行为，例如短视行为、正反馈交易、羊群行为等，这些行为加剧了股票市场的波动。

Delong 等（1990）的 DSSW 模型认为基于历史收益率而做出选择的正反馈交易是不理性的，因为市场上的产品价格已经反映了其所有信息。而正反馈交易极大地扰乱了市场投资，导致股价偏离市场价值，这导致市场更加脆弱和不稳定。

Shu-Fan Hsieh（2013）在台湾股市的研究中发现，相对于个人投资者，机构具有更为明显的羊群行为，并且更倾向于投资市值偏小、成交额较低的股票。受私人信息所驱动的羊群效应，加剧了股票市场的波动。Kling 和 Gao（2008）研究发现，中国机构投资者的信心容易受到市场收益率的影响，当市场收益较高时股市投资者具有信心，当市场收益较低时股市投资者的信心会比较低落，机构投资者据此通常会采取“动量交易”策略，这不利于股票市场的稳定。

国内学者曹崇延和李娜（2008）通过对 2002—2007 年基金持有市场上个股股票的比例数据的研究发现，基金持股比例与股票收益率的波动呈显著的正相关关系。陈国进等（2010）从市场整体和个股股票的层面研究发现，机构投资者对股市剧烈的涨跌起到了助推作用。刘奕均和胡奕明（2010）利用 2005—2008 年我国 A 股上市公司的数据研究了机构投资者整体持股对股价波动的影响，结果表明其加剧了市场波动。蔡庆丰和宋友勇（2010）从宏观层面研究了机构投资者规模对市场波动率的影响，从微观层面研究了机构持有个股比例对个股波动的影响，研究表明机构投资者的持股加剧了重仓股的波动。胡金焱和元彬（2011）以 2004—2010 年证券投资基金的数据为样本，分别利用了时间序列中的脉冲分析和面板回归分析对机构与股市波动的关系进行研究，发现基金持股加剧了股市的波动，在大盘加剧时尤为明显。史永东和王谨乐（2014）运用得分匹配模型（PSM）解决了机构投资者择股偏好的内生性问题，以 2004—2012 沪深两市 A 股的数据作为研究样本，微观层面研究表明，机构投资者更喜欢波动较低的股票；当市场行情较好时，加剧了股票的波动。当市场行情较差时，虽然抑制了股价的波动，但是并没有改变市场行情。童元松和王光伟（2014）以 2004—2014 年的数据为研究样本，分析结果表明，不同类型的机构投资者对股市波动发挥了不同的作用，保险类型的机构投资者降低了股市波动，成交金额下降；基金类型的机构投资者加剧了股市波动，随着基金规模的扩大股价波动幅度也扩大，成交金额上升。

机构投资者交易中出现非理性的羊群行为是导致市场波动的一个重要原因。施东晖（2001）对 LSV 模型进行简化之后实证测度了基金的羊群行为，检验结果表明，投资基金由于具有相同或相似的投资理念，基本上都存在羊群行为，而且加剧了股票市场的波动。蔡庆丰等（2011）运用了修正后的指标研究了证券分析师和机构的羊群行为，结果表明两者均存在羊群行为，并且对市场产生了叠加作用，这可能会导致出现流动不足、加剧波动等问题，甚至可能或导致产生资产泡沫的严重后果。许年行等（2013）以 2005—2010 年机构持股数据作为研究样本，通过构造代表股市崩盘风险的变量，研究了机构投资者持股对崩盘风险的影响。结果表明，机构的羊群行为提高了市场效率且加速了股价的同步，但是也加大了崩盘风险。更具体的研究表明，合格境外机构投资者（QFII）是加剧崩盘风险的重要因素。总而言之，机构增加了股市崩盘的风险。

（3）机构投资者与股市稳定之间没有必然联系

不少研究认为机构投资者和股市的波动之间不存在确定的关系，而是要针对不同时期不同地区的市场环境进行具体的研究。Lakonishok 等（1992）通过对美国养老基金的研究发现，对于权重股和大盘股而言，目前尚没有证据表明存在羊群效应和正反馈交易策略，也未发现机构投资者的选择与个股的超额收益率有关系。虽然在小市值股票中发现存在羊群效应，但是由于市场上众多的异质型的机构投资者的存在，他们行为彼此之间互相抵消，从而不会对市场稳定造成冲击。

Guercio 和 Tkac（2002）通过研究发现，养老基金对投资风险的承受能力比较低，在追求一定收益的同时，投资风格趋向于稳健。当投资产品的收益率较高时会主动选择加仓，收益率较低时会主动减持。而共同基金在追求高收益的同时对投资风险的承受能力较强，当投资产品的收益率上升时会主动选择加仓，但是当投资产品的收益率下降时，也不会轻易改变持有的份额。Rubin 和 Smith（2009）对美国上市公司按照是否发放股利进行了分类研究，结果发现正常发放股利的企业，机构持股比例与波动率之间呈现显著的正向相关关系；没有正常发放股利的企业，表现为显著的负相关关系。这可能是因为内生性问题，即当企业都没有发放股利时，机构投资者会选择稳定性较好的股票。

国内学者王立文（2011）通过对 2005—2009 年中国 A 股上市公司年报数据的研究发现，当投资于发放现金股利的公司股票时，机构投资者持股比例与股票市场稳定性的指标呈负相关；而当投资于不发放现金股利的公司股票时，机构投资者持股比例与股票市场稳定性的指标呈显著正相关或不具有显著的影响关系。这表明，机构投资者是选择长期的价值投资行为还是进行短期频繁的投机炒作取决于上市公司的现金股利政策，并进一步影响到机构投资者是否能发挥稳定股票市场的作用。刘京军和徐浩萍（2012）以换手率为特征划分标准，将投资者分为长期投资者和短期投资者，研究发现短期机构投资者以获取买卖价差为目的，这加剧了股票市场的波动。而长期机构投资者以获取股票的价值增值为目的，发挥了稳定市场的作用。申尊焕和龙建成（2012）研究了机构投资者的羊群行为对投资风险的影响。研究发现机构投资者存在羊群行为，买入羊群行为的程度小于卖出羊群的行为程度，卖出羊群行为加大了投资风险，降低了投资回报率；买入羊群行为减少了投资风险且提高了投资回报率。宋晓萍（2013）通过对机构投资者影响我国证券市场稳定性作用机理的研究，将证券市场的稳定性具体化为股价的波动性之后进行了实证检验。研究表明机构投资者持股对股价波动性的影响不显著。张文远等（2017）研究了不同的情绪波动下机构投资行为对股市波动的杠杆作用。分析结果表明，当投资者存在过度自信心理时，其投资行为显著加剧了股市波动；当投资者情绪下降时，负向杠杆作用不如情绪高涨时正向杠杆作用明显。

1.3.7 行为金融学相关理论

“理性经济人”假说作为一条公理性假设，一直是传统金融理论研究的逻辑支点。该假说认为市场参与者行为理性，具有完备的信息和信息处理能力，其决策目标是谋求个人的利益最大化。同时，这一假说还隐含着经济人同质性假设，即所有市场参与者在偏好和信念上具有同质性。

毋庸置疑，在“理性经济人”假设下，现代投资决策和资产定价模型的理论研究取得了丰硕成果，如 Markowitz（1952）构建的均值—方差投资组合模型，Sharpe（1964）资本资产定价模型（CAPM）。资本资产定价模型作为现代金融投资理论的基石，系统性地阐述了风险资产的预期收益率和风险之间的关系，为风险资产估值提供了一种标准，在金融理论发展中起到了至关重要的作用。但是，近 40 年来大量经验研究成果表明，市场中出现了众多用传统资产定价理论模型无法解释的市场异象，如巨量交易、股票的溢价、反转效应等。

于是，金融学的一个重要分支——行为金融学应运而生并得到迅速发展。行为金融学通过将个体行为及其心理成因的分析融入传统金融研究中，对金融模型进行了更贴近现实的假设，具有更实用的理论意义。行为金融学理论认为，金融市场的参与者会在偏好和信念两方面表现出“有限理性”（Bounded Rationality）。关于偏好，行为金融学指出，投资者在对所持有的风险资产进行评估时，其主观偏好不一定遵循冯·诺依曼-摩根斯坦（Von Neumann-Morgenstern）的公理化假设。其中，最著名的是由 Kahneman 和 Tversky（1979）提出的前景理论，大量实证研究成果表明，作为机构投资决策主体的基金管理者具有强烈的损失厌恶心理特征，且该特征直接影响其投资决策行为。关于信念，行为金融学理论认为，由于信息获取渠道和处理能力等方面的差异，投资者对资产价格的评估会产生偏差，即投资者具有异质信念。在金融资产定价模型中考虑投资者异质信念的存在，可以解释传统理论无法解释的市场异象，如巨量交易、股票的溢价等。

本书基于行为金融学中投资者有限理性的假设，分别从前景理论和投资者异质信念视角，分析激励合同对机构投资者投资行为和资产价格的影响。下面将行为金融学中前景理论和投资者异质信念的相关研究成果进行梳理。

（1）前景理论与投资者行为

前景理论由 Kahneman 和 Tversky（1979）开创性地提出，已成为行为金融学的重要理论之一。该理论一经提出，迅速受到学术界关注，Kahneman 也因此被授予 2002 年诺贝尔经济学奖。其核心思想是投资者对损失的敏感程度要显著高于收益，即其损失部分的边际效用大于收益部分的边际效用。在传统的投资决策模型中，往往假设投资者保持风险厌恶，而前景理论的相关研究成果表明，在不同的市场状态下，投资者受到情绪和心理因素的影响，效用函数会表现出损失厌恶的特征，而并非一直保持风险厌恶。具体而言，当投资者处于收益状态时，他们的效用函数具有风险厌恶特征（Risk Averse），而当处于损失状态时，投资者具有风险寻求特征（Risk Seeking），即投资者的风险偏好具有不对称性。此外，不同于经典理论模型中投资者目标函数仅与投资者最终财富相关，Tversky 和 Kahneman（1991）的实验研究结果表明投资者的效用与相对于某一参考点衡量的收益和损失相关。

近年来，投资者的损失厌恶心理特征对投资决策的影响受到广泛关注。已有不少学者在前景理论框架下，利用理论模型研究了个人投资者的决策行为。如 Barberis 和 Huang 等（2001）使用数值方法研究了损失厌恶型投资者的投资组合选择问题，但未求解出投资策略的封闭解。Berkelaar 和 Kouwenberg 等（2004）利用鞅方法得出了损失厌恶型投资者动态投资组合策略的封闭解，认为投资者会采取激进的投资组合策略，以希望将财富保持在参考点之上。在此基础上，Berkelaar 和 Kouwenberg（2009）进一步讨论了在均衡状态下，损失厌恶型投资者的行为对资产价格的影响。他们发现，当市场状态较好时，投资者的财富超过参考点，其投资策略进一步推高了资产价格；而当市场状态不佳导致财富下降到参考点以下时，投资者开始风险寻求，对风险资产的需求急剧增加，最终增加了在市场状态进一步恶化时的崩盘风险。He 和 Zhou（2011）亦发现，在市场处于极端情况下，基于前景理论的投资者在无风险资产没有借贷和卖空限制时，投资于风险资产的权重会出现极端不合理的高比例，米辉和张曙光（2013）指出对总财富设置下限可以避免上述情况出现。

通过对文献进行梳理发现，基于前景理论的相关研究中，以机构投资者为投资决策主体的理论研究成果较为匮乏。这是由于传统观点认为，损失厌恶的心理特征主要对个人投资者的投资行为产生影响，而专业的基金管理者并不受其影响，因为基金管理者较个人投资者而言具备更高的专业技能、拥有更丰富的资源、更低廉的获取和处理信息的成本，同时还受到更严格的监管（Holtand 和 Villamil 1986）。然而，这一观点受到大量实证研究成果的挑战，如 Coval 和 Shumway（2005）、Haigh 和 List（2005）、Biais 和 Weber（2009）的研究表明，专业的基金管理者亦会表现出对损失的极大厌恶。Bodnaruk 和 Simonov（2016）通过对瑞典 68 位共同基金管理者进行调研，发现其厌恶损失度直接影响了投资决策行为和基金收益率。Jiang 和 Shrider 等（2020）利用开放式基金的账户数据分析了中国基金投资者的操作行为，发现其具有强烈的损失厌恶特征。事实上，对于机构投资者而言，损失厌恶的心理特征较个人投资者更显著，这是由于管理者投资失败所面临的损失不仅体现在期末薪酬上，还包括时间损失（机会成本）和声誉损失，以及当业绩持续不佳时，基金不能吸引新的资金流入导致薪酬增长缺乏潜力等（盛积良和徐思，2021）。因此，在前景理论框架下，研究激励合同对机构动态投资策略的影响更能捕捉其投资特征。Kouwenberg 和 Ziemba（2007）在前景理论框架下，假设管理者具有期权型的不对称薪酬结构，发现损失厌恶型管理者的风险追逐行为随着激励费用比例的增加而加剧。本书以损失厌恶型机构投资者的动态投资组合策略为研究对象，在连续时间背景下，构建了较 Kouwenberg 和 Ziemba（2007）更具一般性的管理者薪酬合同，分析了薪酬合同中的参数变化对机构投资行为的影响。

（2）投资者异质信念下的资产定价模型

金融市场的重要特征之一是市场参与者之间的意见分歧普遍存在，即投资者具有异质信念。关于市场参与者之间的异质信念对风险资产的均衡价格和波动率所产生的影响，不少学者分别利用理论模型和实证方法展开了深入研究。

在理论模型研究方面，Miller（1977）分析了投资者存在异质信念和市场卖空限制时的资产泡沫形成机制，认为现实金融市场中卖空限制的存在使得悲观投资者的信息不能经过自由交易充分释放，导致股价因为主要包含了乐观投资者的信息而被高估。并指出，乐观和悲观投资者之间信念差异的程度越大，股价被高估的程度越严重。Miller 的相关研究成果以描述性结论呈现，这一论述提出之后，众多学者进行了相关的理论模型研究。最新的相关研究均基于连续时间框架下的动态资产定价模型进行，如 Basak（2005）、Cvitanić 和 Jouini 等（2012）、Bhamra 和 Uppal（2014）利用动态资产定价模型，在一般均衡状态下，投资者的异质信念对资产价格的影响。Alexander（2008）发现投资者异质信念导致了风险资产平均收益与投资者风险厌恶度之间存在非单调关系。Scheinkman 和 Xiong（2003）构建了连续时间均衡模型，分析发现投资者的过度自信使其对风险资产基本面的判断产生分歧，并指出投资者的异质信念会导致资产价格泡沫。Dumas 和 Alexander 等（2009）、Banerjee 和 Kremer（2010）研究发现异质信念的存在会引发风险资产泡沫。Huang 和 Qiu 等（2013）在投资者异质信念的前提下，设两机构投资者的效用函数与相对业绩相关，发现机构投资者对相对业绩的关注导致风险资产波动率下降。Andrei 和 Carlin 等（2019）研究了在信息不完全的市场中，两个代表性的投资者在经济周期的长度上存在异质信念，投资者的意见分歧导致了股票价格的波动，尤其在经济衰退期间波动增加更显著。Nutz 和 Scheinkman（2020）利用投资者具有异质信念的连续时间定价模型，研究了卖空成本对资产价格的影响，发现卖空成本的意外下降可能导致资产泡沫的破裂。通过文献梳理可见，现有理论研究的模型中具有异质信念的市场参与者均为代表性的机构投资者（或为个人投资者），对市场参与者的完整性考虑不足。

在投资者异质信念的实证研究方面，Berkman 等（2009）和 Yu（2011）研究发现投资者的信念异质程度和风险资产的回报之间存在反向作用关系。Giannikos 和 Gousgounis（2012）利用印度证券市场的数据，验证了在卖空限制下，投资者的异质信念导致风险资产价格被高估。国内大量实证研究亦聚焦了这一问题，如陈国进和张贻军（2009）基于我国 A 股卖空受限的背景下，使用具有固定效应的条件 Logit 模型研究发现随着投资者信念异质程度的增加，金融市场出现暴跌的风险急剧增加。熊熊和高雅等（2017）、孟庆斌和黄清华（2018）检验发现在开放了 A 股的卖空交易之后，市场中投资者的悲观情绪获得有效释放，从而缓解了资产定价中的过度泡沫。上述实证文献基于国内外证券市场的交易数据开展相关研究，但是相关结论对资产价格的形成机制解释缺乏理论支持。

1.3.8 文献评述

通过对国内外研究现状的分析，发现前人已对委托代理激励合同中各因素对机构投资策略和资产价格影响进行了深入研究，这些文献紧跟国内外机构投资研究的前沿，为机构代理投资实践提供了指导，但仍然有些问题没有得到很好地解决。

（1）显性和隐性激励对机构投资策略影响的文献中，缺少基于前景理论框架下的研究。关于两类激励对机构投资策略影响的理论研究文献，在效用函数的选取上，采用的都是传统的 CARA 或 CRRA 效用函数，即假设基金管理者在整个投资过程中保持风险厌恶。然而，基于前景理论，在不同的市场状态下，投资者受到情绪和心理因素的影响，会表现出损失厌恶的特征，而并非一直保持风险厌恶。大量实证研究成果表明，作为机构投资决策主体的基金管理者具有强烈的损失厌恶心理特征，且该特征直接影响其投资决策行为。而现有基于理论模型研究的文献，以损失厌恶型机构投资者为投资决策主体的成果较为匮乏。仅 Kouwenberg 和 Ziemba（2007）在管理者具有期权型的不对称薪酬结构下，开展了相关研究，该研究仅考虑了一种特殊形式的显性激励，且薪酬合同中的基准选择为静态的常数。事实上，在前景理论框架下，研究显性和隐性激励对机构动态投资策略的影响更能捕捉其投资特征，但现有文献对此问题的研究不够全面。

（2）在激励合同对资产价格影响机制的研究中，未考虑机构投资者的策略互动行为。当市场上存在多个机构投资者时，在薪酬合同对显性和隐性的双重作用下，机构投资者会由于相对于其他机构的业绩表现而改变原定投资策略，深入探讨机构投资者之间的策略互动行为对投资行为和风险资产均衡价格的影响，更具有现实意义，但现有研究在此方面尚有不足。

（3）研究基准测试合同对资产价格影响的文献中，未考虑投资者异质信念对模型的影响。市场参与者之间的意见分歧普遍存在，从投资者异质信念视角，构建金融资产定价模型，分析基准测试合同对资产价格的影响，可以解释传统理论无法解释的市场异象，可提高理论模型对相关实证结果的解释能力。

（4）异质信念下的资产定价理论模型对市场主体的考虑不够全面。即使是在成熟金融市场，个人投资者的交易份额也在20%以上，这一比例在新兴资本市场更高，因此个人投资者与机构投资者两大主体并存是金融市场投资者构成的主要特征之一。国内外现有的关于机构投资行为及资产定价模型的文献，大多数是以代表性的机构投资者为市场投资主体进行研究。Basak 和 Pavlova（2013）、Koijen 和 Yogo（2019）分别基于连续时间模型和单期离散决策模型，研究了市场参与者为个人投资者和机构投资者的均衡市场资产定价问题，但未考虑投资者的异质信念对资产价格的影响，对于个人投资者与机构之间的异质信念缺乏相应的资产定价理论研究。然而，市场参与者的异质信念广泛存在是金融市场的重要特征之一，因此，基于金融市场参与者构成，从个人投资者与机构的异质信念角度出发进行资产定价研究具有重要的现实意义。

（5）相关的实证研究缺乏理论机理分析的支撑。不少学者利用国内外证券交易数据进行了激励合同对机构投资者行为和资产价格的实证研究，但由于缺乏对应的基于连续时间模型的理论分析，激励合同中的各因素对机构投资者的投资行为及资产价格的影响机理未得到深入研究。因此，融入行为金融学的相关理论，对动态决策和资产定价理论模型进行修正，进行相关问题的理论机理分析，以提高理论分析结果对实证结论的解释能力，对于进一步分析机构投资行为及资产价格形成的内在关系具有重要的理论意义。

鉴于以上原因，本书在现有研究的基础上，借鉴 Berkelaar 和 Kouwenberg 等（2004）、Huang 和 Clemens 等（2011）、Atmaz 和 Basak（2018）等的研究，基于前景理论与投资者异质信念的视角，结合国内外机构投资管理的实践，在连续时间金融框架下，建立动态委托代理投资和资产定价模型，参考 Karatzas 和 Shreve（1998）、Cox 和 Huang（1989）、Basak 和 Pavlova（2013）、Hodor 和 Buffa（2020）等的研究对模型进行求解，从微观层面研究机构投资者的薪酬激励合同对其投资行为及资产价格的影响机制。

1.4 研究框架及创新点

1.4.1 研究内容

机构投资决策及资产定价理论，经过多年的发展已经取得了一定的阶段性成果，但与能刻画复杂的实际情况仍有所差距。在对现有研究进行分析梳理的基础上，本书首先对薪酬合同的显性和隐性激励的概念进行了界定，分析了两类激励的来源，结合行为金融学的相关理论，从前景理论和投资者异质信念视角开展相关研究。利用连续时间金融框架下的动态投资组合决策模型和资产定价模型，深入分析了两类激励对机构投资组合策略的影响机制，并进一步探讨了激励合同对均衡资产价格及其波动率的影响。最后，基于研究的结论，给出了相关政策建议。具体研究内容框架如图 1-1 所示，其中核心研究内容包含以下几个方面。

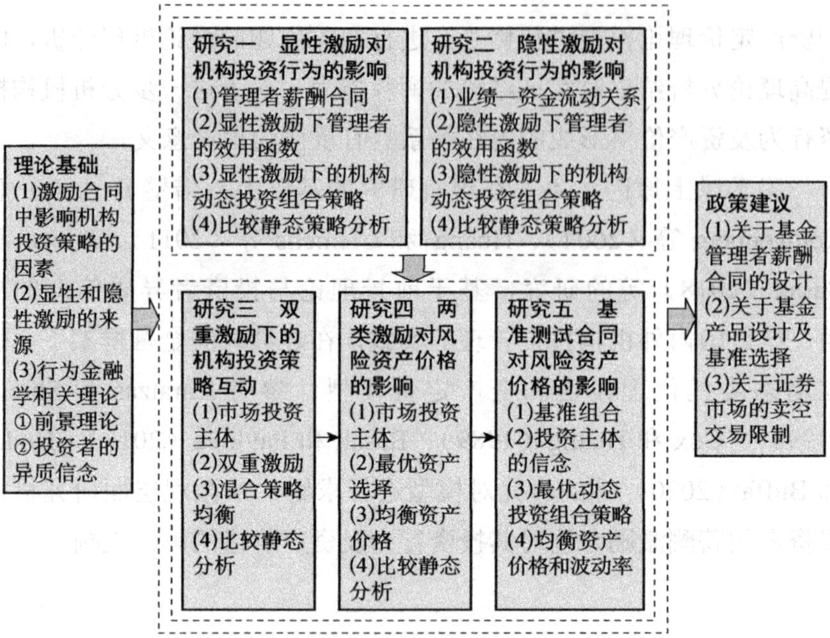

图 1-1 研究内容框架

（1）显性激励对机构投资者动态投资组合策略的影响

第 2 章在连续时间金融框架下，假设管理者的薪酬结构为包含期权项的不对称合同。首先，建立动态投资组合模型，在不考虑基金申购赎回的情况下，投资组合策略为自融资策略，利用完全市场下的鞅方法对模型进行优化，求解基金的最优投资组合期末价值，并复制技术还原出基金动态投资组合策略的封闭解。其次，通过数值模拟进行策略分析，讨论管理者不对称的薪酬合同所导致的显性激励、损失厌恶度对机构投资行为的影响。最后，通过考虑以一个动态投资组合作为薪酬合同中的基准组合对模型进行拓展，进一步分析显性激励对机构投资者投资行为的影响。

（2）隐性激励对机构投资者动态投资组合策略的影响

第 3 章在连续时间金融框架下，假设管理者的薪酬为其管理资产的固定比例，基金业绩与管理资金流动之间存在不对称凸关系（即隐性激励），建立动态投资组合模型分析管理者的投资策略。首先，利用完全市场下的鞅方法求解模型。其次，通过数值模拟进行策略分析，讨论业绩与资金流动所导致的隐性激励、损失厌恶度对基金投资行为的影响。最后，将模型进行两方面的拓展：一是考虑业绩—流动关系函数的一般形式；二是假设业绩—流动关系中的基准为一个动态投资组合。求解拓展模型并进一步分析业绩—资金流动凸关系对机构投资者投资行为的影响。

在本书第 2 章和第 3 章中，假设市场中的风险资产价格服从几何布朗运动，且其漂移项和波动率为外生常数，在此基础上，根据最优资产配置相关理论和方法，求解了机构投资者的最优投资组合策略，并分别分析了显性激励和隐性激励对机构投资行为的影响。后续章节为了研究机构投资行为对资产价格的影响，将两类激励综合考虑，并假设风险资产的漂移项和波动率由市场均衡内生决定，求解均衡资产价格，分析激励合同如何通过影响机构投资组合决策，进而改变市场均衡资产价格及其波动率。

（3）双重激励下机构的投资策略互动

第 4 章在多期的动态均衡资产定价模型中，假设市场中有两类代表性的机构投资者，通过求解考虑混合策略的博弈均衡模型，分析了两类激励导致年中业绩表现对机构投资者后续投资策略的影响。

（4）两类激励对风险资产价格的影响

第 5 章综合考虑机构投资者在薪酬合同作用下的显性和隐性激励，通过分析积极型基金与指数型基金的价值关系，研究两类激励及机构投资比例与资产价格的关系。利用 Mills 率的性质，通过数值分析，进一步探讨两类激励对资产价格的交叉影响。

（5）基准测试对资产价格及其波动率的影响

第 6 章基于金融市场参与者的特征，假设市场参与者为个人投资者和机构投资者，且二者具有异质信念。在激励合同的作用下，机构投资者与个人投资者具有异质偏好。构建个人投资者和机构投资者具有异质信念、异质偏好、异质初始禀赋的动态资产定价模型。基于市场出清条件对模型进行求解，得出两类投资者的动态投资组合策略、均衡下的资产价格和波动率的封闭解。通过数值模拟讨论投资者的信念偏移度，基准测试强度对风险资产均衡价格和波动率的影响。

1.4.2 研究方法

本书解决的是一个交叉学科问题，在全面收集相关文献资料并系统分析的基础上，将金融经济学、行为金融学、金融数学等理论方法有机结合，建立了激励合同对机构投资行为及资产价格影响的理论分析框架，具体的研究方法如下。

（1）模型构建方法

通过文献梳理，追踪国内外相关研究成果。综合金融经济学和行为金融学相关理论，用数理表达式描述经济问题，并构建模型。

（2）动态随机分析方法

在动态决策问题的求解过程中，首先运用完全市场下的鞅方法，将原问题转化为带有鞅约束的静态随机优化问题，然后利用凸对偶技术和最优化方法求解出模型的期末价值最优解，最后利用伊藤引理复制出原模型的动态最优策略。

在动态资产定价模型的求解过程中，由于投资者具有异质信念，因此首先运用测度变换，将不同测度空间上的目标函数转化到真实测度空间上，然后利用鞅方法和最优化理论求解各投资者的动态投资决策问题，再利用市场出清条件求出均衡市场状态，最后利用鞅过程的性质和伊藤引理求解出均衡下的资产价格和波动率。

（3）随机模拟分析方法

在拓展模型的求解过程中，得到解析解难度较大，利用 Monte Carlo 方法生成随机数，对模型进行赋值模拟或计算实验分析，可探寻数值解的相关性质。

1.4.3 本书创新点

本书主要研究机构投资者行为及其对资产价格的影响，通过设定更符合金融市场实际的假设，以期获得对机构投资管理实践更具有现实指导意义的结论，具体创新体现在以下三个方面。

（1）在前景理论框架下，基于连续时间金融模型，研究不对称的激励合同（显性激励）和业绩引发的资金流动（隐性激励）对机构动态投资策略的影响。现有文献在研究激励合同和资金流动关系对机构投资行为影响时，均假设基金管理者为风险厌恶型。本书基于损失厌恶 S 形效用函数框架，开展对应研究，更符合基金管理者的实际心理特征，丰富了委托代理投资理论，提高了理论模型对实证结果的解释能力。

（2）通过求解考虑混合策略的多期博弈均衡模型，讨论了机构投资者的策略互动问题，分析了两类激励作用下，年中业绩表现对机构投资者后续投资策略的影响。

（3）利用动态资产定价理论模型，研究个人投资者和机构投资者具有异质信念时，基准测试合同对均衡资产价格的影响。现有文献在研究异质信念下的资产定价模型时，均假设投资者具有同质偏好。针对金融市场实际，本书将具有异质信念的市场参与者设定为个人投资者和机构投资者，由于两类激励的作用，两类投资者具有异质偏好。在传统异质信念的动态资产定价模型中引入基准测试导致的异质偏好，使得模型更贴近现实，相关结论对证券市场风险源识别更具指导意义。

1.4.4 技术路线图

本书的技术路线如图 1-2 所示。

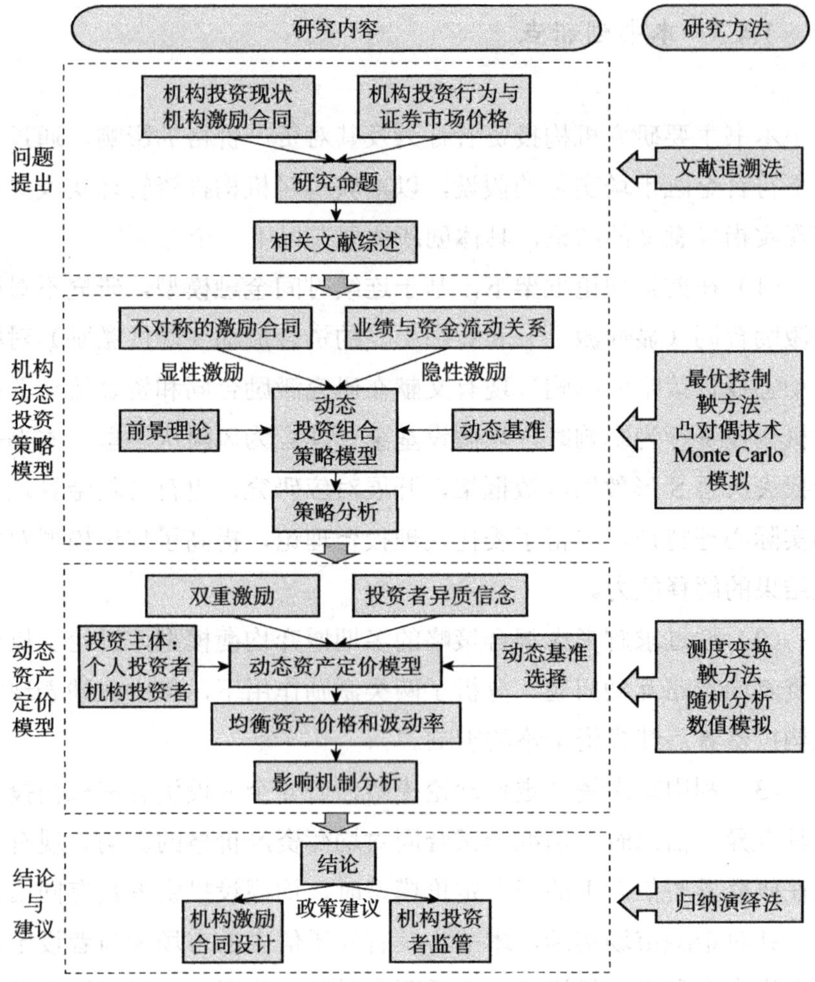

图 1-2　技术路线

1.5 理论基础

1.5.1 测度变换和鞅表示定理

测度变换是数理金融研究中常用的方法之一，其主要作用是改变市场数据的概率分布，从而使数据更符合我们所需要的模型假设。测度变换在金融中的应用很广泛。例如：在风险管理领域，测度变换可以用来将风险资产的收益率转化为对数正态分布，从而更容易地度量和管理风险；在衍生品定价领域，测度变换可以用来计算期权的价格，使之更加符合现实市场中的价格情况；在投资组合管理领域，测度变换可以用来改变资产收益率之间的相关性，从而为投资组合管理提供更多的灵活性和选择。

在风险资产定价领域，测度变换的意义在于它可以提高我们对金融市场的理解和预测能力，帮助我们更好地进行投资和风险管理。通过测度变换，我们可以将各种风险转化为同一测度下的风险，从而方便地进行风险管理和资产定价。

在投资者异质信念的资产定价理论模型中，测度变换方法亦得到了广泛的应用。在这类模型中，投资者们持有不同的信念，这些信念可以用概率分布来描述。然而，不同的投资者可能采用不同的概率测度来描述同一事件的概率，这导致了投资者对资产价格的预期存在差异。测度变换可以帮助我们解决这个问题。通过对现有的概率分布进行测度变换，我们可以得到新的概率分布，使得所有投资者都采用同一种概率测度。这样，不同投资者之间的信念差异得到了消除，资产价格的预期得到了统一。本节主要介绍测度变换理论中的几个核心定理，本书后续章节将详述这些定理在动态投资决策和资产定价模型中的应用。

（1）等价鞅测度与测度变换

通过适当地概率测度变换，可把任意一个随机过程转化为鞅。在该测度变换方法中，变换的是概率测度 $\mathbb{P}$ 本身。在概率测度 $\mathbb{P}$ 下，有

$$E_t^{\mathbb{P}}(S_T \mid \mathscr{F}_t) > S_t, t < T \tag{1.1}$$

$E_t^{\mathbb{P}}(\cdot)$ 是概率分布 $\mathbb{P}$ 下的条件期望算子，显然 S_t 是一个下鞅。可以找到另一个与 $\mathbb{P}$ 等价的概率测度 $\mathbb{Q}$，使

$$E_t^{\mathbb{Q}}(S_T \mid \mathscr{F}_t) > S_t, t < T \tag{1.2}$$

这样我们就可以改变一个随机过程的均值，它使得有着正的风险溢价的资产看上去是无风险的，从而把 S_t 变成为一个鞅。能够实现这种转换的概率测度 $\mathbb{Q}$ 被称为等鞅测度（Equivalent Martingale Measure）。

如何实现这种变换在金融理论和实际工作中非常重要，在微观金融学中有一系列重要的定理说明在无套利市场条件下，所有资产的贴现价格都是 $\mathbb{Q}$ 测度下的鞅。利用这样一个原理，原则上我们可以为具有任何未来或有收益形态的资产制定合理的市场价格，而这只需要求出 $\mathbb{Q}$ 下资产的期望收益然后用无风险利率贴回到现在时刻就可以了。

（2）拉登-尼科迪姆导数

拉登-尼科迪姆导数（Radon-Nikodym Derivative），也称为测度导数，是测度论中的一个重要概念。拉登-尼科迪姆导数衡量了两个测度之间的变化率，可以用来计算两个概率分布之间的相似性。具体而言，若存在两种概率测度 $\mathbb{P}$ 和 $\mathbb{Q}$，在这两种测度下随机变量 x 的概率密度函数 $dQ(x)$ 和 $dP(x)$ 之间存在如下关系：

$$dQ(x) = \xi(x) dP(x) \tag{1.3}$$

则 $\xi(\cdot)$ 即为测度 $\mathbb{Q}$ 和测度 $\mathbb{P}$ 之间的拉登-尼科迪姆导数。

（1.3）式可改写为

$$\xi(x) = \frac{dQ(x)}{dP(x)} \tag{1.4}$$

它衡量了概率测度 $\mathbb{Q}$ 和 $\mathbb{P}$ 之间的变化率。容易证明，如果两个测度 $\mathbb{P}$ 和 $\mathbb{Q}$ 具有相同零概率集的等价测度（或者是一致连续），则拉登-尼科迪姆导数必定存在。且

$$Q(A) = \int_A \xi(\omega) dP(\omega), \forall A \in \mathscr{F} \tag{1.5}$$

用条件期望的形式表示，即为：

$$E^Q[X \mid \cdot] = E^P[X\xi \mid \cdot] \tag{1.6}$$

下面给出连续时间条件下的拉登-尼科迪姆导数的形式和性质。

定理 1.1 设 W_t 是 $(\Omega,\mathscr{F},\mathbb{P})$ 上的一个维纳过程，滤波 $\{\mathscr{F}_t=\sigma[W(t)]\}$ 是由维纳过程 W_t 生成的，连续时间下的拉登-尼科迪姆导数为

$$\xi_t=\exp\left(\int_0^t\beta_s dW_s-\frac{1}{2}\int_0^t\beta_s^2 ds\right) \tag{1.7}$$

其中 β_t 是一个 $\mathscr{F}_t$ 适应的随机过程，且满足诺维科夫条件（Novikov Condition）：

$$E\left[\exp\left(\frac{1}{2}\int_0^t\beta_s^2 ds\right)\right]<\infty,\ t\in[0,T]$$

则 ξ_t 具有如下性质：

1. $\xi_0=1,\ \xi_t>0$。
2. ξ_t 是一个平方可积的鞅过程。

（3）哥萨诺夫定理

根据拉登-尼科迪姆导数的定义和性质，可实现对于连续随机过程（例如布朗运动）的测度变换。在连续时间金融框架下，哥萨诺夫（Girsanov）定理可以处理更复杂情形下的概率测度变换，该定理的内容如下：

定理 1.2（哥萨诺夫定理）在概率空间 $(\Omega,\mathscr{F},\{\mathscr{F}_t\}_{0\leqslant t\leqslant T},\mathbb{P})$ 上定义随机过程：

$$\xi_t=\exp\left(\int_0^t\beta_s dW_s-\frac{1}{2}\int_0^t\beta_s^2 ds\right) \tag{1.8}$$

其中 β_t 是一个 $\mathscr{F}_t$ 可测的随机过程，W_t 是测度空间 $\mathbb{P}$ 上的维纳过程。则：

$$\widetilde{W}_t=W_t-\int_0^t\beta_s ds,\ t\in[0,T] \tag{1.9}$$

是一个 $\mathscr{F}_t$ 滤波下测度空间 $\mathbb{Q}$ 上的维纳过程。

根据哥萨诺夫定理结合拉登-尼科迪姆导数的定义，可知给定一个维纳过程 W_t，把它的概率分布 dP 乘以拉登-尼科迪姆导数 ξ_t，就可以获得一个新的测度空间 $\mathbb{Q}$ 上的维纳过程 $\widetilde{W}_t$，这两个随

机过程相差一个 $\mathscr{F}_t$ -适应的漂移项 $\beta_t\,dt$，即

$$d\widetilde{W}_t = dW_t - \beta_t\,dt \tag{1.10}$$

得到这一结论的重要条件为 ξ_t 是一个鞅和，即 $E(\xi_T)=\xi_0=1$。

接下来，我们讨论新的维纳过程 $\widetilde{W}_t$ 的性质。因为

$$E^P[\widetilde{W}_T \mid \mathscr{F}_t] = W_t - E^P[\int_t^T \beta_s\,ds] \neq \widetilde{W}_t \tag{1.11}$$

所以在测度上 $\mathbb{P}$ 下，$\widetilde{W}_t$ 不是一个鞅过程，但是必定存在测度 $\mathbb{Q}$ 和 ξ_t，使

$$E^Q[\xi_t\widetilde{W}_t \mid \mathscr{F}_0] = E^P[W_t \mid \mathscr{F}_0] \tag{1.12}$$

对（1.12）式中等式左边部分的 $\xi_t\widetilde{W}_t$ 应用伊藤引理（Ito's lemma），有

$$\begin{aligned} d(\xi_t\widetilde{W}_t) &= \widetilde{W}_t d\xi_t + \xi_t d\widetilde{W}_t + d\xi_t d\widetilde{W}_t \\ &= \widetilde{W}_t\xi_t\beta_t dW_t + \xi_t(dW_t - \beta_t dt) + \xi_t\beta_t dW_t(dW_t - \beta_t dt) \\ &= \widetilde{W}_t\xi_t\beta_t dW_t + \xi_t dW_t - \xi_t\beta_t dt + \xi_t\beta_t dW_t dW_t - \xi_t\beta_t dW\beta_t dt \\ &= (\widetilde{W}_t\xi_t\beta_t + \xi_t)dW_t \end{aligned} \tag{1.13}$$

这表明 $\xi_t\widetilde{W}_t$ 在测度 $\mathbb{Q}$ 下无漂移项，为一个 $\mathbb{Q}$ 鞅过程，即

$$E^Q[\xi_t\widetilde{W}_t \mid \mathscr{F}_0] = \xi_0\widetilde{W}_0 = \widetilde{W}_0 \tag{1.14}$$

（4）鞅表示定理

接下来，我们给出用最简单的连续时间鞅过程——布朗运动来表示其他鞅的方法，即鞅表示定理。

定理 1.3 设 W_t 是 $(\Omega, \mathscr{F}, \mathbb{P})$ 上的布朗运动，$\{\mathscr{F}_t\}_{0\leq t\leq T}$ 为该布朗运动生成的滤波。X_t 为测度 $\mathbb{P}$、$\mathscr{F}_t$ 滤波下的一个鞅过程。则存在一个适应过程 β_t，且

$$E\left[\int_0^T \|\beta_t\|^2 dt\right] < \infty \tag{1.15}$$

使得

$$X_t = X_0 + \int_0^t \beta_s\,dW_s,\ t\in[0,T] \tag{1.16}$$

且 X_t 的路径具备连续性。

事实上，在哥萨诺夫定理设定的环境下，若$\mathscr{F}_t$是$\mathbb{P}$测度下维纳过程生成的自然滤波，设Y_t是$\mathbb{Q}$测度下的一个鞅过程，则必定存在一个适应过程γ_t，使得

$$Y_t = Y_0 + \int_0^t \gamma_s d\widetilde{W}_s,\ t \in [0,T] \tag{1.17}$$

成立。

1.5.2 连续时间最优投资组合策略和鞅方法

经典的期望效用框架下，最优投资组合策略问题已被很多学者深入研究。近年来，主流的研究均使用连续时间模型（参见Merton，1971；Karatzas和Shreve，1998）。连续时间金融模型假定消费、投资决策可以随时调整，投资者的交易行为可以在不断变化的市场条件下连续进行，投资者可以根据市场消息等情况进行随时调整投资组合，从而获得最大的利润。连续时间金融模型以不断变化的市场因素为基础，而离散时间金融模型是基于不变或基本不变的市场因素。连续时间金融模型可以利用更多的数据和技术处理更加准确，模型的结果也更加可靠，因此它可以更好地预测市场的未来走势。

与离散时间金融模型相比，连续时间金融模型具有以下优势：一是提供了更精准的价格预测，因为它能够更准确地反映市场的未来收益率水平；二是可以对风险与回报进行更精确的评估；三是可以获得更多的信息，从而给予更全面的投资决策支持。

本节主要介绍随机最优控制理论中的非线性偏微分方程——HJB（Hamilton-Jacobi-Bellman）方程，并简述利用鞅方法求解连续时间投资组合策略问题的理论基础。

（1）连续时间最优投资组合决策模型

在投资期限为$[0, T]$的纯交换经济中，$(\Omega, \mathscr{F}, \{\mathscr{F}_t\}_{0\leqslant t\leqslant T}, \mathbb{P})$是一个带域流的概率空间，$\mathbf{Z}_t = (Z_t^{(1)}, Z_t^{(2)}, \cdots, Z_t^{(N)})^{\mathrm{T}}$为$\mathbb{P}$测度上$\mathscr{F}_t$－

适应的N维的标准布朗运动。假设投资者的初始资金为$W_0>0$，在投资期限内资金不产生外部的流动。市场上有N种可供投资的风险资产和一种无风险资产，在投资期限内所有资产可连续交易且无交易成本。其中无风险资产$S^{(0)}$的价格过程满足下列微分方程：

$$dS_t^{(0)} = r_t S_0^{(0)} dt,\ S_0^{(0)} > 0 \tag{1.18}$$

其中，无风险利率r_t是$\mathscr{F}_t$−可测过程，且$\int_0^T |r(t)|\,dt < +\infty$。余下$N$种风险资产，其价格过程$S_t^{(i)}(i=1,2,\cdots,N)$，满足下列随机微分方程（SDEs）：

$$\frac{dS_t^{(i)}}{S_t^{(i)}} = \mu_t^{(i)} dt + \sum_{j=1}^{N} \sigma_t^{(i,j)} dZ_t^{(j)},\ S_0^{(i)} > 0,\ i=1,2,\cdots,N \tag{1.19}$$

其中$(\cdot)^{\mathrm{T}}$表示向量或矩阵的转置，$\boldsymbol{\mu}_t = (\mu_t^{(1)}, \mu_t^{(2)}, \cdots, \mu_t^{(N)})^{\mathrm{T}}$和$\boldsymbol{\sigma}_t = (\sigma_t^{(i,j)})_{N\times N}$分别实值$\mathscr{F}_t$−可测漂移系数矩阵和波动率矩阵，且$\int_0^T (\|\mu_t\| + \|\sigma_t\|) dt < +\infty$。

为了实现期末资产效用最大化，投资者在各风险资产中进行资产配置。定义$\pi_t = (\pi_t^{(1)}, \pi_t^{(2)}, \cdots, \pi_t^{(N)})^{\mathrm{T}}$表示投资者在$t$时刻将总资产配置在第 i 种资产上的数额。若$n_t = (n_t^{(1)}, n_t^{(2)}, \cdots, n_t^{(N)})^{\mathrm{T}}$、$\boldsymbol{\varphi}_t = (\varphi_t^{(1)}, \varphi_t^{(2)}, \cdots, \varphi_t^{(N)})^{\mathrm{T}}$分别表示投资者的投资组合在$t$时刻投资于风险资产的份数和投资比例向量，则有$\varphi_t^{(i)} = \frac{n_t^{(i)} S_t^{(i)}}{W_t} = \frac{\pi_t^{(i)}}{W}$，$\pi_t^{(0)}$、$n_t^{(0)}$、$\varphi_t^{(0)}$表示投资者投资于无风险资产的份额。因此，$t$时刻投资组合价值$W_t$为

$$\begin{aligned} dW_t &= n_t^{(0)} dS_t^{(0)} + \sum_{j=1}^{N} n_t^{(j)} dS_t^{(j)} \\ &= W_t \left[(r_t + (\boldsymbol{\mu}_t - r_t \boldsymbol{I}) \boldsymbol{\varphi}_t) dt + \boldsymbol{\varphi}_t^{\mathrm{T}} \boldsymbol{\sigma}_t d\boldsymbol{Z}_t \right] \\ &= \left[(r_t W_t + (\boldsymbol{\mu}_t - r_t \boldsymbol{I}) \pi_t) dt + \pi_t^{\mathrm{T}} \boldsymbol{\sigma}_t d\boldsymbol{Z}_t \right] \end{aligned} \tag{1.20}$$

其中$\boldsymbol{I}$表示N维元素全为 1 的向量。假设π_t是$\mathbb{R}^N$上的$\mathscr{F}_t$−可测过程，并且$\int_0^T \|\pi_t^{\mathrm{T}} \boldsymbol{\sigma}_t\|^2 dt < +\infty$，$\int_0^T |(\boldsymbol{\mu}_t - r_t \boldsymbol{I}) \pi_t| dt < +\infty$。

投资者的投资目标为期望效用最大化。假设投资者的效用函数

$u(\cdot): R^+ \to R^+$，是二阶可导，严格凹的递增函数，且 $u(0)=0$, $u'(0+)=+\infty, u'(+\infty)=0$。最优投资决策优化模型为

$$J(W_0) := \max_{\varphi_t} E\left[u(W_T)\right]$$

$$\text{s.t.} \ \frac{dW_t}{W_t} = \left[r_t + (\boldsymbol{\mu} - r\boldsymbol{I})^{\mathrm{T}} \boldsymbol{\varphi}_t\right] dt + \boldsymbol{\varphi}_t^{\mathrm{T}} \boldsymbol{\sigma}_t d\boldsymbol{Z}_t \tag{1.21}$$

$$W_t \geqslant 0, \quad \forall t \in [0,T]$$

其中动态投资策略过程 $\boldsymbol{\varphi}_t$ 为决策变量。

对这一问题的求解最初是由 Merton（1971）利用随机控制的方法，在模型系数是确定性函数的假定下，通过把问题转化为求解一个 Hamilton-Jacobi-Bellman（HJB）方程，对特殊效用函数情形可以得到显示解。Cox 和 Huang（1989）利用鞅方法，把动态优化问题转化为静态优化问题，通过求解静态优化问题，然后对最优财富过程进行复制即可得到最优投资组合，Karatzas 和 Shreve（1998）将这一方法推广到不完全市场情形，提出了解决这类问题凸对偶的方法。分析显示，在模型系数是确定性函数的假定下，两种方法是等价的。

（2）HJB 方程

当上述模型中随机过程的漂移项和波动率的系数均为确定函数，即 r_t、$\boldsymbol{\mu}_t$ 和 $\boldsymbol{\sigma}_t$ 均为取值于实数空间的函数（函数矩阵）时，可利用随机控制方法将最优投资决策问题转化为非线性 HJB 方程问题。

由于市场具有完备性，存在唯一的风险市场价值（Market Price of Risk）$\boldsymbol{\lambda} = \boldsymbol{\sigma}^{-1}(\boldsymbol{\mu} - r\boldsymbol{I})$，引入唯一的风险中性测度（鞅测度）$\mathbb{Q}$，及对应的拉登-尼克蒂姆（Radon-Nikodym）导数

$$H_t = \frac{d\mathbb{Q}}{d\mathbb{P}}\Big| \mathscr{F}_t = \exp\left(-\frac{1}{2}\int_0^t \|\boldsymbol{\lambda}\|^2 ds - \int_0^t \boldsymbol{\lambda}^{\mathrm{T}} d\boldsymbol{Z}_s\right) \tag{1.22}$$

据此，可以得到唯一的状态价格密度过程

$$\xi_t = e^{-rt} H_t \tag{1.23}$$

当 ξ_t 值越大时，表明风险资产的表现越不好，市场状态越差；反之

亦然。注意到，状态价格密度ξ_t是下列随机微分方程的唯一解：

$$\frac{d\xi_t}{\xi_t}=-r_t dt-\boldsymbol{\lambda}^{\mathrm{T}} d\boldsymbol{Z}_t,\quad \xi_0=1 \tag{1.24}$$

由动态投资组合策略模型可知，对任意$(t,y)\in[0,T]\times(0,\infty)$，定义随机过程

$$\begin{aligned}Y^{t,y}(s)&:=y\exp(-\int_t^s r_u du-\frac{1}{2}\int_t^s\|\boldsymbol{\lambda}_u\|^2 du-\int_t^s\boldsymbol{\lambda}^T{}_u dZ_u)\\&=y\exp(-\int_t^s r_u du+\frac{1}{2}\int_t^s\|\boldsymbol{\lambda}_u\|^2 du-\int_t^s\boldsymbol{\lambda}^T{}_u dZ_u^{(0)})\end{aligned} \tag{1.25}$$

其中$Z_s^{(0)}=Z_s+\int_t^s\|\boldsymbol{\lambda}_u\|^2 du$是鞅测度$\mathbb{Q}$下的标准布朗运动。则模型（1.4）的最优解$W_t^*$为

$$\begin{aligned}W_t^*&=\frac{1}{H_t}E\left[H_T\exp(-\int_t^T r_u du)(u')^{-1}(zY_T{}^{(0,1)})\,|\,\mathscr{F}_t\right]\\&=E_0\left[\exp(-\int_t^T r_u du)(u')^{-1}(Y_T{}^{(0,z)})\,|\,\mathscr{F}_t\right]\\&=\chi(t,Y_t^{(0,z)})\end{aligned} \tag{1.26}$$

其中$z=\Upsilon(x)$，E_0表示在测度$\mathbb{Q}$下的期望，且$\chi(\cdot,\cdot):[0,T]\times(0,\infty)\to(0,\infty)$定义如下：

$$\chi(t,y):=E_0\left[\exp(-\int_t^T r_u du)(u')^{-1}(yY_T{}^{(t,1)})\right] \tag{1.27}$$

记$\chi(t,\cdot)$的递减反函数为$\Upsilon(x):(0,\infty)\to(0,\infty)$，则时刻$t$的最优投资组合可表示为总资产的反馈形式，$\pi_t^*=\Pi^*(t,X_t^*)$，其中

$$\Pi^*(t,x)=-(\sigma_t^T)^{-1}\lambda_t\frac{\Upsilon(t,x)}{\Upsilon'_x(t,x)} \tag{1.28}$$

根据贝尔曼最优化原理，引入t时刻的价值函数：

$$J(x,t):=\max_{\pi_t}E\left[u(W_T)\right] \tag{1.29}$$

其中W_T为时刻t的投资组合价值为$W_t=x$，风险资产组合的配置为π_t时，投资组合的期末价值。则

$$J(x,t)=E\left[u\left((u')^{-1}(\Upsilon(x,t)Y_T{}^{(1,t)})\right)\right] \tag{1.30}$$

因此，$J(x,T)=u(x)$，$J(x,0)=J(x)$，且$J(x,t)$满足下列HJB方程：

$$0 = J_t(x,t) + \max_{\pi}\left\{[r_t x + (\boldsymbol{\mu}_t - r_t \boldsymbol{I})^{\mathrm{T}} \pi] J_x(x,t) + \frac{1}{2}\left\|\boldsymbol{\sigma}_t{}^{\mathrm{T}} \pi\right\|^2 J_{xx}(x,t)\right\} \tag{1.31}$$

且投资组合策略的最优解 $\pi^* = \Pi^*(x,t)$。

针对具体的效用函数 $u(\cdot)$，上述高维非线性的 HJB 方程求解非常困难。在完备空间下，可考虑使用鞅方法简化动态投资组合策略模型的求解过程。

（3）鞅方法

在完备市场下，可利用鞅方法对动态投资组合策略模型进行优化。首先，在鞅约束条件下，将模型转化为一个以投资组合期末价值为决策变量的静态优化模型。其次，求解该静态问题得到最优投资组合期末价值。最后，利用复制技术将求解出投资者动态最优投资组合策略。

根据鞅过程的特性可知，动态投资组合策略问题中的约束条件可以变为对应的鞅约束，即

$$E^{\mathbb{Q}}(W_t) = E^{\mathbb{P}}(\xi_t W_t) = W_0,\ \ \forall t \in [0,T] \tag{1.32}$$

其中 $\mathbb{P}$ 测度为自然测度，因此上式中的 $\mathbb{P}$ 可以省略。由于 $\boldsymbol{\varphi}_t$ 是自融资策略，则对于任意的满足鞅约束的非负的 W_T，一定存在动态投资策略过程 $\boldsymbol{\varphi}_t$，使得投资组合在这一策略下能获得 W_T 的期末价值。因此动态投资组合策略问题可以转化为一个以投资组合期末价值 W_T 为决策变量的静态问题

$$\begin{aligned}&\max_{W_T} E[u(W_T)]\\&\text{s.t. } E(\xi_T W_T) = W_0\\&W_T \geqslant 0,\ \ \forall t \in [0,T]\end{aligned} \tag{1.33}$$

接下来，求解静态优化问题（1.33），得出最优投资组合的期末价值 W_T^*。

定义函数 $\chi(y) := E[\xi_T \cdot (u')^{-1}(y\xi_T)]$，其反函数记为 $\Upsilon(x) := \chi^{-1}(x)$。则最优投资组合期末价值为

$$W_T^* = (u')^{-1}[\Upsilon(W_0) \cdot \xi_T] \tag{1.34}$$

同时

$$J(W_0)=E\left[u\left((u')^{-1}\left(\Upsilon(W_0)\cdot\xi_T\right)\right)\right] \tag{1.35}$$

根据鞅过程的性质可复制出t时刻的最优投资组合为

$$W_t^*=\frac{1}{\xi_t}E\left[W_T^*\cdot\xi_T\mid\mathscr{F}_t\right] \tag{1.36}$$

t时刻的动态投资组合策略π_t^*为

$$\pi_t^*=\left(\boldsymbol{\sigma}_t^{\mathrm{T}}\right)^{-1}\left(\frac{\psi_t}{\xi_t}+W_t^*\lambda_t\right) \tag{1.37}$$

其中ψ_t由鞅表示定理给出：

$$E\left[W_T^*\cdot\xi_T\mid\mathscr{F}_t\right]=W_0+\int_0^t\psi_t{}^T dZ_t \tag{1.38}$$

第 2 章

显性激励对机构动态投资组合策略的影响

随着资本市场机构化程度不断加深，机构代理投资中管理者薪酬合同设计及其对机构投资行为的影响受到学界和业界的广泛关注。目前，在委托代理投资组合管理实践中，不对称的薪酬合同被普遍采用（Li 和 Wu，2019；Ma 和 Tang 等，2019），这对基金管理者产生了显性激励。

现有实证研究发现显性激励使基金管理者增加了投资组合的风险暴露（Agarwal 和 Naik，2004；Lan 和 Wang 等，2013；Lee 和 Trzcinka 等，2019），但基于传统风险厌恶型效用函数框架下，利用连续时间金融模型开展的理论研究不支持该结论（Carpenter，2000；Ross，2004；Nicolosi，2018）。为了更好地解释实证研究的结论，本章基于行为金融学中的前景理论，构建管理者的效用函数。

在传统的投资决策模型中，往往假设投资者保持风险厌恶，而前景理论的相关研究成果表明，在不同的市场状态下，投资者受到情绪和心理因素的影响，效用函数会表现出损失厌恶的特征，而并非一直保持风险厌恶。近年来，投资者的损失厌恶心理特征对投资决策的影响受到广泛关注，但相关研究中，多以个人投资者为投资决策主体。事实上，作为机构投资决策制定者的基金管理者，其损失厌恶的心理特征较个人投资者更显著，且该特征直接影响其投资决策行为，大量实证研究成果支持这一观点（Bodnaruk 和 Simonov，2016；Jiang 和 Shrider 等，2020）。因此，在前景理论框架下，研究显性激励对机构动态投资策略的影响不仅更能捕捉其投资特征，亦能提高相关理论模型对实证结果的解释能力。

本章以损失厌恶型机构投资者的动态投资组合策略为研究对象，在连续时间背景下，构建了较 Kouwenberg 和 Ziemba（2007）更具一般性的管理者薪酬合同（包括对称合同和不对称合同）和基准组合（包括静态基准和动态基准组合），通过比较分析显性激励对机构投资行为的影响。2.1 节说明本章模型的假设，包括市场环境、管理者薪酬结构和管理者的效用函数。2.2 节构建管理者动态决策模型，并利用鞅方法对模型进行优化。2.3 节求解基金最优投资组合的期末价值的封闭解，并利用数值模拟讨论各参数对其影响。2.4 节求解基金的动态投资组合策略的封闭解，分析其影响因素，并利用数值模拟分别讨论管理者薪酬结构、损失厌恶度对机构投资行为的影响。2.5 节对模型进行拓展，考虑以动态投资组合为基准组合，通过对拓展模型的求解，检验本章相关结论的稳健性。

2.1 模型假设

2.1.1 市场环境

在连续时间金融框架（Merton，1973）下，定义一个投资期限为$[0, T]$的纯交换经济，用带滤波的概率空间$(\Omega,\mathscr{F},\{\mathscr{F}_t\}_{0\leqslant t\leqslant T},\mathbb{P})$刻画不确定性[①]。假设基金的初始管理资金为$W_0>0$，在投资期限内资金不产生外部的流动。市场上有$N$种可供投资的风险资产和一种无风险资产，在投资期限内所有资产可连续交易且无交易成本。其中无风险资产$S^{(0)}$的收益率在投资期限内为常数r，风险资产$S^{(i)}(i=1,2,\cdots,N)$的价值变化满足下列随机微分方程组。

$$\frac{dS_t^{(i)}}{S_t^{(i)}}=\mu^{(i)}dt+\sum_{j=1}^{N}\sigma^{(i,j)}dZ_t^{(j)},\ S_0^{(i)}>0,\ i=1,2,\cdots,N \tag{2.1}$$

其中$\boldsymbol{Z}_t=(Z_t^{(1)},Z_t^{(2)},\cdots,Z_t^{(N)})^{\mathrm{T}}$为$\mathbb{P}$测度上的$N$维的标准布朗运动，$(\cdot)^{\mathrm{T}}$表示向量或矩阵的转置。由于布朗运动的维数与风险资产数量相同，因此市场具有完备性（Completeness）[②]。$\boldsymbol{\mu}=(\mu^{(1)},\mu^{(2)},\cdots,\mu^{(N)})^{\mathrm{T}}$和$\boldsymbol{\sigma}=(\sigma^{(i,j)})_{N\times N}$分别表示风险资产的漂移项和波动率，均为

① 假设下文中所有随机过程均适应于滤波$\{\mathscr{F}_t\}$，且均具有良好定义。

② 此处为了简化模型的求解，我们假设市场是具有完备性的，本书 3.5.3 节考虑了不完备市场下的模型，并验证了该假设不影响本书的主要结论。

常数向量和矩阵①。

从投资决策主体为代表性的基金管理者，设其所管理的基金的投资组合在t时刻投资于风险资产的比例为$\boldsymbol{\varphi}_t=(\varphi_t^{(1)},\varphi_t^{(2)},\cdots,\varphi_t^{(N)})^{\mathrm{T}}$，其中$\varphi_t^{(i)}$表示投资于第$i$种风险资产的比例，$\boldsymbol{\varphi}_t$表示基金的动态投资组合策略过程，亦被称为基金的风险暴露（Risk Exposure）。假设在投资期限内，基金不允许申购和赎回，则$\boldsymbol{\varphi}_t$为自融资策略（Self-financing Strategy）。因此，t时刻基金投资组合价值W_t为

$$\frac{dW_t}{W_t}=[r+(\boldsymbol{\mu}-r\boldsymbol{I})\boldsymbol{\varphi}_t]dt+\boldsymbol{\varphi}_t^{\mathrm{T}}\boldsymbol{\sigma}d\boldsymbol{Z}_t \tag{2.2}$$

其中$\boldsymbol{I}$表示N维元素全为1的向量。

2.1.2 管理者薪酬结构

基金管理者凭借专业能力和经验，向投资者提供资产管理服务，并按合同约定取得薪酬。参考Cuoco和Kaniel（2011）的研究，设基金管理者的薪酬为

$$\Pi(W_T,Y_T)=\gamma_0+sW_T-\gamma_1(Y_T-W_T)^++\gamma_2(W_T-Y_T)^+ \tag{2.3}$$

其中，W_T为基金投资组合的期末价值，Y_T为基准组合的期末价值，$(x)^+=\max(0,x)$，γ_0、s、γ_1和γ_2均为给定的非负的常参数，分别表示手续费、管理费率、超额分红比例和罚金比例，且$s+\gamma_2>0$，$\gamma_2\geqslant\gamma_1$，因此基金经理薪酬$\Pi$是基金投资组合期末价值的递增凸函数，是基准组合期末价值的递减函数。记$\Delta\gamma=\gamma_2-\gamma_1\geqslant 0$为管理者薪酬合同的显性激励强度，其量化描述了薪酬合同的不对称程度。

① 在本书第2章和第3章的模型中，假设风险资产的漂移项和波动率为外生的常数，并在此基础上讨论了激励合同中的显性和隐性激励对机构投资行为的影响。事实上，市场参与者的投资行为亦会改变风险资产的需求，进而影响其均衡状态下的漂移项和波动率。因此，在本书第5章和第6章的模型中，在考虑激励合同对资产价格及其波动率的影响时，将设定风险资产的漂移项和波动率为由市场均衡内生决定，并通过求解市场参与者的动态投资组合策略，确定均衡状态下的风险资产价格。

（2.3）式所示的管理者薪酬由四个部分构成：第一部分为与基金业绩无关的手续费γ_0，第二部分为按基金期末管理资产净值收取的固定比例管理费sW_T，最后两部分分别为基金业绩超过基准组合所获得的奖金分红$\gamma_2(W_T-Y_T)^+$，以及业绩未达到基准组合所扣的罚金$\gamma_1(Y_T-W_T)^+$。当$\gamma_1=\gamma_2$时，基金管理者薪酬中业绩超过基准的超额收益分红与未达到基准所扣罚金比例相同，该类奖惩比例对称的薪酬被称为支点绩效费（Fulcrum Performance Fees）。正如本书绪论所述，美国1940年发布的《基金管理公司法案》第1号修正案规定，共同基金管理公司的绩效费必须为支点型，但对冲基金的薪酬合同不受该限制。事实上，在国内外机构代理投资行业，包含的不对称业绩费用（Asymmetric Performance Fees）的薪酬合同普遍存在（参数通常为$\gamma_1=0$，$\gamma_2>0$）。

值得注意的是，薪酬合同中基准组合的选择也是决定管理者投资策略的一个重要因素，这是由于管理者的绩效评价相对于基准进行。Basak和Shapiro等（2006）已经证明，基金投资组合是否能获得超额收益取决于管理者的风险厌恶程度和基准的选择。Basak和Pavlova等（2007）假设基金相对于动态基准组合的业绩表现会导致资金的凸性流动，研究了基金的最优资产配置问题，发现了投资组合的波动性与管理者对风险的态度之间的关系。此外，Admati和Pfleiderer（1997）、Dybvig和Farnsworth等（2010）指出管理者最优薪酬合同的设计取决于基准的选择。因此，在投资者最优投资策略的问题中不仅要考虑投资组合的资产配置，而且要考虑基准选择与投资策略之间的关系。

在Carpenter（2000）、Kouwenberg和Ziemba（2007）的研究中，均假设基准是固定的（如无风险资产）。但最近相关研究表明在管理者薪酬合同中以固定回报率为基准，对委托人不利（Servaes和Sigurdsson，2018）。结合基金行业的现状，绝大多数的基金管理者的薪酬合同往往与一个动态的基准组合（如市场指数）挂钩（Evans和Gomez，2020）。因此，为了全面分析激励合同对机构投资者的策略影响，本章分别求解了固定基准和随机动态基准组合时，管理者的最优投资组合策略。具体而言，在 2.3 节和 2.4 节假设基准组合的期末价值 Y_T 为常数，在 2.5 节对模型进行拓展，考虑基准组合为随市场状态变化的随机过程，并将两部分的结论进行对比，以检验相关结论的稳健性。

2.1.3 显性激励下管理者的效用函数

在传统最优投资组合问题中，通常假设投资决策者为理性的风险厌恶型，其效用为最终财富（或终身消费）的单调递增凹函数。Kahneman 和 Tversky（1979）在实验的基础上，发现投资决策主体的行为不符合这一假设，提出了前景理论。该理论认为，人们对损失的敏感程度要远高于收益，这种心理特征被称为损失厌恶。在这一理论框架下，投资者效用函数与传统的效用函数有三点主要差异。第一，效用相对于给定的参考点（Reference Point）来衡量。第二，效用函数在收益部分具有凹性，而在损失部分具有凸性，这反映了投资者在收益时规避风险，而在损失时寻求风险。第三，由于投资者对损失比对收益更为敏感，因此损失部分的效用函数比其在收益部分更陡峭。这些性质导致了具有损失厌恶型心理特征的投资者的效用为 S 形的函数。损失厌恶型效用函数较传统的风险厌恶型效用函数更为复杂，由于其包含凹函数和凸函数两部分，在参考点位置是凹向性发生变化的拐点。事实上，参考点为投资者心理的一个中性结果，投资者将所有低于该点的结果视为损失，高于该点的结果视为收益。

对于基金管理者而言，损失厌恶的心理特征更显著，由于管理者投资失败的损失不仅仅是薪酬，还包括时间损失（机会成本）和声誉损失，以及当业绩持续不佳时，基金不能吸引新的资金流入导致薪酬增长缺乏潜力等。基于上述原因，管理者对损失的痛苦感相对强烈。一旦基金价值跌破基准，基金经理会最大限度地提高业绩超越基准的概率，以避免出现损失的一系列负面后果，即基金管理者开始寻求风险。另一方面，当基金价值超过基准时，基金管理者期望获得超额收益的分红，并变得规避风险以确保自己能获得收益（Sheng 和 Xu，2021）。

基金管理者的效用函数取决于实际所获薪酬及薪酬参考点，若实际获得薪酬低于参考点则被认为是损失，实际薪酬超过参考点则为收益。根据前景理论，基于基金管理者损失厌恶的心理特征，其效用函数中损失的边际效用应该大于收益的边际效用，因此基金管理者的效用函数为：

$$u(W_T)=\begin{cases}\beta^G[\Pi(W_T,Y_T)-\Theta_T]^{\alpha^G}, & \text{当}\Pi(W_T,Y_T)\geqslant\Theta_T\\ -\beta^L[\Theta_T-\Pi(W_T,Y_T)]^{\alpha^L}, & \text{当}\Pi(W_T,Y_T)<\Theta_T\end{cases}\tag{2.4}$$

其中 β^G，β^L，α^G 和 α^L 为正的常参数，Θ_T 为管理者薪酬的参考点，效用函数在薪酬超过参考点时为凸函数，在薪酬未达到参考点时为凹函数。由于收益和损失对效用的边际贡献递减，因此 $0<\alpha^G,\alpha^L<1$，分别决定了效用函数在损失和收益上的曲率，α^k 的值越小，表示收益（$k=G$）和损失（$k=L$）的边际贡献递减的速度越快。根据损失厌恶这一心理假设，基金管理者的损失厌恶度 $D_l=\beta^L/\beta^G>1$，即损失所带来的痛苦超过了同等收益带来的愉悦，且 D_l 值越大，表明管理者对损失的厌恶程度越高。

参考 Kouwenberg 和 Ziemba（2007），假设薪酬参考点为管理者将基金投资组合复制基准组合所获得的期末薪酬（即 $\Theta_T=\gamma_0+sY_T$）。由于管理者薪酬如（2.3）式，因此如果其管理投资组合的期末价值大于基准组合价值，管理者能获得超额部分的分红奖金，这被视为收益；相反地，若管理投资组合的期末价值低于基准组合期末价值，会被扣除一定比例的罚金，被视为损失。

为了对管理者效用函数进行化简，给出如下引理。

引理 2.1 $\Pi(W_T,Y_T)\geqslant\Theta_T\Leftrightarrow W_T\geqslant Y_T$，同时 $\Pi(W_T,Y_T)<\Theta_T\Leftrightarrow W_T<Y_T$。

证明：1. 首先证明$\Pi(W_T,Y_T)\geqslant\Theta_T\Leftrightarrow W_T\geqslant Y_T$。

（1）先证充分性。若$\Pi(W_T,Y_T)\geqslant\Theta_T$，由（2.3）式，可得

$$\gamma_0+sW_T-\gamma_1(Y_T-W_T)^+ +\gamma_2(W_T-Y_T)^+\geqslant\gamma_0+sY_T \tag{2.5}$$

分以下两种情况讨论。

① 当$W_T\geqslant Y_T$时，（2.5）等价于$\gamma_0+sW_T+\gamma_2(W_T-Y_T)\geqslant\gamma_0+sY_T$，因此$W_T\geqslant Y_T$恒成立。

② 当$W_T<Y_T$时，（2.5）等价于$\gamma_0+sW_T-\gamma_1(Y_T-W_T)\geqslant\gamma_0+sY_T$，因此$W_T\geqslant Y_T$，这与条件②中$W_T<Y_T$矛盾，因此$W_T\in\phi$，即此情况不可能出现。

所以$\Pi(W_T,Y_T)\geqslant\Theta_T\Rightarrow W_T\geqslant Y_T$。

（2）再证必要性。若$W_T\geqslant Y_T$，则

$$\begin{aligned}\Pi(W_T,Y_T)&=\gamma_0+sW_T-\gamma_1(Y_T-W_T)^+ +\gamma_2(W_T-Y_T)^+\\&=\gamma_0+sW_T+\gamma_2(W_T-Y_T)\\&\geqslant\gamma_0+sW_T\geqslant\gamma_0+sY_T\end{aligned}$$

所以$\Pi(W_T,Y_T)\geqslant\Theta_T$。

2. 类似地，证明$\Pi(W_T,Y_T)<\Theta_T\Leftrightarrow W_T<Y_T$。

（1）先证充分性。若$\Pi(W_T,Y_T)<\Theta_T$，由（2.3）式，可得

$$\gamma_0+sW_T-\gamma_1(Y_T-W_T)^+ +\gamma_2(W_T-Y_T)^+<\gamma_0+sY_T \tag{2.6}$$

分以下两种情况讨论。

① 当$W_T\geqslant Y_T$时，（2.6）等价于$\gamma_0+sW_T+\gamma_2(W_T-Y_T)<\gamma_0+sY_T$，因此$W_T<Y_T$，这与条件①中$W_T\geqslant Y_T$矛盾，因此$W_T\in\phi$，即此情况不可能出现。

② 当$W_T<Y_T$时，（2.6）等价于$\gamma_0+sW_T-\gamma_1(Y_T-W_T)<\gamma_0+sY_T$，因此$W_T<Y_T$恒成立。

所以$\Pi(W_T,Y_T)<\Theta_T\Rightarrow W_T<Y_T$。

（2）再证必要性。若$W_T<Y_T$，则

$$\begin{aligned}\Pi(W_T,Y_T)&=\gamma_0+sW_T-\gamma_1(Y_T-W_T)^+ +\gamma_2(W_T-Y_T)^+\\&=\gamma_0+sW_T-\gamma_1(Y_T-W_T)\\&<\gamma_0+sW_T<\gamma_0+sY_T\end{aligned}$$

所以$\Pi(W_T,Y_T)<\Theta_T$。引理2.1得证。

根据引理2.1中的等价关系，将（2.3）式中$\Pi(W_T,Y_T)$和$\Theta_T=\gamma_0+sY_T$代入（2.4），化简得到管理者的效用函数为

$$u(W_T)=\begin{cases}\beta^G(s+\gamma_2)^{\alpha^G}(W_T-Y_T)^{\alpha^G}, & W_T\geqslant Y_T\\ -\beta^L(s+\gamma_1)^{\alpha^L}(Y_T-W_T)^{\alpha^L}, & W_T<Y_T\end{cases}\tag{2.7}$$

在标准的动态优化中，效用函数通常为具有凹性的连续可微函数。但是，由于显性激励和损失厌恶型心理的作用，管理者的效用函数不具备全局凹性。由（2.7）式可见，管理者薪酬合同中的管理费率s、超额收益分红比例γ_2和业绩不佳的罚金比例γ_1以及管理者损失厌恶度$D_l=\beta^L/\beta^G$均为重要参数，因此下文将具体讨论薪酬合同和管理者损失厌恶度对基金管理者动态投资策略的影响。

2.2 模型构建与优化

2.2.1 显性激励下机构动态投资决策模型

假设管理者不能以自有资产参与投资，其决策目标为期末所获薪酬的效用最大化，因此管理者的最优投资决策模型为

$$\begin{aligned}&\max_{\boldsymbol{\varphi}_t} E\left[u(W_T)\right]\\ &\text{s.t.}\ \frac{dW_t}{W_t}=\left[r+(\boldsymbol{\mu}-r\boldsymbol{I})^{\mathrm{T}}\boldsymbol{\varphi}_t\right]dt+\boldsymbol{\varphi}_t^{\mathrm{T}}\boldsymbol{\sigma}d\boldsymbol{Z}_t\\ &W_t\geqslant 0,\quad \forall t\in[0,T]\end{aligned}\tag{2.8}$$

其中动态投资策略过程$\boldsymbol{\varphi}_t$为决策变量，效用函数$u(W_T)$为（2.7）所示的分段函数。因此（2.8）式中最优投资策略模型的目标函数为

$$\begin{aligned}E\left[u(W_T)\right]=E\Big\{&\left[\beta^G(s+\gamma_2)^{\alpha^G}(W_T-Y_T)^{\alpha^G}\middle|W_T\geqslant Y_T\right]\\ &+\left[-\beta^L(s+\gamma_1)^{\alpha^L}(Y_T-W_T)^{\alpha^L}\middle|W_T<Y_T\right]\Big\}\end{aligned}$$

在本章 2.5 节之前的模型求解过程中，假设基准组合的期末价值 Y_T 是外部给定的常数，记为 Y 。在 2.5 节对模型进行拓展，以一个固定比例投资于风险资产的投资组合为基准组合，并将两部分的结论进行对比，以检验相关结论的稳健性。

2.2.2 模型优化

下面利用鞅方法对模型(2.8)进行优化。在鞅约束条件下，将模型转化为一个以投资组合期末价值为决策变量的静态优化模型。2.3 节将求解该静态问题得到最优投资组合期末价值，在 2.4 节中利用复制技术将求解出管理者的动态最优投资组合策略。

由于市场具有完备性，存在唯一的风险市场价值（Market Price of Risk） $\boldsymbol{\lambda}=\boldsymbol{\sigma}^{-1}(\boldsymbol{\mu}-r\boldsymbol{I})$ ，引入唯一的风险中性测度（鞅测度）$\mathbb{Q}$，及对应的拉登–尼克蒂姆（Radon-Nikodym）导数

$$H_t=\frac{d\mathbb{Q}}{d\mathbb{P}}|\mathscr{F}_t=\exp\left(-\frac{1}{2}\int_0^t\|\boldsymbol{\lambda}\|^2ds-\int_0^t\boldsymbol{\lambda}^{\mathrm{T}}d\boldsymbol{Z}_s\right) \tag{2.9}$$

据此，可以得到唯一的状态价格密度过程

$$\xi_t=e^{-rt}H_t \tag{2.10}$$

根据文献，当 ξ_t 值越大时，表明风险资产的表现越不好，市场状态越差；反之亦然。在离散时间框架下，Neave 和 Yang（2009）指出，当状态价格密度低于 e^{-rt} 时，看涨期权具有正的预期回报，为投资债权（Investment Claims）；反之，当状态价格密度高于 e^{-rt} 时，看涨期权具有负预期收益，因此为保险债权（Insurance Claims）。注意到，状态价格密度 ξ_t 是下列随机微分方程的唯一解。

$$\frac{d\xi_t}{\xi_t}=-rdt-\boldsymbol{\lambda}^{\mathrm{T}}d\boldsymbol{Z}_t,\ \ \xi_0=1 \tag{2.11}$$

根据鞅过程的特性可知，问题（2.8）中的约束条件可以变为对应的鞅约束，即

$$E^{\mathbb{Q}}(W_t)=E^{\mathbb{P}}(\xi_t W_t)=W_0,\ \ \forall t\in[0,T] \tag{2.12}$$

其中$\mathbb{P}$测度为自然测度，因此上式中的$\mathbb{P}$可以省略。由于$\boldsymbol{\varphi}_t$是自融资策略，则对于任意的满足鞅约束的非负的W_T，一定存在动态投资策略过程$\boldsymbol{\varphi}_t$，使得投资组合在这一策略下能获得W_T的期末价值。因此问题（2.8）可以转化为一个以投资组合期末价值W_T为决策变量的静态问题

$$\begin{aligned}&\max_{W_T} E\left[u(W_T)\right]\\&\text{s.t. } E(\xi_T W_T)=W_0\\&W_T\geqslant 0,\quad \forall t\in[0,T]\end{aligned}\tag{2.13}$$

接下来，求解静态优化问题（2.13），得出基金最优投资组合的期末价值W_T^*，然后求解最优动态投资组合策略，并分别讨论薪酬合同中的参数和损失厌恶度对其影响。

2.3 显性激励下机构最优投资组合期末价值

2.3.1 最优投资组合期末价值的封闭解

在问题（2.13）中由于目标函数不具备全局凹性，因而经典方法不适用，这里借鉴 Berkelaar 和 Kouwenberg 等（2004）、米辉和张曙光（2013）的方法，将目标函数分为凹函数和凸函数两部分，分别求出两分段上的最优解，再通过比较两分段上最优解的目标函数大小，确定模型的全局最优解，得到如下结论。

定理 2.1 显性激励下，基金管理者的最优投资组合期末价值为

$$W_T^*=\begin{cases}Y+\left[\dfrac{\alpha^G\beta^G(s+\gamma_2)^{\alpha^G}}{z\xi_T}\right]^{\frac{1}{1-\alpha^G}}, & 当\xi_T<\overline{\xi}\\[2ex] 0, & 当\xi_T\geqslant\overline{\xi}\end{cases}\tag{2.14}$$

其中$\overline{\xi}$是满足方程

$$\beta^G(s+\gamma_2)^{\alpha^G}(1-\alpha^G)\left[\frac{\beta^G(s+\gamma_2)^{\alpha^G}\alpha^G}{z\overline{\xi}}\right]^{\frac{\alpha^G}{1-\alpha^G}} \tag{2.15}$$

$$-z\overline{\xi}Y+\beta^L(s+\gamma_1)^{\alpha^L}Y^{\alpha^L}=0$$

的唯一解。（2.14）、（2.15）式中的拉格朗日乘子 z 是使得 W_T^* 满足鞅约束条件 $E(\xi_T W_T^*)=W_0$ 的唯一解①。

证明：首先定义并求解问题（2.13）的凸共轭问题

$$\max V^* = \max_{W_T}\left\{u(W_T)-z\xi_T W_T\right\}$$
$$\text{s.t. } E(\xi_T W_T)=W_0, \tag{2.16}$$
$$W_T \geqslant 0.$$

1）当 $W_T \geqslant Y$ 时，目标函数严格凹，最优解满足一阶 KKT 条件，即

$$\alpha^G\beta^G(s+\gamma_2)^{\alpha^G}(W_T-Y)^{\alpha^G-1}-z\xi_T=0$$

求解得到

$$W_1^*=Y+\left[\frac{\alpha^G\beta^G(s+\gamma_2)^{\alpha^G}}{z\xi_T}\right]^{\frac{1}{1-\alpha^G}}$$

2）当 $W_T<Y$ 时，目标函数严格凸，因此最优解只会在边界上达到，即 $W_2^*=Y-\varepsilon$，（ε 为充分小的正的常数）或 $W_3^*=0$。

下面通过比较 $V^*(W_i^*), (i=1,2,3)$ 的大小来确定问题（2.16）的最优解。定义

$$G_k(\xi_T)=V^*(W_i^*)-V^*(W_j^*),\quad i,j=1,2,3,\ j\neq i$$

若 $G_k(\xi_T)>0$，说明 W_i^* 是全局最优解。

（a）首先比较 $V^*(W_1^*)$ 和 $V^*(W_2^*)$：

$$\begin{aligned}G_1(\xi_T)&=V^*(W_1^*)-V^*(W_2^*)\\&=\beta^G(s+\gamma_2)^{\alpha^G}\left(W_1^*-Y\right)^{\alpha^G}-z\xi_T W_1^*\\&\quad-\left[-\beta^L(s+\gamma_1)^{\alpha^L}\left(Y-W_2^*\right)^{\alpha^L}-z\xi_T W_2^*\right]\end{aligned}$$

① 定理 2.1 中 $\overline{\xi}$ 和 z 的存在唯一性将在下文引理 2.2 中给出证明。

$$= \beta^G (s+\gamma_2)^{\alpha^G} \left[\frac{z \cdot \xi_T}{\alpha^G \beta^G (s+\gamma_2)^{\alpha^G}} \right]^{\frac{\alpha^G}{\alpha^G - 1}}$$

$$- z\xi_T \left[\frac{z \cdot \xi_T}{\alpha^G \beta^G (s+\gamma_2)^{\alpha^G}} \right]^{\frac{1}{\alpha^G - 1}}$$

$$- z\xi_T Y \varepsilon - \beta^L (s+\gamma_1)^{\alpha^L} \varepsilon$$

$$> \beta^G (s+\gamma_2)^{\alpha^G} \left[\frac{z \cdot \xi_T}{\alpha^G \beta^G (s+\gamma_2)^{\alpha^G}} \right]^{\frac{\alpha^G}{\alpha^G - 1}} (1-\alpha^G) > 0$$

因此，$W_2^* = Y - \varepsilon$ 不可能是最优解。

（b）类似地，比较 $V^*(W_1^*)$ 和 $V^*(W_3^*)$：

$$G_2(\xi_T) = V^*(W_1^*) - V^*(W_3^*)$$

$$= \beta^G (s+\gamma_2)^{\alpha^G} \left[\frac{\alpha^G \beta^G (s+\gamma_2)^{\alpha^G}}{z\xi_T} \right]^{\frac{\alpha^G}{1-\alpha^G}} (1-\alpha^G)$$

$$- z\xi_T Y + \beta^L (s+\gamma_1)^{\alpha^L} Y^{\alpha^L}$$

$$> -z\xi_T Y + \beta^L (s+\gamma_1)^{\alpha^L} Y^{\alpha^L}$$

记 $p_0 = [\beta^L (s+\gamma_1)^{\alpha^L} Y^{\alpha^L - 1}] / z$，当 $\xi_T \leqslant p_0$ 时，$G_2(\xi_T) > 0$。

容易验证，对于任意 ξ_T，有

$$\frac{dG_2(\xi_T)}{d\xi_T} = -z \left\{ \left[\frac{\alpha^G \beta^G (s+\gamma_2)^{\alpha^G}}{z\xi_T} \right]^{\frac{1}{1-\alpha^G}} + Y \right\} = -zW_1^* < 0$$

表明函数 $G_2(\xi_T)$ 严格单调递减，又因为 $G_2(x)$ 为连续函数，且

$$\lim_{x \to +\infty} G_2(x) = -\infty$$

所以在区间 $\xi_T \in (p_0, +\infty)$ 上，$G_2(\xi_T)$ 有且仅有一个零点，记为 $\xi_T = \bar{\xi}$，即 $G_2(\bar{\xi}) = 0$。因此，当 $\xi_T \leqslant \bar{\xi}$ 时，$G_2(\bar{\xi}) > 0$，

$$W_1^* = Y + \left[\frac{\alpha^G \beta^G (s+\gamma_2)^{\alpha^G}}{z\xi_T} \right]^{\frac{1}{1-\alpha^G}}$$

为最优解；当 $\xi_T > \bar{\xi}$ 时，$W_3^* = 0$ 为最优解。即问题（2.16）的最优解是满足（2.14）式的分段函数。

接下来，求$\bar{\xi}$的表达式，由于它是$G_2(x)=0$的根，即$\bar{\xi}$是满足方程

$$\beta^G(s+\gamma_2)^{\alpha^G}\left[\frac{\alpha^G\beta^G(s+\gamma_2)^{\alpha^G}}{z\bar{\xi}}\right]^{\frac{\alpha^G}{1-\alpha^G}}(1-\alpha^G)$$
$$-z\bar{\xi}Y+\beta^L(s+\gamma_1)^{\alpha^L}Y^{\alpha^L}=0$$

的唯一解。

最后，需要证明问题（2.13）与问题（2.16）有相同的最优解。设W_T^*是问题（2.16）的最优解，若问题（2.13）的可行解为$\hat{W}_T$，注意到W_T^*和$\hat{W}_T$均满足鞅约束条件，于是有

$$\begin{aligned}E[u(W_T^*)]-E[u(\hat{W}_T)]&=E[u(W_T^*)]-E[u(\hat{W}_T)]-zW_0+zW_0\\&=E[u(W_T^*)]-E[u(\hat{W}_T)]-zE(\xi_T W_T^*)\\&\quad+zE(\xi_T\hat{W}_T)\\&=E[u(W_T^*-z\xi_T W_T^*)]-E[u(\hat{W}_T)-z\xi_T\hat{W}_T]>0\end{aligned}$$

因此，W_T^*也是问题（2.13）的最优解。定理2.1得证。

下面，证明定理2.1中$\bar{\xi}$和z的存在唯一性。

引理 2.2 （i）使得方程（2.15）成立的$\bar{\xi}$存在且唯一。

（ii）定理2.1中最优解W_T^*的表达式（2.14）所包含的拉格朗日乘子z为待定常数，当其他参数确定时，使得W_T^*满足鞅约束条件$E(\xi_T W_T^*)=W_0$的z值存在且唯一。

证明：（i）记

$$f(\xi_T)=\beta^G(s+\gamma_2)^{\alpha^G}(1-\alpha^G)\left[\frac{\beta^G(s+\gamma_2)^{\alpha^G}\alpha^G}{z\xi_T}\right]^{\frac{\alpha^G}{1-\alpha^G}}$$
$$-z\xi_T Y+\beta^L(s+\gamma_1)^{\alpha^L}Y^{\alpha^L}$$

容易验证$f(\xi_T)>-z\xi_T Y+\beta^L(s+\gamma_1)^{\alpha^L}Y^{\alpha^L}$。

令

$$p_0=\frac{\beta^L(s+\gamma_1)^{\alpha^L}Y^{\alpha^L-1}}{z}$$

当$\xi_T\leqslant p_0$时，$f(\xi_T)>0$。同时，对任意的ξ_T，有

$$\frac{\partial f(\xi_T)}{\partial \xi_T}=-z\left[\frac{z\xi_T}{\beta^G(s+\gamma_2)^{\alpha^G}\alpha^G}\right]^{\frac{1}{\alpha^G-1}}-zY<0$$

因此，$f(\xi_T)$ 关于 ξ_T 严格单调递减且连续，同时 $\lim\limits_{\xi_T\to+\infty}f(\xi_T)=-\infty$。所以，当 $\xi_T>p_0$ 时，$f(\xi_T)=0$ 有且只有一个根，记为 $\xi_T=\bar{\xi}$。$\bar{\xi}$ 的存在唯一性得证。

（ii）将最优解 W_T^* 的表达式（2.14）代入鞅约束条件 $E(\xi_T W_T^*)=W_0$ 可得

$$E\left[\xi_T\left(Y+\left(\frac{\alpha^G\beta^G(s+\gamma_2)^{\alpha^G}}{z\xi_T}\right)^{\frac{1}{1-\alpha^G}}\right)I(\xi_T<\bar{\xi})\right]=W_0 \tag{2.17}$$

令（2.17）式左侧表达式为 $\chi(z)$，即 $\chi(z)=E\left[\xi_T M(z)I(\xi_T<\bar{\xi})\right]$，其中

$$M(z)=Y+\left[\frac{\alpha^G\beta^G(s+\gamma_2)^{\alpha^G}}{z\xi_T}\right]^{\frac{1}{1-\alpha^G}} \tag{2.18}$$

注意到

$$\frac{\partial M(z)}{\partial z}=\frac{\alpha^G\beta^G(s+\gamma_2)^{\alpha^G}}{1-\alpha^G}\left[\frac{\alpha^G\beta^G(s+\gamma_2)^{\alpha^G}}{z\xi_T}\right]^{\frac{\alpha^G}{1-\alpha^G}}\left(\frac{-1}{z^2\xi_T}\right)<0 \tag{2.19}$$

因此，$M(z)$ 是单调递减的连续函数。

因为 $\bar{\xi}$ 是满足方程（2.15）式的唯一解，则 $b_0=z\bar{\xi}$ 是下列方程的唯一解。

$$\beta^G(s+\gamma_2)^{\alpha^G}(1-\alpha^G)\left[\frac{\beta^G(s+\gamma_2)^{\alpha^G}\alpha^G}{b_0}\right]^{\frac{\alpha^G}{1-\alpha^G}}-b_0Y+\beta^L(s+\gamma_1)^{\alpha^L}Y^{\alpha^L}=0 \tag{2.20}$$

所以，对于任意的 $z_1>z_2$，都有

$$\left\{\xi_T<\bar{\xi}(z_1)\right\}=\left\{\xi_T<\frac{b_0}{z_1}\right\}\in\left\{\xi_T<\frac{b_0}{z_2}\right\}=\left\{\xi_T<\bar{\xi}(z_2)\right\} \tag{2.21}$$

因此，（2.17）式中 $I[\xi_T < \bar{\xi}(z_1)] < I[\xi_T < \bar{\xi}(z_2)]$。

所以 $\chi(z)$ 是关于 z 的单调递减连续函数，且

$$\lim_{z\to 0^+}\chi(z) = +\infty,\ \lim_{z\to +\infty}\chi(z) = 0$$

因此，对于任意 $W_0 > 0$，方程 $\chi(z) = W_0$ 存在唯一的解 $z > 0$。引理 2.2 得证。

从定理 2.1 中最优投资组合期末价值 W_T^* 的表达式（2.14）可见，最优投资组合期末价值 W_T^* 随着市场状态的变化过程不连续，当 T 时刻市场状态较差时（即 ξ_T 大于一个临界值 ξ_{loss} 时），基金会损失掉全部初始管理资本。说明基金管理者在市场状态不好时，会以损失所有初始资本为代价，以博取当市场转好时的更大收益。

将市场价格密度的临界值 ξ_{loss} 定义为损失临界指数，由定理 2.1 有，$\xi_{\text{loss}} = \bar{\xi}$，设 P_b 为基金损失掉所有初始管理资金的概率，其大小与 ξ_{loss} 的取值有关。根据 ξ_t 的定义，容易验证其服从对数正态分布，且 $\ln\xi_T - \ln\xi_0 \sim N(-mT, \|\boldsymbol{\lambda}\|^2 T)$，其中 $m = r_0 + \|\boldsymbol{\lambda}\|^2/2$。所以

$$P_b = 1 - \Phi\left[\frac{\ln\xi_{\text{loss}} + mT}{\|\boldsymbol{\lambda}\|\sqrt{T}}\right] \tag{2.22}$$

其中 $\Phi(\cdot)$ 表示标准正态分布的累积分布函数。在后续利用数值模拟时，ξ_{loss} 和 P_b 的值可以直观展示出基金管理者投资行为的风险大小。

综上，W_T^* 的影响因素包括管理者薪酬合同中的管理费率 s、超额收益分红比例 γ_2 和业绩不佳的罚金比例 γ_1 以及管理者的损失厌恶度 $D_l = \beta^L/\beta^G$，因此，接下来将通过对解析解的分析结合数值模拟量化分析其对 W_T^* 的影响。

2.3.2 薪酬结构对最优投资组合期末价值的影响

（1）管理费率 s 对 W_T^* 的影响

由委托代理投资中管理者薪酬合同（2.3）式，管理者可根据管理资产规模提取固定比例的管理费率，该比率的变化对基金最优投资组合期末价值的影响取决于管理者薪酬合同是否对称，下面分

别进行讨论。

① 对称薪酬合同

当管理者薪酬合同为对称型时，即管理者超过基准获得的分红比例γ_2和未达到基准所获得的处罚比例γ_1相同时，有如下结论。

推论 2.1 当管理者薪酬为对称型（即$\gamma_2=\gamma_1=\gamma$），管理费率s对最优投资组合期末价值W_T^*无影响。

证明： 定义如下变量。

$$\omega_0=\frac{(s+\gamma)^{\alpha^G}}{z} \tag{2.23}$$

则定理 2.1 的相关结论可改写为：显性激励下，基金管理者的最优投资组合期末价值为

$$W_T^*=\begin{cases} Y+\left(\dfrac{\omega_0\alpha^G\beta^G}{\xi_T}\right)^{\frac{1}{1-\alpha^G}}, & 当\xi_T<\overline{\xi} \\ 0, & 当\xi_T\geqslant\overline{\xi} \end{cases} \tag{2.24}$$

其中$\overline{\xi}$是满足方程

$$\beta^G(1-\alpha^G)\left(\omega_0\frac{\beta^G\alpha^G}{\overline{\xi}}\right)^{\frac{\alpha^G}{1-\alpha^G}}-\frac{\overline{\xi}}{\omega_0}Y+\beta^L Y^{\alpha^L}=0 \tag{2.25}$$

的唯一解。（2.24）、（2.25）式中$\omega_0>0$为使得W_T^*满足鞅约束条件$E(\xi_T W_T^*)=W_0$的唯一解。具体地，通过将W_T^*的表达式代入$E(\xi_T W_T^*)=W_0$可得，鞅约束条件为

$$E\left\{\xi_T\left[Y+\left(\frac{\omega_0\alpha^G\beta^G}{\xi_T}\right)^{\frac{1}{1-\alpha^G}}\right]I(\xi_T<\overline{\xi})\right\}=W_0 \tag{2.26}$$

总之，当其他参数确定时，ω_0为一个固定常数。根据ω_0的定义（2.23）式，当管理费率s变化时，拉格朗日乘子z也随之变化，使ω_0保持不变，因此s的变化不影响投资组合的期末价值。推论 2.1 得证。

② 不对称薪酬合同

当管理者薪酬合同不对称时，管理费率对基金期末价值的作用

方向从解析解的表达式很难判断，下面利用数值模拟分析。取管理费率 s 分别为 1%、2%和 3%，假设有两种风险资产（$N=2$），$W_0=1$，$\boldsymbol{\lambda}=(0.3,\ 0.15)^{\mathrm{T}}$，$r=4.08\%$，$Y=1$，$T=1$。根据 Tversky 和 Kahneman（1991）的实验结果，设效用函数中的参数 $\beta^G=1$，$\beta^L=2.25$，$\alpha^G=\alpha^L=0.88$。分别模拟 $\gamma_1=0,\ \gamma_2=10\%$ 和 $\gamma_1=1\%,\ \gamma_2=20\%$ 时，不同市场状态下的基金最优投资组合期末价值 W_T^*，如图 2–1 所示。

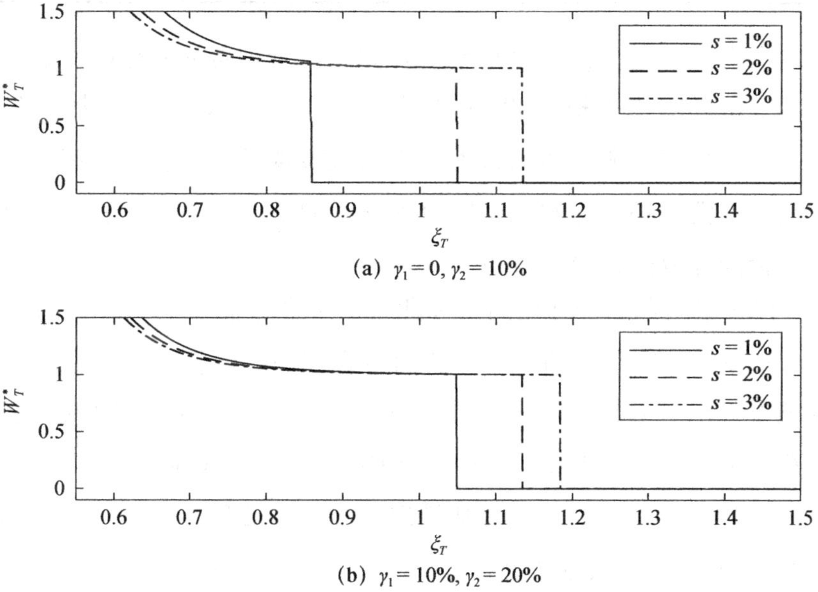

（a）$\gamma_1=0,\ \gamma_2=10\%$

（b）$\gamma_1=10\%,\ \gamma_2=20\%$

图 2–1 不对称薪酬合同下管理费率对最优投资组合期末价值的影响

图 2–1 展示了在不对称薪酬合同下，管理费率 s 在不同取值时，最优投资组合期末价值 W_T^* 随期末市场状态价格密度 ξ_T 的变化关系。当 ξ_T 较低时（即期末市场状态较好时），越高的管理费率对应的最优期末价值越低。随着 ξ_T 的增加（随着市场状态变差），当 ξ_T 超过损失临界指数 ξ_{loss} 时，最优期末资产价值为 0，也就是说基金将损失掉所有的初始管理资金。随着管理费率 s 的提高，损失临界指数 ξ_{loss} 逐渐增加，损失全部初始管理资金的概率 P_b 相应地下降。根据模拟结果，结合（2.22）中 P_b 的计算公式，计算出管理费

率 s 与 ξ_{loss} 和 P_b 的关系，如表 2-1 所示。

表 2-1　不对称薪酬合同下管理费率 s 与 ξ_{loss}、P_b 的关系

$\gamma_1=0,\ \gamma_2=10\%$			$\gamma_1=10\%,\ \gamma_2=20\%$		
s	ξ_{loss}	P_b	s	ξ_{loss}	P_b
1%	0.8587	0.5654	1%	1.0487	0.3332
2%	1.0487	0.3332	2%	1.1347	0.2527
3%	1.1347	0.2527	3%	1.1837	0.2141

由表 2-1 可见，不对称薪酬合同下，管理费率 s 对损失临界指数 ξ_{loss} 和全部损失概率 P_b 有显著影响，s 越高，ξ_{loss} 越大，P_b 越低，基金损失掉所有初始管理资金的风险越低。这表明管理费率的升高，抵消了不对称薪酬合同对管理者的激励作用，缓解了不对称薪酬合同导致的管理者冒险行为。

（2）超额收益分红比例 γ_2 和业绩不佳的罚金比例 γ_1 对 W_T^* 的影响

接下来，利用数值模拟讨论薪酬合同中超额收益分红比例 γ_2 和业绩不佳的罚金比例 γ_1 对最优投资组合期末价值 W_T^* 的影响。取管理费率 s=5%，分别模拟 γ_1=0 和 10%、γ_2=0、10%和 20%时，W_T^* 随市场状态价格密度 ξ_T 的变化情况，如图 2-2 所示。进一步计算 γ_1 和 γ_2 的变化对损失临界指数 ξ_{loss} 和全部损失概率 P_b 的影响，见表 2-2。

由图 2-2 和表 2-2 可见，当薪酬合同中罚金比例 γ_1 固定时，随着超额收益分红比例 γ_2 的增加，在市场状态较好时（$\xi_T<\xi_{\text{loss}}$ 时），期末投资组合能获得更高的收益，但与此同时 ξ_{loss} 的值减少，对应地损失全部资产的概率 P_b 增加，说明基金损失所有初始管理资金的风险增大了。

记 $\Delta\gamma=\gamma_2-\gamma_1$ 为管理者薪酬合同的显性激励强度，其量化描述了薪酬合同的不对称程度。为了更全面地展示罚金比例 γ_1 在不同取值时，显性激励强度 $\Delta\gamma$ 对基金损失全部资产概率 P_b 的影响，取

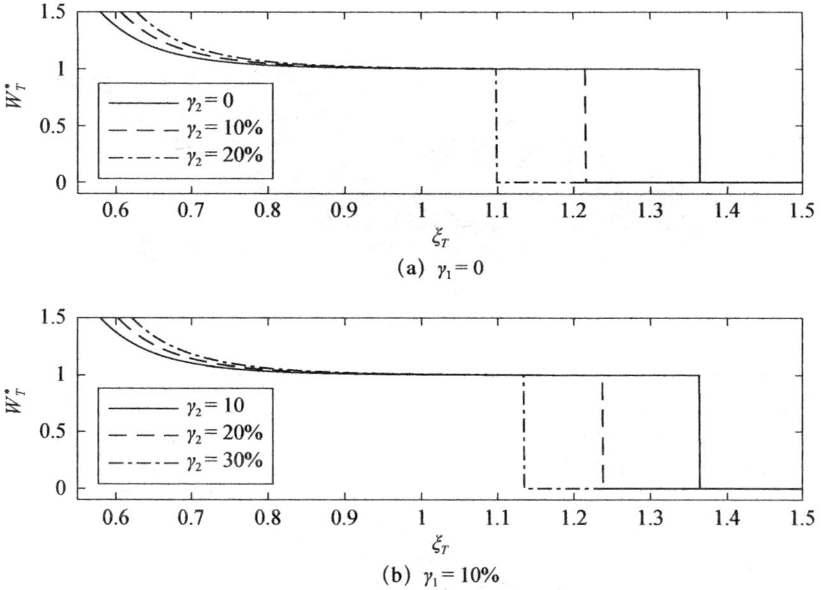

图 2-2　超额收益分红比例 γ_2 和业绩不佳的罚金比例 γ_1 对 W_T^* 的影响

表 2-2　γ_1、γ_2 与 ξ_{loss}、P_b 的关系

$\gamma_1=0$			$\gamma_1=10\%$		
γ_2	ξ_{loss}	P_b	γ_2	ξ_{loss}	P_b
0	1.3634	0.1125	10%	1.3634	0.1125
10%	1.2153	0.1919	20%	1.2375	0.1776
20%	1.0986	0.2845	30%	1.1348	0.2526

$\gamma_1\in[0,20\%]$、$\Delta\gamma\in[0,30\%]$，计算对应 P_b，如图 2-3 和表 2-3 所示，其中图 2-3（b）为图 2-3（a）所示的三维曲面在具体 γ_1 取值的截面图。

由图 2-3 和表 2-3 可见，当薪酬合同中罚金比例 γ_1 固定时，随着显性激励强度 $\Delta\gamma$ 的增加，基金损失全部资产的风险不断升高，这表明随着管理者薪酬合同不对称程度的升高，基金投资组合的风险增加。同时，在相同的显性激励水平下，当罚金比例 γ_1 升高时，损失全部资产的概率有所下降，但幅度非常有限，这一现象出现的原因是在显性激励水平 $\Delta\gamma$ 不变时，罚金比例 γ_1 的增加，降低了合同不对称的相对性，因而降低了显性激励的效果。

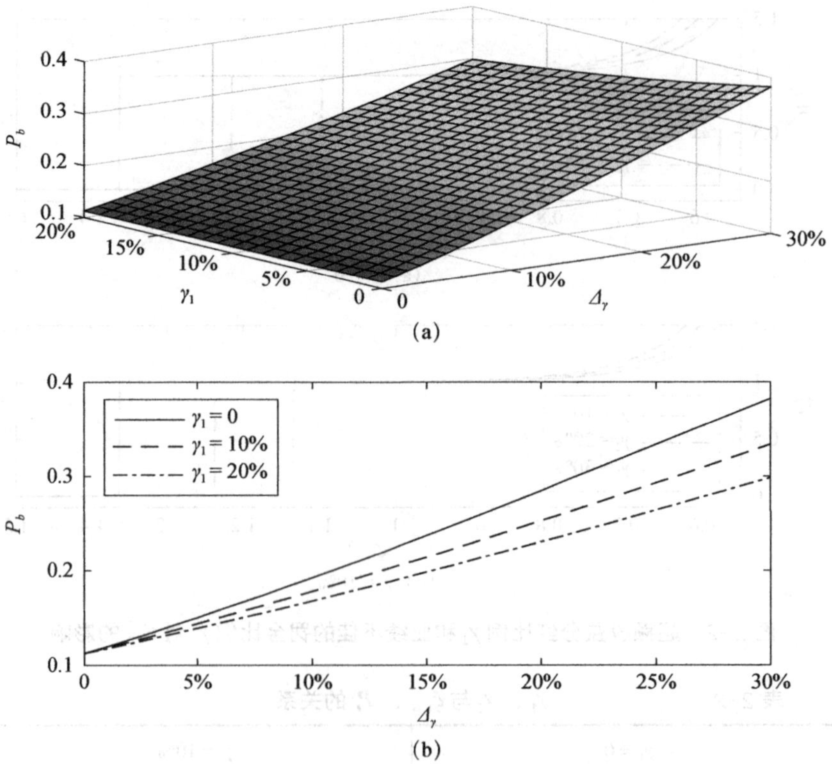

图 2-3　显性激励强度 $\Delta\gamma$ 对 P_b 的影响

表 2-3　　$\Delta\gamma$ 、γ_1 与 P_b 的关系

	$\Delta\gamma$						
γ_1	0	5%	10%	15%	20%	25%	30%
0	0.1129	0.1502	0.1923	0.2375	0.2845	0.3336	0.3823
5%	0.1126	0.1468	0.1844	0.2247	0.2673	0.3114	0.3556
10%	0.1125	0.1440	0.1779	0.2142	0.2531	0.2929	0.3337
15%	0.1125	0.1412	0.1725	0.2058	0.2411	0.2773	0.3144
20%	0.1124	0.1391	0.1678	0.1986	0.2308	0.2643	0.2983

为了综合分析不对称薪酬合同下，管理费率 s 和显性激励强度 $\Delta\gamma$ 对基金投资组合期末价值的共同影响，取 $s\in[0,5\%]$，$\gamma_1=0$，$\Delta\gamma\in[0,30\%]$，计算对应的损失全部资产概率 P_b，如图 2-4 和表 2-4 所示，其中图 2-4（b）（c）为图 2-4（a）所示的三维曲面分别在具体 s 和 $\Delta\gamma$ 取值的截面图。

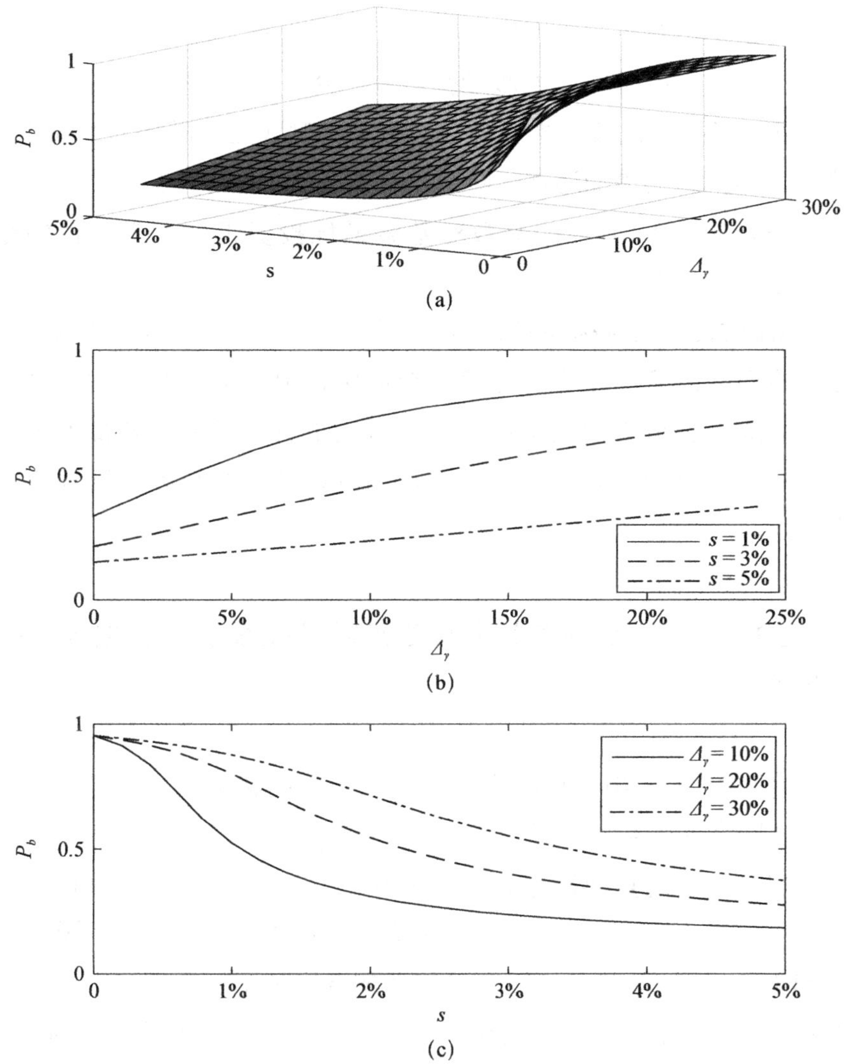

图 2-4　显性激励强度 $\Delta\gamma$ 和管理费率 s 对 P_b 的共同影响

表 2-4　　$\Delta\gamma$ 、s 与 P_b 的关系

	$\Delta\gamma$						
s	0	5%	10%	15%	20%	25%	30%
1%	0.1129	0.3354	0.5677	0.7286	0.8138	0.8574	0.8812
2%	0.1129	0.2154	0.3333	0.4552	0.5655	0.6574	0.7270
3%	0.1129	0.1776	0.2532	0.3338	0.4154	0.4937	0.5662
4%	0.1129	0.1603	0.2148	0.2726	0.3339	0.3949	0.4554
5%	0.1129	0.1502	0.1923	0.2375	0.2845	0.3336	0.3823

图 2–4 和表 2–4 的模拟结果，验证了推论 2.1 的结论，当薪酬合同具有对称性时（显性激励强度 $\Delta\gamma=0$ 时），管理费率的变化不影响管理者投资决策。当薪酬合同不对称时（显性激励强度 $\Delta\gamma>0$ 时），P_b 随 $\Delta\gamma$ 的增加递增，随 s 的增加递减。综上，概括本节管理者薪酬合同（2.3）中的参数对基金最优投资组合期末价值的影响，可得如下结论。

结论 2.1 在对称薪酬合同中，管理费率的变化不影响基金管理者的投资决策；在不对称薪酬合同中，显性激励强度的提高增加了基金投资组合的投资风险，此时增加管理费率，能抵消不对称薪酬合同对管理者的激励作用，缓解显性激励导致的管理者冒险行为。

2.3.3 显性激励下损失厌恶度对最优投资组合期末价值的影响

根据 2.3.1 节中最优投资组合期末价值的解析表达式可知，除薪酬合同中的参数外，管理者的损失厌恶度 D_l 亦为影响基金投资组合期末价值的重要因素，本节利用数值模拟进行相关分析。设 $\beta^G=1$，β^L 的取值范围为 2.1 至 2.4，取 $\gamma_1=10\%$、$\gamma_2=10\%$ 和 $\gamma_1=10\%$、$\gamma_2=20\%$ 分别模拟对称薪酬合同和不对称薪酬合同，其他参数取值与上节相同，最优投资组合期末价值模拟结果如图 2–5 所示，其中（a）图为 $\gamma_1=10\%$、$\gamma_2=10\%$ 情况下的曲线，（b）图为 $\gamma_1=10\%$、$\gamma_2=20\%$ 情况下的曲线。进一步计算 D_l 的变化对损失临界指数 ξ_{loss} 和全部损失概率 P_b 的影响，见表 2–5。

从图 2–5 可以看出，无论管理者的薪酬合同对称与否，不影响损失厌恶度 D_l 对最优投资组合的期末价值 W_T^* 的作用。具体而言，在市场状态较好时（ξ_T 较小时），最优投资组合的期末价值 W_T^* 随着管理者的损失厌恶度 D_l 的增加而降低，这是由于较高的损失厌恶程度会导致更保守的投资策略，从而降低了其在市场状态较好时

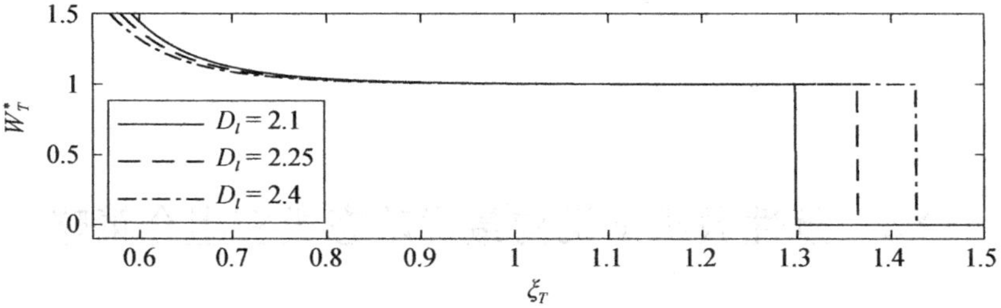

(a) $\gamma_1 = 10\%, \gamma_2 = 10\%$

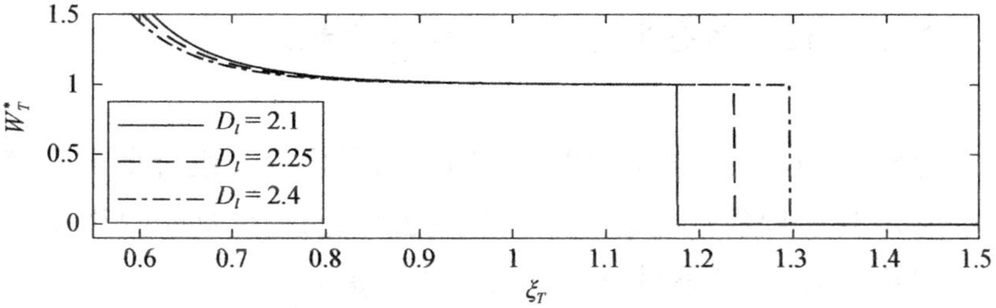

(b) $\gamma_1 = 10\%, \gamma_2 = 20\%$

图 2-5 损失厌恶度 D_l 对 W_T^* 的影响

表 2-5 D_l 与 ξ_{loss} 、P_b 的关系

$\gamma_1 = 10\%, \gamma_2 = 10\%$			$\gamma_1 = 10\%, \gamma_2 = 20\%$		
D_l	ξ_{loss}	P_b	D_l	ξ_{loss}	P_b
2.1	1.2983	0.1428	2.1	1.1765	0.2195
2.2	1.3419	0.1218	2.2	1.2174	0.1905
2.25	1.3634	0.1125	2.25	1.2375	0.1776
2.3	1.3846	0.1039	2.3	1.2573	0.1655
2.4	1.4264	0.0888	2.4	1.2963	0.1439

的收益。此外，损失厌恶度 D_l 对损失临界指数 ξ_{loss} 有显著影响，由图 2-5 和表 2-5 可见，随着损失厌恶度 D_l 的增加，ξ_{loss} 上升，对应的完全损失概率 P_b 下降。

综合 2.3 节的模拟结果，可得到如下结论。

结论 2.2 无论管理者的薪酬合同对称与否，损失厌恶型管理者的投资策略都可能导致基金损失全部初始资产，但对于损失厌恶度较高的管理者而言，这一风险更低。合同中显性激励强度越大，基金损失全部资产的风险越高，增加不对称薪酬合同中的管理费率可降低该风险。

2.4 显性激励下机构最优动态投资组合策略

2.4.1 最优动态投资组合策略的封闭解

定理 2.1 已经给出了问题（2.13）的最优投资组合期末价值，下面利用鞅过程的性质复制出问题（2.8）的最优动态投资组合价值过程 W_t^* 和最优动态投资组合策略过程 $\boldsymbol{\varphi}_t^*$。

定理 2.2 （i）显性激励下，基金在 t 时刻的最优投资组合价值过程为

$$W_t^* = Ye^{-r(T-t)}\Phi[p_1(\bar{\xi})] + \left[\frac{\beta^G(s+\gamma_2)^{\alpha^G}\alpha^G}{z\xi_t}\right]^{\frac{1}{1-\alpha^G}} e^{\Gamma(t)}\Phi[p_2(\bar{\xi})] \tag{2.27}$$

其中 $\Phi(\cdot)$ 为标准正态分布的累积分布函数

$$p_1(x) = \frac{\ln\left(\frac{x}{\xi_t}\right) + (r - \frac{1}{2}\|\boldsymbol{\lambda}\|^2)(T-t)}{\|\boldsymbol{\lambda}\|\sqrt{T-t}} \tag{2.28}$$

$$p_2(x) = p_1(x) + \frac{\|\boldsymbol{\lambda}\|\sqrt{T-t}}{1-\alpha^G} \tag{2.29}$$

$$\Gamma(t) = \frac{\alpha^G}{1-\alpha^G}(r + \frac{1}{2}\|\boldsymbol{\lambda}\|^2)(T-t) + \frac{1}{2}\left(\frac{\alpha^G}{1-\alpha^G}\right)^2\|\boldsymbol{\lambda}\|^2(T-t) \tag{2.30}$$

其中 $\bar{\xi}$ 是满足方程

$$\beta^G(s+\gamma_2)^{\alpha^G}(1-\alpha^G)\left[\frac{\beta^G(s+\gamma_2)^{\alpha^G}\alpha^G}{z\bar{\xi}}\right]^{\frac{\alpha^G}{1-\alpha^G}} - z\bar{\xi}Y + \beta^L(s+\gamma_1)^{\alpha^L}Y^{\alpha^L} = 0 \tag{2.31}$$

的唯一解。

（ii）显性激励下，基金在t时刻最优投资组合策略过程

$$\varphi_t^* = \frac{(\sigma^{\mathrm{T}})^{-1}\lambda}{W_t^*}\left\{\frac{Ye^{-r(T-t)}\phi[p_1(\bar{\xi})]}{\|\lambda\|\sqrt{T-t}} + \left[\frac{\beta^G(s+\gamma_2)^{\alpha^G}\alpha^G}{z\xi_t}\right]^{\frac{1}{1-\alpha^G}} \times e^{\Gamma(t)}\left[\frac{\phi(p_2(\bar{\xi}))}{\|\lambda\|\sqrt{T-t}} + \frac{\Phi(p_2(\bar{\xi}))}{1-\alpha^G}\right]\right\} \tag{2.32}$$

其中$\phi(\cdot)$表示标准正态分布的概率密度函数。

证明：（i）由于W_t是$\mathbb{Q}$测度下的一个鞅过程，因此$\xi_t W_t^* = E_t[\xi_T W_T^*]$，这里$E_t[\cdot]$表示在$\mathscr{F}_t$下的条件期望算子，于是有

$$\begin{aligned} W_t^* &= \frac{1}{\xi_t}E_t[\xi_T W_T^*] \\ &= \frac{1}{\xi_t}E_t\left\{\xi_T\left[Y + \left(\frac{\alpha^G\beta^G(s+\gamma_2)^{\alpha^G}}{z\xi_T}\right)^{\frac{1}{1-\alpha^G}}\right]\cdot I(\xi_T \leqslant \bar{\xi})\right\} \\ &= E\left\{\left[Ye^{\ln\frac{\xi_T}{\xi_t}} + \left(\frac{\alpha^G\beta^G(s+\gamma_2)^{\alpha^G}}{z\xi_T}\right)^{\frac{1}{1-\alpha^G}} e^{h\ln\frac{\xi_T}{\xi_t}}\right] I(\ln\xi_T - \ln\xi_t \leqslant \ln\bar{\xi} - \ln\xi_t)\right\} \end{aligned} \tag{2.33}$$

其中$h = \dfrac{\alpha^G}{\alpha^G - 1}$，由$\xi_t$的定义，容易验证$\ln\xi_T - \ln\xi_t$服从正态分布，记

$$m = (r + \frac{1}{2}\|\lambda\|^2)$$

于是有

$$\ln\xi_T - \ln\xi_t \sim N(-m(T-t),\ \|\lambda\|^2(T-t)), \tag{2.34}$$

因此

$$\begin{aligned} &E\left[e^{\ln\xi_T - \ln\xi_t}\cdot I(\ln\xi_T - \ln\xi_t \leqslant \ln\bar{\xi} - \ln\xi_t)\right] \\ &= e^{-m(T-t)+\frac{1}{2}\|\lambda\|^2(T-t)}\Phi\left(\frac{\ln\bar{\xi} + m(T-t) - \|\lambda\|^2(T-t)}{\|\lambda\|\sqrt{T-t}}\right) \end{aligned} \tag{2.35}$$

$$E\left[e^{h(\ln\xi_T-\ln\xi_t)}\cdot I(\ln\xi_T-\ln\xi_t\leqslant\ln\overline{\xi}-\ln\xi_t)\right]$$
$$=e^{-hm(T-t)+\frac{1}{2}\|\lambda\|^2h^2(T-t)}\Phi\left(\frac{\ln\overline{\xi}+m(T-t)-h\|\boldsymbol{\lambda}\|^2(T-t)}{\|\boldsymbol{\lambda}\|\sqrt{T-t}}\right) \tag{2.36}$$

将（2.35）（2.36）代入（2.33），最优投资组合价值过程（2.27）得证。

（ii）对最优价值过程应用伊藤引理（Ito's Lemma），可得t时刻最优风险暴露为

$$\boldsymbol{\varphi}_t^*=-\frac{(\boldsymbol{\sigma}^{\mathrm{T}})^{-1}\boldsymbol{\lambda}^{\mathrm{T}}}{W_t^*}\left[\frac{\partial W_t(\xi_t)}{\partial\xi_t}\xi_t\right] \tag{2.37}$$

代入W_t^*的表达式（2.27），容易验证基金最优风险暴露$\boldsymbol{\varphi}_t^*$为（2.32）。定理2.2得证。

定理2.2中，基金投资组合的最优投资组合策略过程$\boldsymbol{\varphi}_t^*=(\varphi_t^{(1)*},\varphi_t^{(2)*},\cdots,\varphi_t^{(N)*})^{\mathrm{T}}$为一个$N$维向量，其各维度分别表示$t$时刻基金的最优投资组合，在各风险资产中的配置比例，将基金最优投资组合的总风险暴露记为

$$\varphi_{\Sigma}^*=\sum_{i=1}^{N}\left|\varphi_t^{(i)*}\right|$$

由于最优投资组合中配置于第i种风险资产的比例$\varphi_t^{(i)*}$，取决于所有风险资产的波动率矩阵$\boldsymbol{\sigma}$以及该风险资产的夏普比率（Sharpe ratio）（记为$SR_i=(\mu^{(i)}-r)/\sigma_i$，其中$\sigma_i$表示第$i$种风险资产收益的标准差）。注意到，最优投资策略$\varphi_t^{(i)*}$可能为负，即在最优投资组合策略中第$i$种风险资产可能出现被卖空的情况。

不失一般性，以两种风险资产的情况为例，即$N=2$，设其波动率矩阵为

$$\boldsymbol{\sigma}=\begin{pmatrix}\sigma_1 & 0\\ \rho\sigma_2 & \sqrt{1-\rho^2}\sigma_2\end{pmatrix} \tag{2.38}$$

其中ρ为两种风险资产收益的相关系数。则风险的市场价格为

$$\boldsymbol{\lambda}=\boldsymbol{\sigma}^{-1}(\boldsymbol{\mu}-r\boldsymbol{I})=\begin{pmatrix}SR_1\\ (SR_2-\rho SR_1)/\sqrt{1-\rho^2}\end{pmatrix} \tag{2.39}$$

将（2.38）式和（2.39）式代入（2.32）式得到的最优投资组合策略为

$$\begin{aligned}\boldsymbol{\varphi}_t^* &= \frac{1}{\sqrt{1-\rho^2}\sigma_1\sigma_2}\begin{pmatrix}\sqrt{1-\rho^2}\sigma_2\lambda_1-\rho\sigma_2\lambda_2\\ \sigma_1\lambda_2\end{pmatrix}\frac{1}{W_t^*}[\cdot]\\ &= \frac{1}{1-\rho^2}\begin{pmatrix}(SR_1-\rho SR_2)/\sigma_1\\ (SR_2-\rho SR_1)/\sigma_2\end{pmatrix}\frac{1}{W_t^*}[\cdot]\end{aligned} \tag{2.40}$$

其中$[\cdot]$表示（2.32）式中方括号内的表达式。

定义条件 H 为

$$\rho > \min\left\{\frac{SR_1}{SR_2},\frac{SR_2}{SR_1}\right\} \tag{2.41}$$

当条件 H 成立时，最优资产配置中存在风险资产被卖空；否则，两种风险资产的头寸均为多头。当$SR_1 < SR_2$时，条件 H 等价于$\rho > SR_1/SR_2$，此时如果条件 H 成立，则最优投资组合策略中被卖空的为第一种风险资产；当$SR_1 > SR_2$时，如果条件 H 成立，被卖空的为第二种风险资产。从最优资产配置的角度分析，如果两种资产的回报相关性较高，那么夏普比率较低的风险资产将被卖空，因为其风险溢价较另一种风险资产而言更低。

根据 2.3 节模拟结果，结合定理 2.2，影响基金动态投资组合策略的重要因素为管理者的显性激励强度$\Delta\gamma$（即薪酬合同的不对称程度）、不对称薪酬合同下的管理费率s和管理者的损失厌恶度D_l，但这些因素的变化对W_t^*和$\boldsymbol{\varphi}_t^*$的具体作用方向，由解析解的表达式很难判断，因此，接下来将通过数值模拟，分别讨论当条件 H 成立和不成立时，管理者薪酬合同中的参数和损失厌恶度对机构动态投资组合策略的影响。

2.4.2 薪酬结构对最优动态投资组合策略的影响

由 2.3.2 节的分析可知，在对称薪酬合同下，管理费率s的变化不影响机构投资决策行为，对机构投资行为产生影响的参数为显性激励强度$\Delta\gamma$和不对称薪酬合同下的管理费率s，本节通过数值模拟分析二者对机构动态投资组合价值和投资组合策略的影响。

（1）显性激励强度$\Delta\gamma$对W_t^*和$\boldsymbol{\varphi}_t^*$的影响

为了模拟显性激励强度$\Delta\gamma$对t时刻的动态投资组合价值过程W_t^*、动态投资组合的总风险暴露φ_Σ^*和风险资产i的投资比例$\varphi_t^{(i)*}$的影响，假设风险资产数量$N=2$，$\boldsymbol{\mu}=(0.1,0.12)^{\mathrm{T}}$，$\sigma_1=0.15$，$\sigma_2=0.3$，$t=0.5$，其他参数与2.3节设定相同。首先，假设两种风险资产的相关系数$\rho=0.7$，其波动矩阵如（2.38）式，此时（2.41）式所示的条件H成立，分别取显性激励强度$\Delta\gamma$为0、10%和20%，模拟结果如图2–6所示。然后，设相关系数$\rho=0.3$，此时（2.41）式所示条件H不成立时，在这种情况下，在最优投资组合中，两种风险资产都不会被卖空，模拟结果如图2–7所示。

无论条件H成立与否，由图2–6和图2–7中的（a）子图可见，在市场状态较好时，动态投资组合价值过程W_t^*随显性激励强度$\Delta\gamma$递增，但在市场状态较差时，W_t^*随$\Delta\gamma$递减。由（b）子图可见，最优投资组合的总风险暴露φ_Σ^*随市场状态呈U形变化，且随着显性激励强度$\Delta\gamma$增加而递增，尤其当市场状态较差时（ξ_t较大时），增幅更显著。

显性激励强度$\Delta\gamma$对最优投资组合中资产i的投资比例$\varphi_t^{(i)*}$的影响，取决于条件H是否成立。当条件H不成立时，由图2–7（c）（d）可见，$\Delta\gamma$对$\varphi_t^{(i)*}$的影响与其对总风险暴露φ_Σ^*的影响相同。当条件H成立时，由图2–6（d）可见，$\varphi_t^{(2)*}$始终为负，表明风险资产2始终被卖空，且被卖空的规模随着$\Delta\gamma$增加递增，在市场状态不佳时增幅更显著。

已有不少文献发现，损失厌恶型投资者会采用非常激进的投资策略，在市场状态极好或者极差时，风险暴露会出现不合理的高比例（Berkelaar and Kouwenberg et al.，2004；He and Zhou，2011），尽管在真实的投资环境中，出现市场状态极好或极差的概率很低，但这种高比例无疑增加了投资组合的风险。对于基金管理者而言，

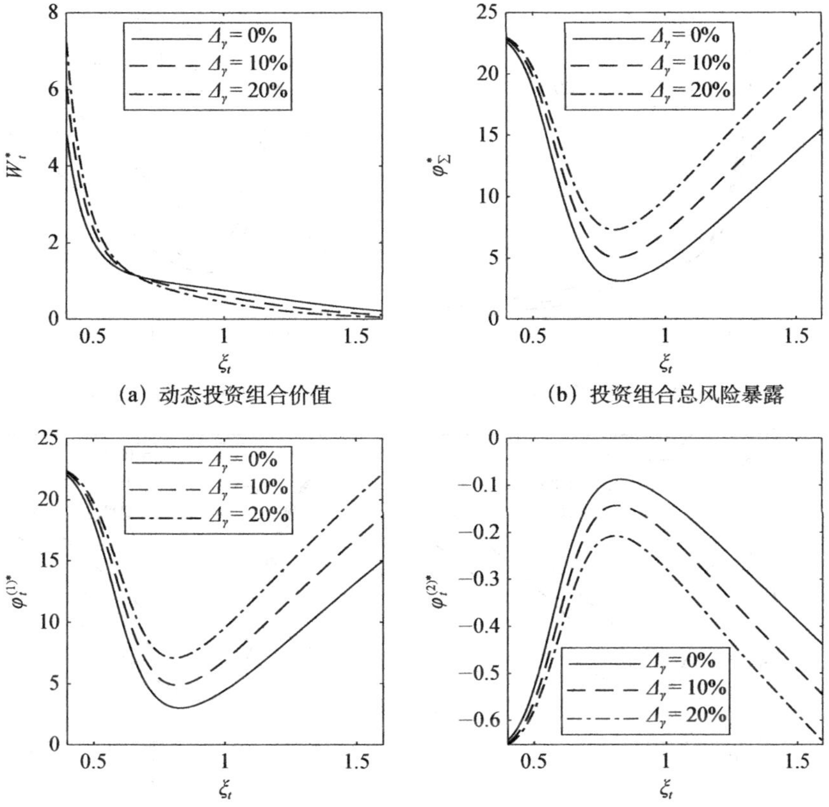

(a) 动态投资组合价值　(b) 投资组合总风险暴露

(c) 资产1的投资比例　(d) 资产2的投资比例

图 2-6　显性激励 $\Delta\gamma$ 对 W_t^* 和 φ_t^* 的影响（条件 H 成立时）

当其薪酬合同中存在不对称的显性激励时，其管理基金投资组合的风险暴露将更高，投资策略更加激进。尤其是在市场状态不好时，考虑到获得超过基准收益时能获得分红，基金管理者倾向于增加风险暴露，以图在市场状态好转时获得超过基准的收益。这一结论很好地解释了现有实证研究的相关发现（Agarwal and Naik，2004；Lan and Wang et al.，2013；Lee and Trzcinka et al.，2019）。因此，不对称的薪酬合同会给基金的投资者带来不利后果，因为基金管理者可以在不完全承担投资失败风险的情况下，追求薪酬的增加，在显性激励的作用下基金管理者更倾向于增加投资组合的风险暴露，但若市场状态不佳，投资失败的损失更大比例地由委托人承担。

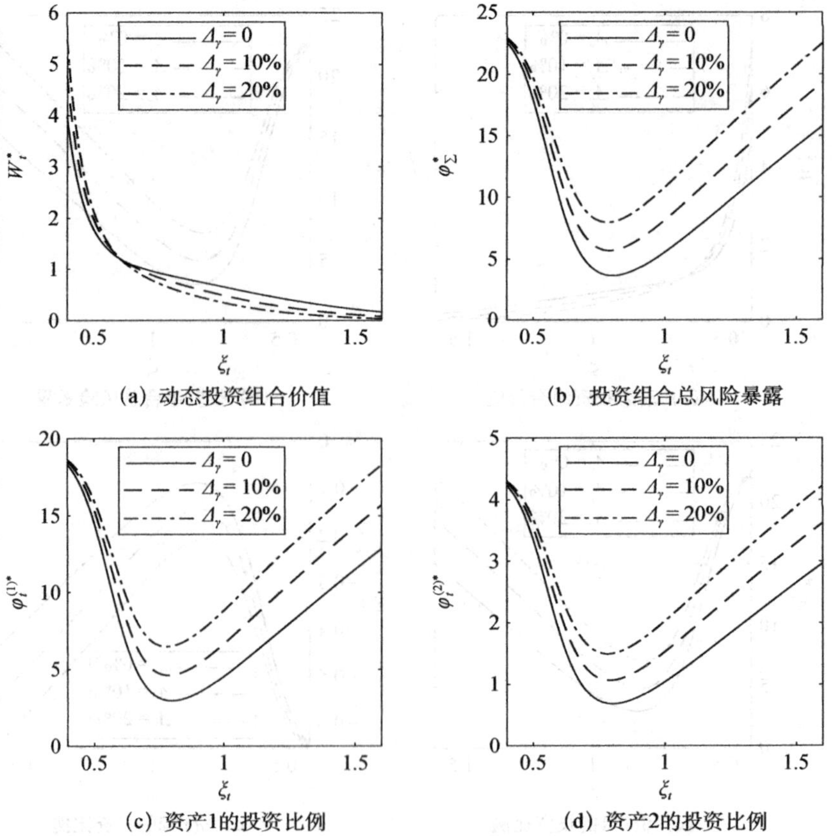

图 2-7　显性激励 $\Delta\gamma$ 对 W_t^* 和 φ_t^* 的影响（条件 H 不成立时）

（2）不对称薪酬合同下的管理费率 s 对 W_t^* 和 $\boldsymbol{\varphi}_t^*$ 的影响

接下来，分析当管理者薪酬合同不对称时，管理费率 s 对动态投资组合价值过程 W_t^*、总风险暴露 φ_Σ^* 和资产 i 的投资比例 $\varphi_t^{(i)*}$ 的影响。设 $\gamma_1=0$，$\gamma_2=10\%$，其他参数设定与上述模拟相同。设两种风险资产的相关系数为 $\rho=0.7$ 和 $\rho=0.3$，分别模拟（2.41）式所示的条件 H 成立和不成立。分别取管理费率 s 为 1%、3%和 5%，模拟结果如图 2-8 和图 2-9 所示。

由图 2-8 和图 2-9 中的（a）子图可见，无论条件 H 成立与否，在市场状态较好时，动态投资组合价值过程 W_t^* 随管理费率的增加而递减，而在市场状态较差时，W_t^* 随 s 递增。由（b）子图可见，最优投资组合的总风险暴露 φ_Σ^* 随市场状态呈 U 形变化，且随

着随 s 的增加而递减。

管理费率 s 对最优投资组合中资产 i 的投资比例 $\varphi_t^{(i)*}$ 的影响，取决于条件 H 是否成立。当条件 H 不成立时，由图 2-9（c）（d）可见，s 对 $\varphi_t^{(i)*}$ 的影响与其对总风险暴露 φ_Σ^* 的影响相同。当条件 H 成立时，由图 2-8（d）可见，$\varphi_t^{(2)*}$ 始终为负，表明风险资产 2 始终被卖空，且被卖空的头寸随着 s 增加递减。

总体而言，在不对称薪酬合同下，管理费率对基金动态投资组合策略的作用与显性激励相反，这再次验证了本章的结论 2.1，即增加不对称薪酬合同中的管理费率可以缓解显性激励导致的管理者冒险行为。

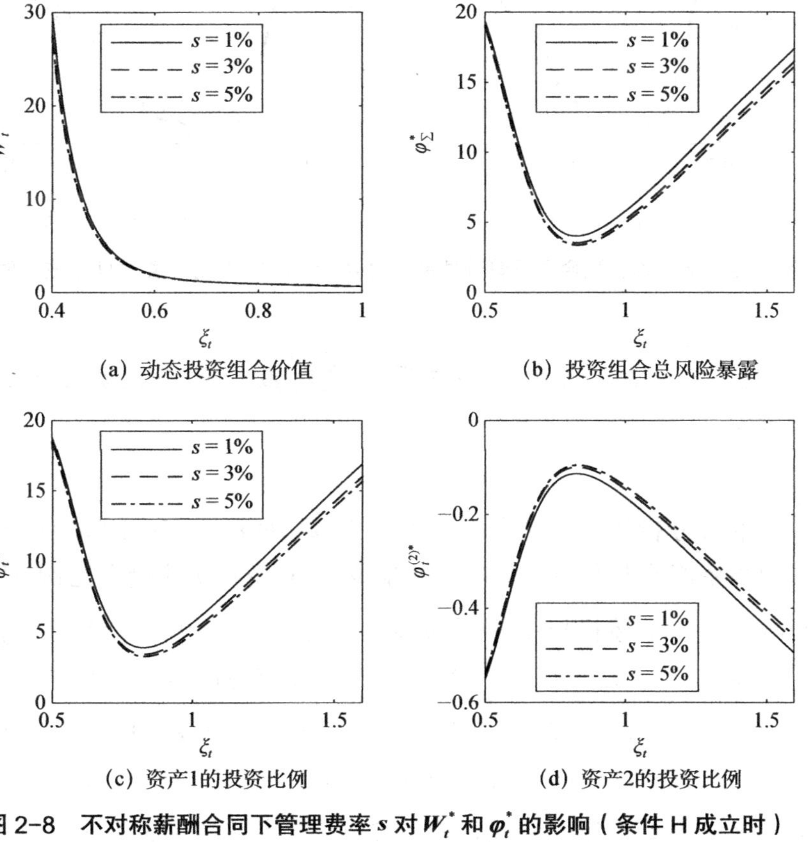

(a) 动态投资组合价值　(b) 投资组合总风险暴露
(c) 资产1的投资比例　(d) 资产2的投资比例

图 2-8　不对称薪酬合同下管理费率 s 对 W_t^* 和 φ_t^* 的影响（条件 H 成立时）

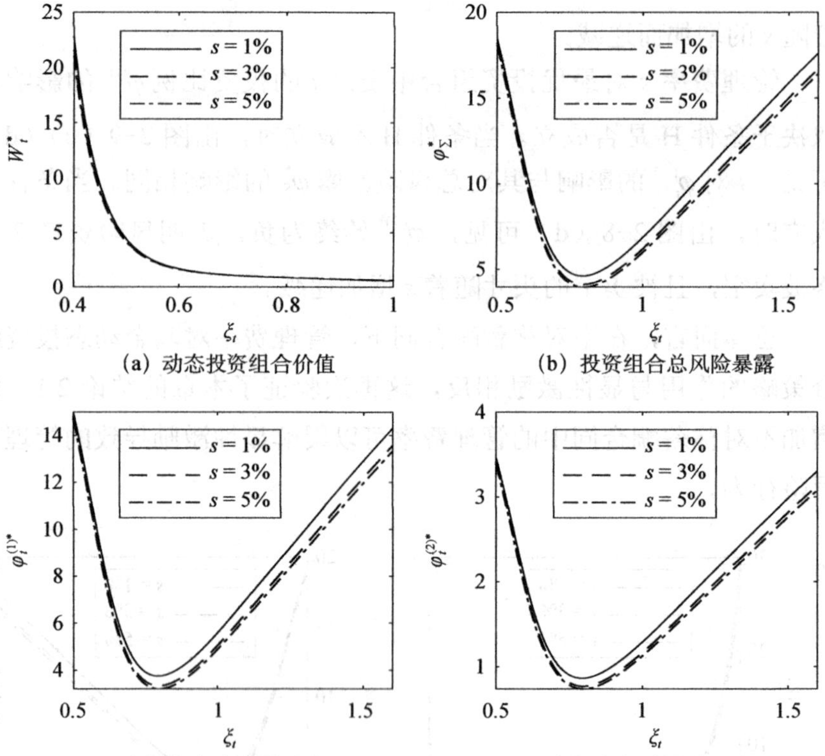

(a) 动态投资组合价值　　(b) 投资组合总风险暴露

(c) 资产1的投资比例　　(d) 资产2的投资比例

图 2-9　不对称薪酬合同下管理费率 s 对 W_t^* 和 φ_t^* 的影响（条件 H 不成立时）

2.4.3　显性激励下损失厌恶度对最优动态投资组合策略的影响

本节分析管理者的损失厌恶程度 D_l 对基金在中间时刻 $t=0.5$ 时的投资组合价值 W_t^*、总风险暴露 φ_Σ^* 和资产 i 的投资比例 $\varphi_t^{(i)*}$ 的影响。沿用上述模拟中相同的参数设置，设 γ_1=0，γ_2=10%，管理费率 s=0.05，$\beta^G=1$，β^L 分别取 2.1、2.25 和 2.4，因而损失厌恶度 D_l 分别为 2.1、2.25 和 2.4。图 2-10 描述了在 ρ=0.7（条件 H 成立）的情况下，不同损失厌恶程度下 W_t^*、φ_Σ^*、$\varphi_t^{(1)*}$ 和 $\varphi_t^{(2)*}$ 随着状态价格密度 ξ_t 变化的曲线，而图 2-11 描述了 ρ=0.3（条件 H 不成立）的情况下的对应曲线。

由图 2-10 和图 2-11（a）子图可见，无论条件 H 是否成立，损失厌恶程度对动态最优财富的影响取决于市场条件：在市场状态较好时，动态最优财富随着损失厌恶程度的增加而减少，而在市场状态较差时，动态最优财富随着损失厌恶程度的增加而递增。这是由于当基金经理对损失的厌恶程度越高时，最优投资组合的资产配置不同市场状态下的变化较小（即相对平稳）。由（b）子图可见，最优投资组合的总风险暴露随着损失厌恶度的增加而下降，这在市场状态较差时更为明显。图 2-10（d）图表示资产 2 被卖空，且卖空的头寸 $\left|\eta_t^{(2)*}\right|$ 随着损失厌恶程度的降低而减小。总体而言，厌恶损失程度较高的基金经理往往更为保守，尤其是在市场状况不佳的情况下。

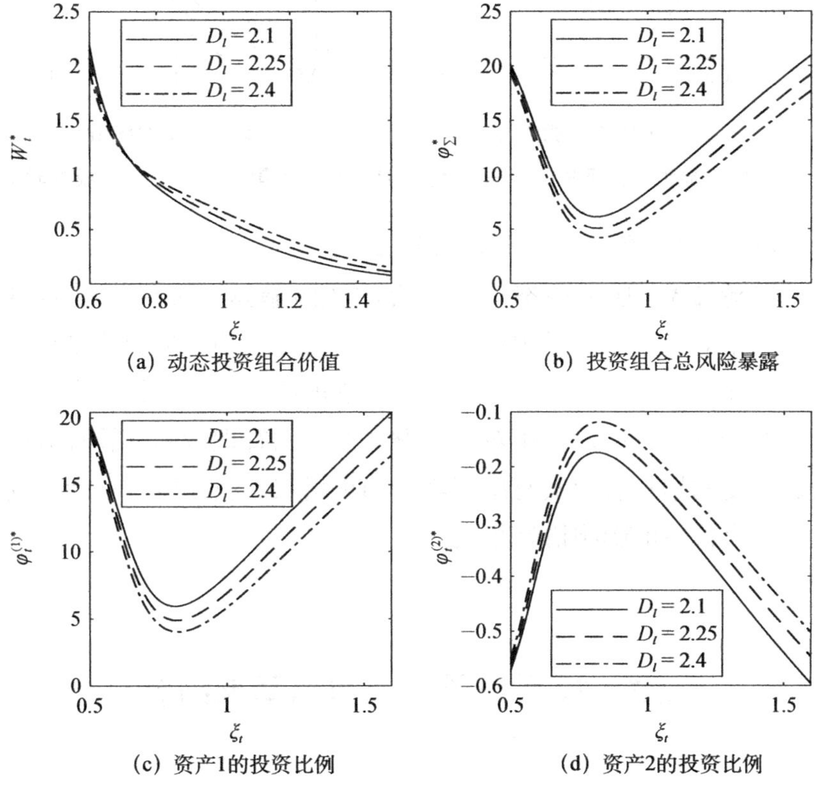

（a）动态投资组合价值　（b）投资组合总风险暴露
（c）资产1的投资比例　（d）资产2的投资比例

图 2-10　显性激励下损失厌恶度 D_l 对 W_t^* 和 φ_t^* 的影响（条件 H 成立时）

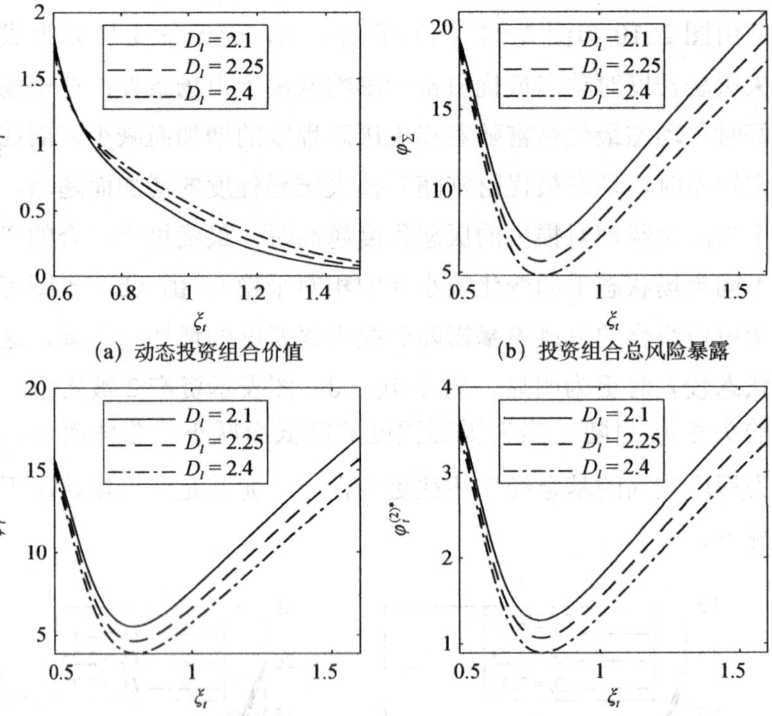

(a) 动态投资组合价值　(b) 投资组合总风险暴露
(c) 资产1的投资比例　(d) 资产2的投资比例

图 2-11　显性激励下损失厌恶度 D_l 对 W_t^* 和 φ_t^* 的影响（条件 H 不成立时）

综合 2.4 节的模拟结果，得到如下结论。

结论 2.3　基金动态投资组合的风险暴露随显性激励强度递增，随不对称薪酬合同中的管理费率和管理者的损失厌恶度递减。因此，在市场状态较好时，显性激励强度的增加会使得基金的动态投资组合价值升高，而不对称薪酬合同中的管理费率和管理者的损失厌恶度的增加会使其有所下降；当市场状态较差时，三者对动态投资组合价值的影响恰好相反。

2.5　模型拓展——动态基准组合

在本章 2.3 和 2.4 节中，参考 Carpenter（2000）、Kouwenberg

和 Ziemba（2007）的研究，假设管理者薪酬合同中的基准组合期末价值 Y_T 为常数，即为固定基准（如无风险资产）。而从基金行业的现状，绝大多数的基金管理者的薪酬合同往往与一个动态的基准组合（如市场指数）挂钩（Evans and Gomez，2020）。为了全面分析激励合同对机构投资者的策略影响，本节对模型进行拓展，考虑基准组合为随机变化的某一市场指数，并与固定基准的研究进行对比，以检验相关结论的稳健性。

为了模型求解的便利，对市场环境进行简化，设市场上只有一种风险资产，且其动态过程满足下列随机微分方程。

$$\frac{dS_t}{S_t}=\mu dt+\sigma dZ_t,\ S_0>0 \tag{2.42}$$

其中 Z_t 表示一维布朗运动。记基金投资组合的风险暴露为 φ_t，基金的动态投资组合过程 W_t 满足

$$\frac{dW_t}{W_t}=\left[r+(\mu-r)\varphi_t\right]dt+\varphi_t\sigma dZ_t \tag{2.43}$$

设薪酬合同（2.3）中的基准组合为某一市场指数，即 Y_T 表示以固定比例 b_0 投资于风险资产的投资组合的期末价值，因此基准组合 Y_t 的动态过程为

$$\frac{dY_t}{Y_t}=\left[r+(\mu-r)b_0\right]dt+b_0\sigma dZ_t \tag{2.44}$$

所以 Y_T 服从对数正态分布，即

$$\ln Y_T-\ln Y_0\sim N\left\{\left[r+\left(\mu-r\right)b_0-\frac{1}{2}b_0^2\sigma^2\right]T,b_0^2\sigma^2T\right\} \tag{2.45}$$

且其不确定性由一维的布朗运动 Z_t 驱动，Y_T 可用状态价格密度函数的终值 ξ_T 表示：

$$Y_T=A_0\xi_T^{-\nu} \tag{2.46}$$

其中

$$A_0=Y_0\exp\left\{-\nu\left[\left(r+\frac{\lambda^2}{2}\right)+r+\left(\mu-r\right)b_0-\frac{1}{2}b_0^2\sigma^2\right]T\right\} \tag{2.47}$$

$\nu = b_0\sigma/\lambda$，$\lambda = (\mu - r)/\sigma$。用（2.46）式中的$Y_T$替换2.3节和2.4节中的固定基准$Y$，可得到如下与定理2.1和定理2.2类似的结论。

定理2.3 当薪酬合同中基准组合为市场指数时，显性激励下基金管理者的最优投资组合期末价值为

$$W_T^* = \begin{cases} A_0\xi_T^{-\nu} + \left[\dfrac{\alpha^G\beta^G(s+\gamma_2)^{\alpha^G}}{z\xi_T}\right]^{\frac{1}{1-\alpha^G}}, & 当\xi_T < \overline{\xi} \\ 0, & 当\xi_T \geqslant \overline{\xi} \end{cases} \tag{2.48}$$

其中$\overline{\xi}$是满足方程

$$\beta^G(s+\gamma_2)^{\alpha^G}\left[\frac{\alpha^G\beta^G(s+\gamma_2)^{\alpha^G}}{z\overline{\xi}}\right]^{\frac{\alpha^G}{1-\alpha^G}}(1-\alpha^G) \tag{2.49}$$

$$-zA_0\overline{\xi}^{1-\nu} + \beta^L(s+\gamma_1)^{\alpha^L}A_0\overline{\xi}^{-\nu\alpha^L} = 0$$

的唯一解。其中拉格朗日乘子z是使得W_T^*满足鞅约束条件$E(\xi_T W_T^*) = W_0$的唯一解。

证明：本定理证明与定理2.1的证明类似，只需将其中的固定基准Y替换为状态价格密度ξ_T的函数$A_0\xi_T^{-\nu}$即可，因此，在此简要证明，仅列出与定理2.1证明不同之处。

首先定义并求解优化问题（2.16）。

1）当$W_T \geqslant A_0\xi_T^{-\nu}$时，目标函数具备严格凹性，最优解为

$$W_1^* = A_0\xi_T^{-\nu} + \left[\frac{\alpha^G\beta^G(s+\gamma_2)^{\alpha^G}}{z\xi_T}\right]^{\frac{1}{1-\alpha^G}}$$

2）当$W_T < A_0\xi_T^{-\nu}$时，目标函数严格凸，因此最优解只会在边界上达到，即$W_2^* = Y - \varepsilon$，（ε为充分小的正的常数）或$W_3^* = 0$。

下面通过比较$V^*(W_i^*), (i = 1,2,3)$的大小来确定问题（2.16）的最优解。定义

$G_k(\xi_T) = V^*(W_i^*) - V^*(W_j^*),\ i,j = 1,2,3, j \neq i$

（a）首先比较$V^*(W_1^*)$和$V^*(W_2^*)$：

$G_1(\xi_T) = V^*(W_i^*) - V^*(W_2^*)$

$$> \beta^G (s+\gamma_2)^{\alpha^G} \left[\frac{z \cdot \xi_T}{\alpha^G \beta^G (s+\gamma_2)^{\alpha^G}} \right]^{\frac{\alpha^G}{\alpha^G - 1}} (1-\alpha^G) > 0$$

因此，$W_2^* = Y - \varepsilon$ 不可能是最优解。

（b）类似地，比较 $V^*(W_1^*)$ 和 $V^*(W_3^*)$：

$$G_2(\xi_T) = V^*(W_1^*) - V^*(W_3^*) > -zA_0 \xi_T^{\ 1-\nu} + \beta^L (s+\gamma_1)^{\alpha^L} A_0 \xi_T^{\ -\nu\alpha^L}$$

记 $p_0 = [\beta^L (s+\gamma_1)^{\alpha^L} A_0 \xi_T^{(1-\nu)(\alpha^L - 1)}] / z$，当 $\xi_T \leqslant p_0$ 时，$G_2(\xi_T) > 0$。容易验证，对于任意 ξ_T，函数 $G_2(\xi_T)$ 严格单调递减，又因为 $G_2(x)$ 为连续函数，且

$$\lim_{x \to +\infty} G_2(x) = -\infty$$

所以在区间 $\xi_T \in (p_0, +\infty)$ 上，$G_2(\xi_T)$ 有且仅有一个零点，记为 $\xi_T = \bar{\xi}$，即 $G_2(\bar{\xi}) = 0$。因此，当 $\xi_T \leqslant \bar{\xi}$ 时，$G_2(\bar{\xi}) > 0$，W_1^* 为最优解；当 $\xi_T > \bar{\xi}$ 时，$W_3^* = 0$ 为最优解。即问题（2.16）最优解是满足（2.48）式的分段函数。

由于 $\bar{\xi}$ 是 $G_2(x) = 0$ 的根，容易验证 $\bar{\xi}$ 是满足方程（2.49）的唯一解。于是定理 2.3 得证。

定理 2.4 （i）当薪酬合同中基准组合为市场指数时，显性激励下基金在 t 时刻的最优投资组合价值过程为

$$W_t^* = A_0 \xi_t^{-\nu} e^{\Gamma_1(t)} \Phi[p_1(\bar{\xi})] + \left[\frac{\beta^G (s+\gamma_2)^{\alpha^G} \alpha^G}{z \xi_t} \right]^{\frac{1}{1-\alpha^G}} e^{\Gamma(t)} \Phi[p_2(\bar{\xi})] \tag{2.50}$$

其中

$$p_1(x) = \frac{\ln\left(\dfrac{x}{\xi_t}\right) + \left(r - \dfrac{1}{2}\lambda^2\right)(T-t)}{\lambda\sqrt{T-t}} + \nu\lambda\sqrt{T-t}$$

$$p_2(x) = \frac{\ln\left(\dfrac{x}{\xi_t}\right) + \left(r - \dfrac{1}{2}\lambda^2\right)(T-t)}{\lambda\sqrt{T-t}} + \frac{\lambda\sqrt{T-t}}{1-\alpha^G}$$

$$\Gamma_1(t) = -(1-\nu)\left(r + \frac{1}{2}\lambda^2\right)(T-t) + \frac{1}{2}(1-\nu)^2 \lambda^2 (T-t)$$

$$\Gamma_2(t)=\frac{\alpha^G}{1-\alpha^G}\left(r+\frac{1}{2}\lambda^2\right)(T-t)+\frac{1}{2}\left(\frac{\alpha^G}{1-\alpha^G}\right)^2\lambda^2(T-t)$$

$\Phi(\cdot)$为标准正态分布的累积分布函数。$\bar{\xi}$是满足方程（2.49）的唯一解。

（ii）当薪酬合同中基准组合为市场指数时，显性激励下基金在t时刻最优投资组合策略过程

$$\begin{aligned}\varphi_t^*=\frac{\lambda}{W_t^*\sigma}\Bigg\{&A_0\xi_t^{-\nu}e^{\Gamma_1(t)}\left[\frac{\phi\left(p_1\left(\bar{\xi}\right)\right)}{\lambda\sqrt{T-t}}+\nu\,\Phi\left(p_1\left(\bar{\xi}\right)\right)\right]\\&+\left(\frac{z\xi_t}{s^{\alpha^G}\beta^G\alpha^G}\right)^{\frac{1}{\alpha^G-1}}e^{\Gamma_2(t)}\left[\frac{\phi\left(p_2\left(\bar{\xi}\right)\right)}{\lambda\sqrt{T-t}}+\frac{\Phi\left(p_2\left(\bar{\xi}\right)\right)}{1-\alpha^G}\right]\Bigg\}\end{aligned}\tag{2.51}$$

其中$\phi(\cdot)$表示标准正态分布的概率密度函数。

证明：（i）由于W_t是$\mathbb{Q}$测度下的一个鞅过程，于是有

$$\begin{aligned}W_t^*&=\frac{E_t\left[\xi_T W_T^*\right]}{\xi_t}\\&=\frac{1}{\xi_t}E_t\left\{\xi_T\left[A_0\xi_T^{-\nu}+\left(\frac{\alpha^G\beta^G(s+\gamma_2)^{\alpha^G}}{z\xi_T}\right)^{\frac{1}{1-\alpha^G}}\right]I(\xi_T<\bar{\xi})\right\}\\&=E\left\{\left[A_0\xi_t^{-\nu}e^{(1-\nu)\ln\frac{\xi_T}{\xi_t}}+\left(\frac{z\xi_t}{(s+\gamma_2)^{\alpha^G}\beta^G\alpha^G}\right)^{\frac{1}{\alpha^G-1}}e^{h\ln\frac{\xi_T}{\xi_t}}\right]\right.\\&\qquad\left.I\left(\ln\frac{\xi_T}{\xi_t}<\ln\frac{\bar{\xi}}{\xi_t}\right)\right\}\end{aligned}\tag{2.52}$$

其中$h=\alpha^G/(\alpha^G-1)$。根据ξ_t的定义，有

$$(\ln\xi_T-\ln\xi_t)\sim N\left(-m(T-t),\lambda^2(T-t)\right)$$

其中$m=r+0.5\lambda^2$，因此对任意常数a，有

$$E\left[e^{a\ln\frac{\xi_T}{\xi_t}}I\left(\ln\frac{\xi_T}{\xi_t}\leqslant\ln\frac{x}{\xi_t}\right)\right]$$

$$=e^{-am(T-t)+\frac{1}{2}\lambda^2 a^2(T-t)}\Phi\left[\frac{\ln\frac{x}{\xi_t}+m(T-t)-a\lambda^2(T-t)}{\lambda^2\sqrt{T-t}}\right] \tag{2.53}$$

将（2.53）代入（2.52），最优投资组合价值过程（2.50）得证。

（ii）对最优价值过程（2.52）式应用伊藤引理，可得 t 时刻最优风险暴露为

$$\varphi_t^*=-\frac{\lambda}{W_t^*\sigma}\left[\frac{\partial W_t^*(\xi_t)}{\partial\xi_t}\xi_t\right] \tag{2.54}$$

代入 W_t^* 的表达式（2.50），容易验证基金最优风险暴露 φ_t^* 为（2.51）。定理 2.3 得证。

将定理 2.3 与定理 2.1 进行对比可见，与静态基准模型的结论相比，当薪酬合同中的基准组合为市场指数时，最优投资组合的期末价值的分段形式不变。最优解中的常数 Y 被动态随机过程 $A_0\xi_T^{-\nu}$ 取代，临界指数 $\bar{\xi}$ 对应发生变化。为了分析管理者薪酬合同与损失厌恶度对最优解和临界指数的影响，利用与 2.3 节和 2.4 节相同的参数进行数值模拟，结果如图 2–12 和图 2–13 所示。

将图 2–12 的模拟结果分别与图 2–2 和图 2–5 对比可见，当薪酬合同中的基准组合为动态市场指数时，显性激励强度和损失厌恶度对最优投资组合期末价值的影响，与基准为常数时相似。图 2–13 中的最优投资组合的风险暴露的变化与图 2–7（b）和图 2–9（b）中的总风险暴露相似，因此，与市场状态相关的动态基准组合不会从根本上改变显性激励强度和损失厌恶度对投资组合最优风险暴露的影响。本节的模拟结果检验了相关结论的稳健性。

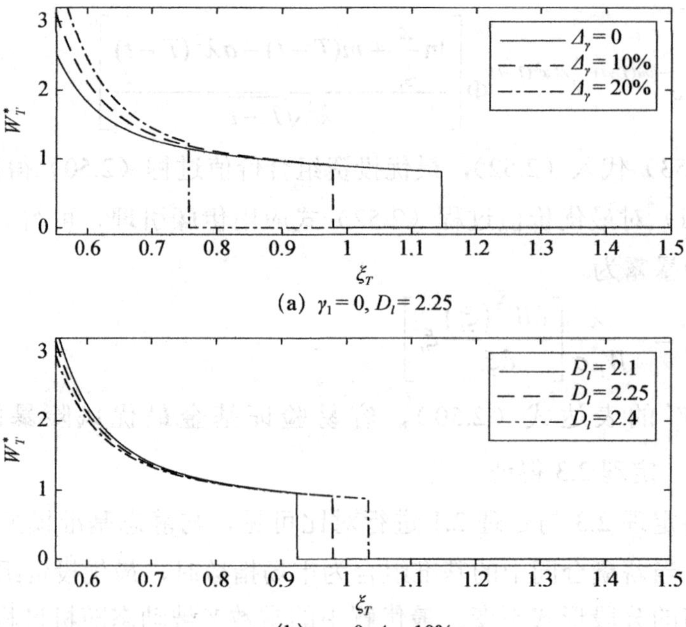

(a) $\gamma_1 = 0, D_l = 2.25$

(b) $\gamma_1 = 0, \Delta_\gamma = 10\%$

图 2-12　动态基准组合模型中显性激励和损失厌恶度对最优投资组合期末价值的影响

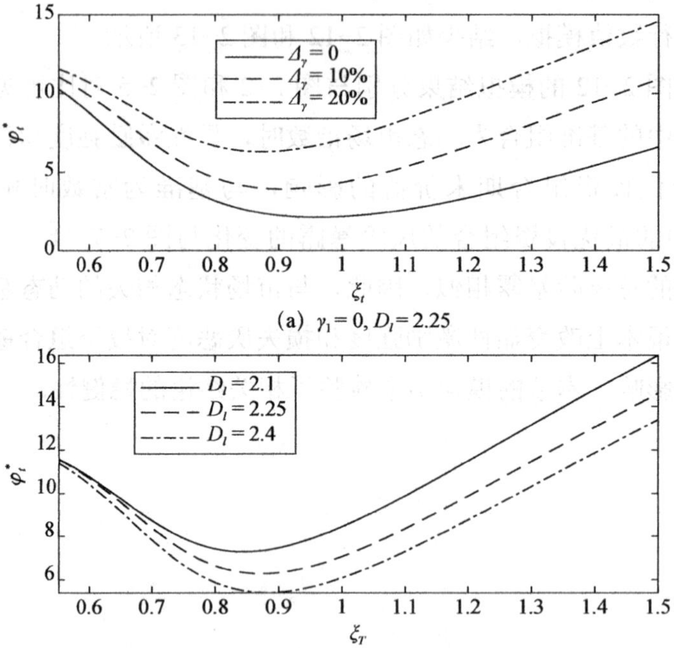

(a) $\gamma_1 = 0, D_l = 2.25$

(b) $\gamma_1 = 0, \Delta_\gamma = 10\%$

图 2-13　动态基准组合模型中显性激励和损失厌恶度最优投资组合策略的影响

2.6 本章小结

本章旨在研究基金管理者不对称的薪酬合同引起的显性激励下的动态投资组合策略。在连续时间金融框架下，构建并求解了动态投资决策模型，得到了最优投资组合期末价值和动态最优投资组合策略的封闭解。分别假设薪酬合同中的基准为静态基准（常数）和动态基准组合（市场指数），得到了相同的结论。

研究表明，当期末市场状态较差时，基金有损失全部初始资产的风险。在不对称薪酬导致的显性激励作用下，管理者会采取更激进的投资策略，具体而言，显性激励强度的增加会促使基金管理者增加投资组合的风险暴露，这一策略虽然能使得基金在市场状态好时获得更高收益，但同时也提高了基金损失全部资产的风险。若提高不对称薪酬合同中的管理费率，能有效缓解基金管理者的冒险行为。此外，在面对相同的不对称薪酬合同时，损失厌恶度较高的基金管理者往往会采取更保守的投资策略，尤其是当市场状态较差时，其投资组合的风险暴露显著降低，从而使得基金损失全部资产的概率变小。

第3章

隐性激励对机构动态投资组合策略的影响

本书第 2 章研究了机构代理投资中的不对称薪酬合同对机构投资行为的显性激励。然而，在基金管理者进行投资决策时，还受到诸多除显性激励以外的其他因素的影响，如管理者对职业前景和职业声誉的担忧、委托人的申购赎回行为造成基金净值的改变等，这些与管理者薪酬合同无关的因素对机构投资行为的影响称为隐性激励。

隐性激励的凸性，主要来源于基金业绩与资金流动之间的凸关系。具体而言，业绩良好的基金能吸引更多的资金流入，管理资金规模增加，而业绩较差的基金会面临更多的赎回压力，管理资金规模缩小。而委托人在基金业绩表现好和表现差时的申购赎回份额具有不对称性，其对于差的业绩敏感度低，赎回份额较少，而对于良好的业绩敏感度更高，申购增加的份额更多，因而导致基金业绩良好时的资金流入量大幅超过了收益不佳时的资金流出量。国内外大量实证研究证实了基金业绩—资金流动凸关系（Fund Flow-performance Convex Relationship）的存在（Chevalier and Ellison，1997；Sirri and Tufano，1998；Leung and Kwong，2018；伍燕然 and 王凯等，2019）。

现有实证研究发现，隐性激励的存在使基金管理者增加了投资组合的风险暴露（Huang 和 Zhang，2011；Lim 和 Sensoy 等，2016），而在连续时间金融框架下利用理论模型进行的相关研究不支持该结论，如 Basak 和 Pavlova 等（2007）、Nicolosi 和 Angelini 等（2018）假设基金管理者具有 CRRA 型效用偏好，以固定风险暴露的投资组合为基准，发现业绩—资金流动关系导致基金管理者在业绩表现较基准组合更差时，会减少风险资产的持有比例。为了更好地解释实证研究的结论，本章基于前景理论构建管理者的效用函数，假设基金具有与 Basak 和 Pavlova 等（2007；2008）相同的业绩—流动凸关系，分析在该隐性激励下损失厌恶型基金管理者的投资决策过程。

前景理论认为投资者对损失比对收益更敏感，损失部分的边际效用大于收益部分的边际效用。即在不同的市场状态下，投资者受到情绪和心理因素的影响，用函数会表现出损失厌恶的特征，而并非一直保持风险厌恶。已有不少学者在损失厌恶效用框架下，研究了个人投资者的投资决策行为，如 Barberis 和 Huang 等（2001）使用数值方法研究了损失厌恶型投资者的投资组合选择问题，但未求解出投资策略的封闭解。Berkelaar 等（2004）用鞅方法得出了损失厌恶型投资者动态投资组合策略的封闭解，认为投资者会采取激进的投资组合策略，以希望将财富保持在参考点之上。He 和 Zhou（2011）研究亦发现，在市场处于极端情况下，基于前景理论的投资者在无风险资产没有借贷和卖空限制时，投资于风险资产的权重会出现极端不合理的高比例，米辉和张曙光（2013）指出对总财富设置下限可以避免上述情况出现。孙庆雅和荣喜民等（2020）研究了考虑损失厌恶时保险公司的最优投资再保险策略，发现最优投资和保险策略与市场状态有关。因此，在前景理论框架下，研究业绩—流动关系对基金动态投资策略的影响更能捕捉其投资特征，相关结论有望更好地解释实证研究的结果，但现有文献没有对此问题进行研究探讨。

此外，损失厌恶型效用函数中的一个重要参数为参考点，即投资者的盈亏分界点，当投资组合的期末价值未达到参考点时，投资者认为遭受了损失；反之，投资者则认为获得收益。参考点影响投资者的投资策略，如 Chen 和 Li 等（2017）研究发现参考点水平影响养老金投资风险资产的财富比例。Berkelaar 和 Kouwenberg（2009）发现参考点的选择影响损失厌恶投资者的风险承担行为与资产价格。在基金委托代理投资模式下，该参考点即为基准组合收益。对基金投资者而言，基准收益率的高低会影响投资者的购买行为，如追加投资或赎回；对管理者而言，基准收益率决定了其损失厌恶型效用函数中的参考点，进而影响其薪酬预期，管理者对薪酬的追求会导致其投资决策的变化。因此，在本章研究中分别讨论了静态基准收益和动态基准收益下，隐性激励对管理者投资行为意向的差异。在本书的第 6 章，讨论了基准组合的选择，管理者薪酬合同对基准的关注程度对机构投资行为和资产价格的影响。

本章的相关研究在与本书第2章中相同的市场环境下开展，讨论由业绩—资金流动关系的凸性导致的隐性激励对机构投资者投资组合策略的影响。3.1节说明本章模型的假设，包括业绩—资金流动关系和管理者的效用函数。3.2节构建管理者动态决策模型，并利用鞅方法对模型进行优化。3.3节求解基金最优投资组合的期末价值的封闭解，并利用数值模拟讨论各参数对其影响。3.4节求解基金的动态投资组合策略的封闭解，分析其影响因素，并利用数值模拟分别讨论业绩—资金流动关系、损失厌恶度对机构投资行为的影响。3.5节对模型进行两方面的拓展，一是考虑更一般的业绩—资金流动关系，二是以市场指数的收益率作为基准收益率。通过对拓展模型的求解，检验了本章相关结论的稳健性。

3.1 模型假设

3.1.1 市场环境

定义一个投资期限为$[0, T]$的连续时间纯交换经济，用带滤波的概率空间$(\Omega, \mathscr{F}, \{\mathscr{F}_t\}_{0\leqslant t\leqslant T}, \mathbb{P})$刻画不确定性①。假设基金的初始管理资金为$W_0>0$，在投资期限内资金不产生外部的流动。市场上有$N$种可供投资的风险资产和一种无风险资产，在投资期限内所有资产可连续交易且无交易成本。其中无风险资产$S^{(0)}$的收益率在投资期限内为常数r，风险资产$S^{(i)}(i=1,2,\cdots,N)$的价值变化满足下列随机微分方程组。

$$\frac{dS_t^{(i)}}{S_t^{(i)}}=\mu^{(i)}dt+\sum_{j=1}^{N}\sigma^{(i,j)}dZ_t^{(j)},\ S_0^{(i)}>0,\ i=1,2,\cdots,N \tag{3.1}$$

① 假设下文中所有随机过程均适应于滤波$\{\mathscr{F}_t\}$，且均具有良好定义。

其中 $\boldsymbol{Z}_t=(Z_t^{(1)},Z_t^{(2)},\cdots,Z_t^{(N)})^{\mathrm{T}}$ 为 $\mathbb{P}$ 测度上的 N 维的标准布朗运动，$(\cdot)^{\mathrm{T}}$ 表示向量或矩阵的转置。由于布朗运动的维数与风险资产数量相同，因此市场具有完备性①。$\boldsymbol{\mu}=(\mu^{(1)},\mu^{(2)},\cdots,\mu^{(N)})^{\mathrm{T}}$ 和 $\boldsymbol{\sigma}=(\sigma^{(i,j)})_{N\times N}$ 分别表示风险资产的漂移项和波动率，均为常数向量和矩阵②。

投资决策主体为代表性的基金管理者，设其所管理的基金的投资组合在 t 时刻投资于风险资产的比例为 $\boldsymbol{\varphi}_t=(\varphi_t^{(1)},\varphi_t^{(2)},\cdots,\varphi_t^{(N)})^{\mathrm{T}}$，其中 $\varphi_t^{(i)}$ 表示投资于第 i 种风险资产的比例，$\boldsymbol{\varphi}_t$ 表示基金的动态投资组合策略过程，亦被称为基金的风险暴露。假设在投资期限内，基金不允许申购和赎回，则 $\boldsymbol{\varphi}_t$ 为自融资策略。因此，t 时刻基金投资组合价值 W_t 为

$$\frac{dW_t}{W_t}=[r+(\boldsymbol{\mu}-r\boldsymbol{I})\boldsymbol{\varphi}_t]dt+\boldsymbol{\varphi}_t^{\mathrm{T}}\boldsymbol{\sigma}d\boldsymbol{Z}_t \tag{3.2}$$

其中 $\boldsymbol{I}$ 表示 N 维元素全为 1 的向量。

3.1.2 业绩—资金流动关系

根据基金的历史业绩及基金管理者的相关资料，基金的投资者在投资期限开始之前便对投资的期末收益率有所预期，该预期收益率 R_T^I 称为基准收益率（benchmark return），则投资者对基金投资组合期末价值的预期为 $Y_T^I=W_0\exp(R_T^I)$。当投资期限结束时，基金投资者会根据基金的实际收益率 $R_T^W=\ln(W_T/W_0)$ 是否达到预期收益率 R_T^I 选择是否继续投资该基金。从基金管理者的角度，期末的投资业绩引起的资金流动会影响到他所管理的资金总额，进而影响到

① 此处为了简化模型的求解，我们假设市场是具有完备性的，本书 3.5.3 节考虑了不完备市场下的模型，并验证了该假设不影响本书的主要结论。

② 在本书第 2 章和第 3 章的模型中，假设风险资产的漂移项和波动率为外生的常数，并在此基础上讨论了激励合同中的显性和隐性激励对机构投资行为的影响。事实上，市场参与者的投资行为亦会改变风险资产的需求，进而影响其均衡状态下的漂移项和波动率。因此，在本书第 5 章和第 6 章的模型中，在考虑激励合同对资产价格及其波动率的影响时，将设定风险资产的漂移项和波动率为由市场均衡内生决定，并通过求解市场参与者的动态投资组合策略，确定均衡状态下的风险资产价格。

薪酬。为了表示出管理资金规模大小，参考 Basak 和 Pavlova 等（2008），定义基金相对业绩—资金流动关系的表达式 f_T，f_T 由管理资金的期末收益率 R_T^W 和基金投资者的预期收益率 R_T^I，即

$$f_T(W_T, Y_T^I) = \begin{cases} K, & \text{当 } R_T^W > R_T^I \\ 1, & \text{当 } R_T^W = R_T^I \\ L, & \text{当 } R_T^W < R_T^I \end{cases} \tag{3.3}$$

其中 $K>1$ 和 $L<1$ 均为常数，K 和 L 分别为资金流入系数和流出系数。当该基金管理资产的期末收益率高于投资者的预期收益率时，资金流动系数 $f_T\left(W_T, Y_T^I\right)=K>1$，此时基金管理资产的规模因资金流入而扩大；反之，$f_T\left(W_T, Y_T^I\right)=L<1$，表示基金管理资产的规模缩小；当投资组合的收益率等于基金投资者的预期收益率时，$f_T\left(W_T, Y_T^I\right)=1$，表示资金不发生流动。因此，资金流入系数 K 的值越大，说明由于业绩好于预期而导致的资本流入水平越高，表示隐性激励强度越高。

（3.3）式定义的业绩—流动关系函数为 Two-tier 型，旨在描述基金业绩引起的资金流动的不对称性，是 Basak 和 Pavlova 等（2007）、Nicolosi 和 Angelini 等（2018）研究中定义的 Collar 型业绩—流动关系函数的简化形式。具体而言，在 T 时刻，当基金的实际收益率超过基准收益率时，基金的管理资产规模为 $W_T f_T(W_T, Y_T^I)$，超过期末投资组合价值 W_T；反之，基金管理资产规模 $W_T f_T(W_T, Y_T^I)$ 将小于 W_T。

Basak 和 Pavlova 等（2008）指出，虽然 Two-tier 型业绩—流动函数的形式较简单，但其可以捕捉其他复杂函数对风险厌恶型管理者投资行为的大部分影响，只要这些函数是具有凸性的递增函数。尽管本章在效用函数的选取上与 Basak 和 Pavlova 等（2008）不同，但为了获得模型的封闭解，这里亦采用 Two-tier 型函数来描述基金业绩与资金流动的凸关系。为了检验在该简化形式下所获得的结论的稳健性，在本章 3.5.1 节将考虑更具一般性的 Collar 型业

绩—流动关系函数。

3.1.3 隐性激励下管理者效用函数

为了更好地分析隐性激励对机构投资行为的影响，本章不考虑薪酬合同中的显性激励，假设管理者薪酬结构（2.3）式中 $\gamma_i = 0\ (i = 0,1,2)$，即管理者仅依据管理资产规模收取固定比例的管理费。受业绩—流动关系的影响，基金的期末实际管理资金价值为 $W_T f_T(W_T, Y_T^I)$，管理者获得的实际薪酬为 $sW_T f_T(W_T, Y_T^I)$。假设基金管理者对基金收益率的预期为 R_T^M，则其对基金期末价值的预期为 $Y_T^M = W_0 \exp(R_T^M)$，预期薪酬为 $sY_T^M f_T(Y_T^M, Y_T^I)$。

基金管理者凭借专业能力和经验，向投资者提供资产管理服务，并按合同约定获取薪酬。对于自己提供的专业服务所能获得的薪酬，基金管理者在投资期限开始之初便有一定预期。若实际薪酬未达到预期薪酬，管理者会认为是一种损失；若实际薪酬超过预期薪酬，管理者会认为超额部分是收益。前景理论认为，人们对损失的敏感程度要远高于收益，这种心理特征被称为损失厌恶。为了分析具有这一心理特征的基金管理者的投资行为，参考 Kahneman 和 Tversky（1979）、Berkelaar 和 Kouwenberg 等（2004），构造损失厌恶型的效用函数如下。

$$u(W_T) = \begin{cases} \beta^G [sW_T f_T(W_T, Y_T^I) - sY_T^M f_T(Y_T^M, Y_T^I)]^{\alpha^G}, \\ \quad \text{当} W_T f_T(W_T, Y_T^I) \geqslant Y_T^M f_T(Y_T^M, Y_T^I) \\ -\beta^L [sY_T^M f_T(Y_T^M, Y_T^I) - sW_T f_T(W_T, Y_T^I)]^{\alpha^L}, \\ \quad \text{当} W_T f_T\left(W_T, Y_T^I\right) < Y_T^M f_T(Y_T^M, Y_T^I) \end{cases} \tag{3.4}$$

其中 β^G，β^L，α^G 和 α^L 为正的常参数，由于收益和损失对效用函数的边际贡献递减，因此 $0 < \alpha^G, \alpha^L < 1$，分别决定了效用函数在损失和收益上的曲率，$\alpha^k$ 的值越小，表示收益（$k = G$）和损失（$k = L$）的边际贡献递减的速度越快。根据损失厌恶这一心理假

设，基金管理者的损失厌恶度 $D_l = \beta^L / \beta^G > 1$，即损失所带来的痛苦超过了同等收益带来的愉悦，且 D_l 值越大，表明管理者对损失的厌恶程度越高。

基金在发行时会根据所有相关资料（包括基金的历史业绩及市场前景等），公布一个基准收益率 R_T^Y。假设基准收益率 R_T^Y 由包括基金过去平均业绩在内的相关信息外生决定，投资者如可以接受该基准收益率，便会选择投资于该基金。假设基金投资者和管理者对基金的盈利能力具有对称信息，公布的基准收益率得到双方共识，因此 $R_T^Y = R_T^I = R_T^M$，则（3.4）式中 $f_T(Y_T^M, Y_T^I)=1$。为简化记号，设 $Y_T = Y_T^M = Y_T^I = W_0 \exp(R_T^Y)$ 为基金的期末基准价值，下文简称为基准价值。

为了对管理者效用函数进行化简，给出如下引理。

引理 3.1 下列等价关系成立。

$$\begin{cases} R_T^W > R_T^Y \Leftrightarrow W_T f_T(W_T, Y_T) > Y_T \Leftrightarrow W_T > Y_T \\ R_T^W = R_T^Y \Leftrightarrow W_T f_T(W_T, Y_T) = Y_T \Leftrightarrow W_T = Y_T \\ R_T^W < R_T^Y \Leftrightarrow W_T f_T(W_T, Y_T) < Y_T \Leftrightarrow W_T < Y_T \end{cases} \tag{3.5}$$

证明： 由 $R_T^W = \ln(W_T / W_0)$ 和 $Y_T = W_0 \exp(R_T^Y)$ 的定义，容易验证

$$\begin{cases} R_T^W > R_T^Y \Leftrightarrow W_T > Y_T \\ R_T^W = R_T^Y \Leftrightarrow W_T = Y_T \\ R_T^W < R_T^Y \Leftrightarrow W_T < Y_T \end{cases}$$

下面证明（3.5）式中的后一组等价关系。

1. 首先证明 $W_T f_T(W_T, Y_T) > Y_T \Leftrightarrow W_T > Y_T$。

（1）先证充分性。若 $W_T f_T(W_T, Y_T) > Y_T$，分以下两种情况讨论。

① 当 $W_T > Y_T$ 时，由（3.3）式定义，$f_T(W_T, Y_T)=K>1$，于是

$$W_T f_T(W_T, Y_T) > Y_T \Rightarrow W_T > Y_T / K$$

由于 $Y_T / K < Y_T$，所以

$$\begin{cases} W_T > Y_T \\ W_T > \dfrac{Y_T}{K} \end{cases} \Rightarrow W_T > Y_T$$

② 当$W_T \leqslant Y_T$时，有$f_T(W_T,Y_T)=L<1$，于是$W_T f_T(W_T,Y_T)>Y_T \Rightarrow W_T > Y_T/L$。由于$Y_T/L>Y_T$，所以

$$\begin{cases} W_T \leqslant Y_T \\ W_T > \dfrac{Y_T}{L} \end{cases} \Rightarrow W_T \in \phi$$

即此情况不可能出现。

所以$W_T F_T > Y_T \Rightarrow W_T > Y_T$。

（2）再证必要性。若$W_T > Y_T$，则$f_T(W_T,Y_T)=K>1$，所以$W_T f_T(W_T,Y_T)>Y_T$。

2. 类似地，证明$W_T f_T(W_T,Y_T)<Y_T \Leftrightarrow W_T < Y_T$。

（1）先证充分性。若$W_T f_T(W_T,Y_T)<Y_T$，分两种情况讨论：

① 当$W_T< Y_T$时，有$f_T(W_T,Y_T)=L<1$，由$W_T f_T(W_T,Y_T)<Y_T \Rightarrow W_T < Y_T/L$，由于$Y_T/L>Y_T$，所以

$$\begin{cases} W_T < Y_T \\ W_T < \dfrac{Y_T}{L} \end{cases} \Rightarrow W_T < Y_T$$

② 当$W_T \geqslant Y_T$时，有$f_T(W_T,Y_T)=K>1$，由$W_T f_T(W_T,Y_T)<Y_T \Rightarrow W_T < Y_T/K$。由于$Y_T/K < Y_T$，所以

$$\begin{cases} W_T \geqslant Y_T \\ W_T < \dfrac{Y_T}{K} \end{cases} \Rightarrow W_T \in \phi$$

即此情况不可能出现。

所以$W_T F_T< Y_T \Rightarrow W_T< Y_T$。

（2）再证必要性。若$W_T<Y_T$，则$f_T(W_T,Y_T)=L<1$，$W_T f_T(W_T, Y_T)<Y_T$。

3. 最后，由F_T的定义，易证$W_T f_T(W_T,Y_T)=Y_T \Leftrightarrow W_T = Y_T$。引理 3.1 得证。

根据引理 3.1 的结论，将基金业绩—流动关系（3.3）式代入（3.4）式，管理者的效用函数可化简为

$$u(W_T)=\begin{cases} s^{\alpha^G}\beta^G(KW_T-Y_T)^{\alpha^G}, & 当W_T>Y_T \\ 0, & 当W_T=Y_T \\ -s^{\alpha^L}\beta^L(Y_T-LW_T)^{\alpha^L}, & 当W_T<Y_T \end{cases} \tag{3.6}$$

标准的动态优化模型中，效用函数通常是连续可微的凹函数。然而，在隐性激励和损失厌恶心理的共同作用下，管理者的效用函数（3.6）式不具备连续性和全局凹性。由（3.6）式可见，基金业绩—资金流动函数中的资金流入系数K和资金流出系数L、管理者薪酬合同中的管理费率s以及管理者损失厌恶度$D_l=\beta^G/\beta^L$均为影响管理者投资决策的重要参数，因此下文将具体讨论这些参数对基金管理者动态投资策略的影响。

3.2 模型构建与优化

3.2.1 隐性激励下机构动态投资决策模型

由于管理者不能以自有资产参与投资，在考虑基金业绩引起资金流动的情况下，其决策目标为期末所获薪酬的效用最大化，最优投资决策模型为

$$\begin{aligned} &\max_{\varphi_t} E\left[u(W_T)\right] \\ &\text{s.t. } \frac{dW_t}{W_t}=\left[r+(\boldsymbol{\mu}-r\boldsymbol{I})^{\mathrm{T}}\boldsymbol{\varphi}_t\right]dt+\boldsymbol{\varphi}_t^{\mathrm{T}}\boldsymbol{\sigma}d\boldsymbol{Z}_t \\ &W_t\geqslant 0,\quad \forall t\in[0,T] \end{aligned} \tag{3.7}$$

其中动态投资策略过程$\boldsymbol{\varphi}_t$为决策变量，效用函数$u(W_T)$为（3.6）所示的分段函数。因此（3.7）式中最优投资策略模型的目标函数为

$$\begin{aligned} E\left[u(W_T)\right]=E\Big\{&\left[s^{\alpha^G}\beta^G(KW_T-Y_T)^{\alpha^G}\middle|W_T>Y_T\right] \\ &+\left[-s^{\alpha^L}\beta^L(Y_T-LW_T)^{\alpha^L}\middle|W_T<Y_T\right]\Big\} \end{aligned}$$

在本章3.5节之前的模型求解过程中，假设基金的基准收益率为常数（如无风险收益率或某一固定收益率），则期末基准价值Y_T是外部给定的常数，记为Y。在3.5节对模型进行拓展，以动态随机变化的市场指数的收益率为基准收益率，并将两部分的结论进行对比，以检验相关结论的稳健性。

3.2.2 模型优化

下面利用鞅方法对模型（3.7）进行优化，在鞅约束条件下，将模型转化为一个以投资组合期末价值为决策变量的静态优化模型。3.3节将求解该静态问题得到最优投资组合期末价值，在3.4节中利用复制技术将求解出管理者的动态最优投资组合策略。

与2.2.2节类似，定义风险市场价值$\boldsymbol{\lambda}=\boldsymbol{\sigma}^{-1}(\boldsymbol{\mu}-r\boldsymbol{I})$，风险中性测度（鞅测度）$\mathbb{Q}$与自然测度之间的拉登-尼克蒂姆导数$H_t$如（2.9）式，以及状态价格密度过程$\xi_t$如（2.10）式。注意到，状态价格密度$\xi_t$是（2.11）式随机微分方程的唯一解。由鞅过程的性质，问题（3.7）可以转化为一个以投资组合期末价值W_T为决策变量的静态问题

$$\begin{aligned}&\max_{W_T} E\left[u(W_T)\right]\\&\text{s.t. } E(\xi_T W_T)=W_0\\&W_T\geqslant 0,\quad \forall t\in[0,T]\end{aligned}\tag{3.8}$$

其中管理者效用函数$u(W_T)$为（3.6）所示的分段函数。

接下来，求解静态优化问题（3.8），得出基金最优投资组合的期末价值W_T^*，然后求解最优动态投资组合策略，并分别讨论业绩—资金流动函数中的参数和损失厌恶度对其影响。

3.3 隐性激励下机构最优投资组合期末价值

3.3.1 最优投资组合期末价值的封闭解

在问题（3.8）中由于目标函数（3.6）不具备全局凹性，借鉴 Berkelaar 和 Kouwenberg 等（2004）、米辉和张曙光（2013）的方法，将目标函数分为凹函数和凸函数两部分，分别求出两分段上的最优解，再通过比较两分段上最优解的目标函数大小，确定模型的全局最优解。定义三个重要的状态价格密度过程的临界值分别为：

$$\hat{\xi}=\frac{s^{\alpha^G}\beta^G\left[Y(K-1)\right]^{\alpha^G}+s^{\alpha^L}\beta^L Y^{\alpha^L}}{zY} \tag{3.9}$$

$$\xi^*=\frac{Ks^{\alpha^G}\beta^G\alpha^G}{z\left[Y(K-1)\right]^{1-\alpha^G}} \tag{3.10}$$

和$\bar{\xi}$为下列方程的解。

$$s^{\alpha^G}\beta^G\left(1-\alpha^G\right)\left(\frac{Ks^{\alpha^G}\beta^G\alpha^G}{z\bar{\xi}}\right)^{\frac{\alpha^G}{1-\alpha^G}}-\frac{z\bar{\xi}Y}{K}+s^{\alpha^L}\beta^L Y^{\alpha^L}=0 \tag{3.11}$$

其中$z>0$，下文中即将给出定义的特定的拉格朗日乘子。

首先证明$\bar{\xi}$的存在唯一性。

引理 3.2 使得方程（3.11）成立的临界指数$\bar{\xi}$存在且唯一。

证明：定义

$$f\left(\xi_T\right)=s^{\alpha^G}\beta^G\left(1-\alpha^G\right)\left(\frac{Ks^{\alpha^G}\beta^G\alpha^G}{z\xi_T}\right)^{\frac{\alpha^G}{1-\alpha^G}}-\frac{z\xi_T Y}{K}+s^{\alpha^L}\beta^L Y^{\alpha^L} \tag{3.12}$$

容易验证$f\left(\xi_T\right)>-z\xi_T Y/K+s^{\alpha^L}\beta^L Y^{\alpha^L}$。记$p_0=Ks^{\alpha^L}\beta^L Y^{\alpha^L-1}/z$，则有当$\xi_T\leqslant p_0$时，$f\left(\xi_T\right)>0$。同时，对任意的$\xi_T$，都有

$$\frac{\partial f(\xi_T)}{\partial \xi_T}=-z\left[\frac{1}{K}\left(\frac{z\xi_T}{Ks^{\alpha^G}\beta^G\alpha^G}\right)^{\frac{1}{\alpha^G-1}}+\frac{Y}{K}\right]<0$$

这表明 $f(\xi_T)$ 是关于 ξ_T 严格单调递减的连续函数，同时

$$\lim_{\xi_T\to+\infty} f(\xi_T)=-\infty$$

因此，在 $\xi_T>p_0$ 的区间上，必定有且仅有唯一的 ξ_T 值使得方程 $f(\xi_T)=0$ 成立，即为 $\xi_T=\bar{\xi}$ ，即临界指数 $\bar{\xi}$ 是满足方程（3.11）的唯一解。引理 3.2 得证。

引理 3.3 （i）若 $\xi_T<\xi^*$ ，隐性激励下，机构最优投资组合期末价值为

$$W_T^*=\begin{cases}\dfrac{Y}{K}+\dfrac{1}{K}\left(\dfrac{Ks^{\alpha^G}\beta^G\alpha^G}{z\xi_T}\right)^{\frac{1}{1-\alpha^G}}, & 当\xi_T\le\bar{\xi}\\ 0, & 当\xi_T>\bar{\xi}\end{cases}\tag{3.13}$$

其中拉格朗日乘子 z 是使得 W_T^* 满足鞅约束条件 $E(\xi_T W_T^*)=W_0$ 的唯一解。

（ii）若 $\xi_T\geqslant\xi^*$ ，隐性激励下，机构最优投资组合期末价值为

$$W_T^*=\begin{cases}Y, & 当\xi_T\leqslant\hat{\xi}\\ 0, & 当\xi_T>\hat{\xi}\end{cases}\tag{3.14}$$

证明：定义 $V(W_T)=u(W_T)-z\xi_T W_T$ ，其中 $z>0$ 为待定的拉格朗日乘子。首先求解如下优化问题。

$$\begin{aligned}&\max_{W_T} V(W_T)\\ \text{s.t.}\ \ &E(\xi_T W_T)=W_0\\ &W_T\geqslant 0\end{aligned}\tag{3.15}$$

由于效用函数 $u(W_T)$ 是满足（3.6）式的分段函数，首先在三个分段上分别讨论问题（3.15）可能的最优解。

① $W_T>Y$ 时，目标函数严格凹，最优解满足一阶 KKT 条件，即

$$s^{\alpha^G}\beta^G\alpha^G K(KW_T-Y)^{\alpha^G-1}-z\xi_T=0$$

求解 W_T ，得到最优解为

$$W_{1a}^* = \frac{Y}{K} + \frac{1}{K}\left(\frac{z\xi_T}{Ks^{\alpha^G}\beta^G\alpha^G}\right)^{\frac{1}{\alpha^G-1}}$$

但在 ξ_T 的不同取值下，W_{1a}^* 可能不满足分段①上 $W_T > Y$ 的条件。

根据（3.10）式临界值 ξ^* 的定义，可以证明，当 $\xi_T < \xi^*$ 时，$W_{1a}^* > Y$，此时 W_{1a}^* 为目标函数在分段①上的最优解。而当 $\xi_T \geqslant \xi^*$ 时，W_{1a}^* 不是分段①的可行解。注意到

$$\begin{aligned}\frac{\partial V}{\partial W_T} &= s^{\alpha^G}\beta^G\alpha^G K(KW_T - Y)^{\alpha^G-1} - z\xi_T \\ &\leqslant s^{\alpha^G}\beta^G\alpha^G K(KW_T - Y)^{\alpha^G-1} - z\xi^* \\ &= s^{\alpha^G}\beta^G\alpha^G K[(KW_T - Y)^{\alpha^G-1} - (YK - Y)^{\alpha^G-1}] < 0\end{aligned}$$

所以目标函数 V 在 $W_T \in (Y,+\infty)$ 时单调递减，所以最优解在区间 $(Y,+\infty)$ 端点处取得，即 $W_{1b}^* = Y + \varepsilon$，其中 ε 是充分小的正常数。综上，在分段①上的最优解为

$$W_1^* = \begin{cases} W_{1a}^*, & \text{当}\xi_T < \xi^* \\ W_{1b}^*, & \text{当}\xi_T \geqslant \xi^* \end{cases}$$

② $W_T = Y$ 时，此分段上可能的最优解为 $W_2^* = Y$。

③ $W_T < Y$ 时，目标函数严格凸，因此最优解只会在边界上达到，即最优解为 $W_3^* = Y - \varepsilon$ 或 $W_4^* = 0$。

通过上述讨论，可见 ξ_T 与 ξ^* 的大小关系会影响到 W_1^* 的取值，下面分 $\xi_T < \xi^*$ 和 $\xi_T \geqslant \xi^*$ 两种情况，通过比较 $V(W_i^*)$ $(i = 1,2,3,4)$ 的大小，确定问题（3.15）的全局最优解。定义

$$G_k(\xi_T) = V(W_i^*) - V(W_j^*),\quad i, j = 1,2,3,4,\ j \neq i$$

若 $G_k(\xi_T) > 0$，说明 W_i^* 是全局最优解。

（i）若 $\xi_T < \xi^*$，$W_1^* = W_{1a}^*$。

（a）首先，比较 $V(W_{1a}^*)$ 和 $V(W_2^*)$。

$$\begin{aligned}G_1(\xi_T) = V(W_{1a}^*) - V(W_2^*) &= s^{\alpha^G}\beta^G\left(W_{1a}^*K - Y\right)^{\alpha^G} - z\xi_T W_{1a}^* + z\xi_T W_2^* \\ &= s^{\alpha^G}\beta^G\left(\frac{z\xi_T}{Ks^{\alpha^G}\beta^G\alpha^G}\right)^{\frac{\alpha^G}{\alpha^G-1}} - z\xi_T\frac{1}{K}\left(\frac{z\xi_T}{Ks^{\alpha^G}\beta^G\alpha^G}\right)^{\frac{1}{\alpha^G-1}}\end{aligned}$$

$$+z\xi_T Y\left(1-\frac{1}{K}\right)>s^{\alpha^G}\beta^G\left(\frac{Ks^{\alpha^G}\beta^G\alpha^G}{z\xi_T}\right)^{\frac{\alpha^G}{1-\alpha^G}}\left(1-\alpha^G\right)>0$$

因此，$W_2^*=Y$ 不可能是全局最优解。

（b）然后，比较 $V(W_{1a}^*)$ 和 $V(W_3^*)$。

$$\begin{aligned}G_2\left(\xi_T\right)&=V(W_{1a}^*)-V(W_3^*)\\&=s^{\alpha^G}\beta^G\left(W_{1a}^*K-Y\right)^{\alpha^G}-z\xi_T W_{1a}^*\\&\quad-[-s^{\alpha^L}\beta^L\left(Y-LW_3^*\right)^{\alpha^L}-z\xi_T W_3^*]\\&=s^{\alpha^G}\beta^G\left(\frac{z\xi_T}{Ks^{\alpha^G}\beta^G\alpha^G}\right)^{\frac{\alpha^G}{\alpha^G-1}}-z\xi_T\frac{1}{K}\left(\frac{z\xi_T}{Ks^{\alpha^G}\beta^G\alpha^G}\right)^{\frac{1}{\alpha^G-1}}\\&\quad+z\xi_T\left[Y\left(1-\frac{1}{K}\right)-\varepsilon\right]+s^{\alpha^L}\beta^L\left[\left(1-L\right)Y-\varepsilon L\right]^{\alpha^L}\end{aligned}$$

注意到，$K>1$，$L<1$，存在充分小的 ε 使得后两项 >0，则

$$G_2\left(\xi_T\right)>s^{\alpha^G}\beta^G\left(\frac{Ks^{\alpha^G}\beta^G\alpha^G}{z\xi_T}\right)^{\frac{\alpha^G}{1-\alpha^G}}\left(1-\alpha^G\right)>0$$

因此，$W_3^*=Y-\varepsilon$ 不可能是全局最优解。

（c）最后，比较 $V(W_{1a}^*)$ 和 $V(W_4^*)$。

$$G_3\left(\xi_T\right)=V\left(W_{1a}^*\right)-V\left(W_4^*\right)=f(\xi_T)$$

在引理 3.1 的证明中，已证 $f(\xi_T)$ 是关于 ξ_T 单调递减的连续函数，且 $\overline{\xi}$ 是满足 $f(\xi_T)=0$ 唯一的解。因此，当 $\xi_T\leqslant\overline{\xi}$ 时，$G_3(\xi_T)>0$，W_{1a}^* 为全局最优解；当 $\xi_T>\overline{\xi}$ 时，$W_4^*=0$ 为全局最优解。综上，当 $\xi_T<\xi^*$ 时，问题（3.15）的最优解是满足（3.13）式的一个分段函数。

（ii）若 $\xi_T\geqslant\xi^*$，$W_1^*=W_{1b}^*$。

（a）首先，比较 $V(W_{1b}^*)$ 和 $V(W_2^*)$。

$$\begin{aligned}G_1(\xi_T)&=V(W_{1b}^*)-V(W_2^*)\\&=s^{\alpha^G}\beta^G\left[K(Y+\varepsilon)-Y\right]^{\alpha^G}-z\xi_T\left(Y+\varepsilon\right)+z\xi_T Y\end{aligned}$$

由于 $K>1$，存在充分小的 ε 使得 $G_1(\xi_T)>0$。因此，$W_2^*=A$ 不可能

是全局最优解。

（b）然后，比较$V(W_{1b}^*)$和$V(W_3^*)$。

$$
\begin{aligned}
G_2(\xi_T) &= V(W_{1b}^*) - V(W_3^*) \\
&= s^{\alpha^G}\beta^G\left(W_{1b}^*K - Y\right)^{\alpha^G} - z\xi_T W_{1b}^* - [-s^{\alpha^L}\beta^L\left(Y - LW_3^*\right)^{\alpha^L} \\
&\quad - z\xi_T W_3^*] \\
&= s^{\alpha^G}\beta^G\left[K\left(Y+\varepsilon\right) - Y\right]^{\alpha^G} - z\xi_T\left(Y+\varepsilon\right) \\
&\quad + s^{\alpha^L}\beta^L\left[Y - L\left(Y-\varepsilon\right)\right]^{\alpha^L} + z\xi_T\left(Y-\varepsilon\right)
\end{aligned}
$$

注意到，$K>1$，$L<1$，存在充分小的ε使得$G_2(\xi_T)>0$。因此，$W_3^* = A - \varepsilon$不可能是全局最优解。

（c）最后，比较$V(W_{1b}^*)$和$V(W_4^*)$。

$$
\begin{aligned}
G_3\left(\xi_T\right) &= V(W_{1b}^*) - V(W_4^*) \\
&= s^{\alpha^G}\beta^G\left[K\left(Y+\varepsilon\right) - Y\right]^{\alpha^G} - z\xi_T\left(Y+\varepsilon\right) + s^{\alpha^L}\beta^L Y^{\alpha^L}
\end{aligned}
$$

根据（3.9）式临界值$\hat{\xi}$的定义，可以验证，当$\xi_T \leqslant \hat{\xi}$时，$G_3(\xi_T) \geqslant 0$，$W_{1b}^*$为全局最优解；当$\xi_T > \hat{\xi}$时，$W_4^* = 0$为全局最优解。

综上，当$\xi_T \geqslant \xi^*$时，问题（3.15）最优解是满足（3.14）式的分段函数。

最后，需要证明问题（3.8）与问题（3.15）有相同的最优解。设W_T^*是问题（3.15）的最优解，若问题（3.8）的任一可行解为$\hat{W}_T$，注意到W_T^*和$\hat{W}_T$均满足鞅约束条件，有

$$
\begin{aligned}
&E[u(W_T^*)] - E[u(\hat{W}_T)] \\
&= E[u(W_T^*)] - E[u(\hat{W}_T)] - zW_0 + zW_0 \\
&= E[u(W_T^*)] - E[u(\hat{W}_T)] - zE\left(\xi_T W_T^*\right) + zE\left(\xi_T \hat{W}_T\right) \\
&= E\left[u(W_T^*) - z\xi_T W_T^*\right] - E\left[u(\hat{W}_T) - z\xi_T \hat{W}_T\right] > 0
\end{aligned}
$$

因此，W_T^*也是问题（3.8）的最优解。引理3.3得证。

注意到，引理3.2中的拉格朗日乘子z是模型中待定常数，该参数的设定是为了保证最优解W_T^*满足鞅约束条件$E(\xi_T W_T^*) = W_0$，

下面补充证明 z 的存在唯一性。

引理 3.4 当其他参数确定时，使得 W_T^* 满足鞅约束条件 $E(\xi_T W_T^*) = W_0$ 的 z 值存在且唯一。

证明：将最优解 W_T^* 的表达式（3.13）代入鞅约束条件 $E(\xi_T W_T^*) = W_0$ 可得

$$E\left\{\xi_T\left[\frac{Y}{K}+\frac{1}{K}\left(\frac{Ks^{\alpha^G}\beta^G\alpha^G}{z\xi_T}\right)^{\frac{1}{1-\alpha^G}}\right]I(\xi_T<\bar{\xi})\right\}=W_0 \tag{3.16}$$

令（3.16）式左侧表达式为 $\chi(z)$，即 $\chi(z)=E\left[\xi_T M(z) I(\xi_T<\bar{\xi})\right]$，其中

$$M(z)=\frac{Y}{K}+\frac{1}{K}\left(\frac{Ks^{\alpha^G}\beta^G\alpha^G}{z\xi_T}\right)^{\frac{1}{1-\alpha^G}} \tag{3.17}$$

注意到

$$\frac{\partial M(z)}{\partial z}=\frac{s^{\alpha^G}\beta^G\alpha^G}{1-\alpha^G}\left(\frac{Ks^{\alpha^G}\beta^G\alpha^G}{z\xi_T}\right)^{\frac{\alpha^G}{1-\alpha^G}}\left(-\frac{1}{z^2\xi_T}\right)<0 \tag{3.18}$$

因此，$M(z)$ 是单调递减的连续函数。

因为 $\bar{\xi}$ 是满足方程（3.11）式的唯一解，则 $b_0 = z\bar{\xi}$ 是下列方程的唯一解。

$$s^{\alpha^G}\beta^G\left(1-\alpha^G\right)\left(\frac{Ks^{\alpha^G}\beta^G\alpha^G}{b_0}\right)^{\frac{\alpha^G}{1-\alpha^G}}-\frac{b_0 Y}{K}+s^{\alpha^L}\beta^L Y^{\alpha^L}=0 \tag{3.19}$$

所以，对于任意的 $z_1 > z_2$，都有

$$\left\{\xi_T<\bar{\xi}(z_1)\right\}=\left\{\xi_T<\frac{b_0}{z_1}\right\}\in\left\{\xi_T<\frac{b_0}{z_2}\right\}=\left\{\xi_T<\bar{\xi}(z_2)\right\} \tag{3.20}$$

因此，（3.16）式中 $I[\xi_T<\bar{\xi}(z_1)]<I[\xi_T<\bar{\xi}(z_2)]$。

所以 $\chi(z)$ 是关于 z 的单调递减连续函数，且

$$\lim_{z\to 0^+}\chi(z)=+\infty,\ \lim_{z\to+\infty}\chi(z)=0$$

因此，对于任意 $W_0>0$，方程 $\chi(z)=W_0$ 存在唯一的解 $z>0$。引理

3.4 得证。

由引理 3.3 的结论出发，根据临界指数的定义可见，ξ^*，$\hat{\xi}$ 和 $\overline{\xi}$ 之间的大小关系和资金流入系数 K 的取值有关。当流入系数 $K>1$ 时（即业绩表现好的基金有资金流入），可以验证 $\xi^*<\hat{\xi}$ 且 $\xi^*<\overline{\xi}$。而当模型中 $K=1$ 时（即基金业绩表现好不导致资金流入），$\xi^*\to+\infty$，于是 $\xi_T<\xi^*$ 恒成立，此时（3.13）式即为 W_T^* 的最优解。据此整理引理 3.2 中 ξ_T 的分段区间，可分别得到 $K>1$（即考虑隐性激励）和 $K=1$（即不考虑隐性激励）的基金最优投资组合期末价值，结论如下。

定理 3.1 （i）当 $K>1$ 时，考虑隐性激励的基金管理者的最优投资组合期末价值为

$$W_T^*=\begin{cases}\dfrac{Y}{K}+\dfrac{1}{K}\left(\dfrac{Ks^{\alpha^G}\beta^G\alpha^G}{z\xi_T}\right)^{\frac{1}{1-\alpha^G}}, & 当\xi_T<\xi^*\\ Y, & 当\xi^*\leqslant\xi_T\leqslant\hat{\xi}\\ 0, & 当\xi_T>\hat{\xi}\end{cases}\tag{3.21}$$

（ii）当 $K=1$ 时，不考虑隐性激励的基金管理者的最优投资组合期末价值为

$$W_T^*=\begin{cases}Y+\left(\dfrac{s^{\alpha^G}\beta^G\alpha^G}{z\xi_T}\right)^{\frac{1}{1-\alpha^G}}, & 当\xi_T\leqslant\overline{\xi}\\ 0, & 当\xi_T>\overline{\xi}\end{cases}\tag{3.22}$$

证明： 综合引理 3.3 的两个分段可得到最优投资组合的期末价值为

$$W_T^*=\begin{cases}\dfrac{Y}{K}+\dfrac{1}{K}\left(\dfrac{Ks^{\alpha^G}\beta^G\alpha^G}{z\xi_T}\right)^{\frac{1}{1-\alpha^G}}, & 当\xi_T<\min(\xi^*,\overline{\xi})\\ Y, & 当\xi^*\leqslant\xi_T\leqslant\hat{\xi}\\ 0, & 当\xi_T>\max\left(\xi^*,\hat{\xi}\right)或\overline{\xi}<\xi_T<\xi^*\end{cases}$$

（3.23）

其中ξ^*、$\hat{\xi}$和$\overline{\xi}$的大小关系与K的取值有关。

（i）当$K>1$时，只需证明$\xi^*<\hat{\xi}$且$\xi^*<\overline{\xi}$，则定理3.1的（i）部分得证。

首先，证明$\xi^*<\hat{\xi}$。令

$$
\begin{aligned}
h_1(K)&=\hat{\xi}-\xi^* \\
&=\frac{s^{\alpha^G}\beta^G\left[Y(K-1)\right]^{\alpha^G}+s^{\alpha^L}\beta^L Y^{\alpha^L}}{zY} \\
&\quad-\frac{Ks^{\alpha^G}\beta^G\alpha^G\left[Y(K-1)\right]^{\alpha^G-1}}{z}
\end{aligned}
\tag{3.24}
$$

则

$$
\frac{\partial h_1(K)}{\partial K}=-\frac{YK\left(\alpha^G-1\right)s^{\alpha^G}\beta^G\alpha^G\left[Y(K-1)\right]^{\alpha^G-2}}{z}
$$

由于$\alpha^G<1$，因而$\frac{\partial h_1(K)}{\partial K}>0$。这表明$h_1(K)$在区间$K\in(1,+\infty)$单调递增，所以

$$
h_1(K)>h_1(1)=\frac{s^{\alpha^L}\beta^L Y^{\alpha^L}}{zY}>0
$$

因此$\hat{\xi}>\xi^*$得证。

然后证明$\xi^*<\overline{\xi}$。

根据$\overline{\xi}$的定义，有$f\left(\overline{\xi}\right)=0$,其中$f\left(\xi_T\right)$的定义如（3.12）式所示。在引理3.2的证明中，发现$f\left(\xi_T\right)$关于ξ_T单调递增。因此，为了证明$\xi^*<\overline{\xi}$，只需验证$f\left(\xi^*\right)>0$，这是由于此时$f\left(\xi^*\right)>f\left(\overline{\xi}\right)=0$，因而可得$\xi^*<\overline{\xi}$。

下面证明$f\left(\xi^*\right)>0$，令

$$
\begin{aligned}
h_2(K)&=f\left(\xi^*\right) \\
&=s^{\alpha^G}\beta^G\left(1-\alpha^G\right)[Y(K-1)]^{\alpha^G}-s^{\alpha^G}\beta^G\alpha^G Y[Y(K-1)]^{\alpha^G-1} \\
&\quad+s^{\alpha^L}\beta^L Y^{\alpha^L}
\end{aligned}
$$

注意到

$$\frac{\partial h_2(K)}{\partial K} = Y\alpha^G s^{\alpha^G} \beta^G (1-\alpha^G)\left[Y(K-1)\right]^{\alpha^G-1}$$
$$-(\alpha^G-1)Ys^{\alpha^G}\beta^G\alpha^G Y\left[Y(K-1)\right]^{\alpha^G-2} > 0$$

因此，$h_2(K)$在区间$K\in(1,+\infty)$上单调递增，所以

$$f(\xi^*) = h_2(K) > h_2(1) > 0 = f(\overline{\xi})$$

因此$\xi^* < \overline{\xi}$。

（ii）当$K=1$时，$\xi^* \to +\infty$。因此最优投资组合期末价值为(3.22)。定理3.1得证。

定理3.1给出了不同市场状态下基金的最优投资组合期末价值。其中，情况（ii）的结论通过假设模型中$K=1$获得，与Berkelaar和Kouwenberg等（2004）中定理3的结论一致。本章的主要研究内容是业绩—流动凸关系所诱发的隐性激励对基金管理者投资行为的影响，在定理3.1中列出$K=1$的情况主要是为了进行对比。

由定理3.1中最优投资组合期末价值W_T^*的表达式可得到两个主要结论：

结论3.1 业绩—流动关系对基金投资策略的影响具有不对称性，业绩引起的资金流入对基金投资组合的期末价值有显著影响，而资金流出对其无影响。

最优解的表达式中仅包含资金流入系数K，而不包含流出系数L。这表明业绩—流动关系对管理者策略的影响具有不对称性，Basak和Pavlova等（2007）在管理者具有风险厌恶型效用函数的前提下，也得到了类似结论。这是由损失厌恶型管理者特有的效用函数所致，由效用函数表达式（3.6）可见，与参数L相关的表达式只出现在损失这一分段上分段（当$W_T < Y_T$时），在该分段上效用函数具有凹性，最优解只在区间端点（$W_T=0$或Y_T）取得，而与参数L有关的效用函数的切点不可能为最优解，因而基金的最优期末价值与L无关。从效用函数体现的经济意义出发，相对于风险厌恶型管理者而言，损失厌恶型管理者对损失的敏感度更高，当投资出现损失时（当$W_T < Y_T$时），其对损失本身的敏感度高于出现损失时产

生的资金流出，体现为在基金投资组合产生损失时资金的流出对管理者的投资策略不产生影响，管理者更关注于避免损失（扭亏为盈），而不是根据资金流出量的多少改变投资策略。

另一重要结论是关于管理者薪酬合同中的管理费率 s 对最优投资组合期末价值 W_T^* 的影响。该结论成立的条件为管理者效用函数（3.6）中参数 $\alpha^G = \alpha^L$，即损失厌恶型投资者在收益和损失段的效用函数的曲率相同。事实上，Tversky 和 Kahneman（1991）利用实验方法验证了这一条件的正确性。当 $\alpha^G = \alpha^L$ 时，可得到如下结论。

结论 3.2 当管理者薪酬为所管理基金资产净值的固定比例时，管理费率的大小不影响最优投资组合期末价值。

证明：设 $\alpha^G = \alpha^L = \alpha$，令 $\omega_0 = s^\alpha / z$，则定理 3.1 的相关结论可改写为：

（i）当 $K > 1$ 时，考虑隐性激励的基金管理者的最优投资组合期末价值为

$$W_T^* = \begin{cases} \dfrac{Y}{K} + \dfrac{1}{K}\left(\dfrac{\omega_0 K \beta^G \alpha}{\xi_T}\right)^{\frac{1}{1-\alpha}}, & \text{当}\ \xi_T < \xi^* \\ Y, & \text{当}\ \xi^* \leqslant \xi_T \leqslant \hat{\xi} \\ 0, & \text{当}\ \xi_T > \hat{\xi} \end{cases} \tag{3.25}$$

（ii）当 K=1 时，不考虑隐性激励的基金管理者的最优投资组合期末价值为

$$W_T^* = \begin{cases} Y + \left(\dfrac{\omega_0 \beta^G \alpha}{\xi_T}\right)^{\frac{1}{1-\alpha}}, & \text{当}\ \xi_T \leqslant \bar{\xi} \\ 0, & \text{当}\ \xi_T > \bar{\xi} \end{cases} \tag{3.26}$$

其中

$$\xi^* = \omega_0 \frac{K \beta^G \alpha}{\left[Y(K-1)\right]^{1-\alpha}} \tag{3.27}$$

$$\hat{\xi} = \omega_0 \frac{\beta^G \left[Y(K-1)\right]^\alpha + \beta^L Y^\alpha}{Y} \tag{3.28}$$

$\bar{\xi}$是方程

$$\beta^G(1-\alpha)\left(\omega_0\frac{K\beta^G\alpha}{\bar{\xi}}\right)^{\frac{\alpha}{1-\alpha}}-\frac{\bar{\xi}Y}{\gamma K}+\beta^L Y^\alpha=0 \tag{3.29}$$

的唯一解。其中$\omega_0>0$为使得W_T^*满足鞅约束条件$E(\xi_T W_T^*)=W_0$的唯一解。具体地，通过将W_T^*的表达式代入$E(\xi_T W_T^*)=W_0$可得，当$K>1$时，鞅约束条件为

$$E\left\{\xi_T\left[\frac{Y}{K}+\frac{1}{K}\left(\frac{\omega_0 K\beta^G\alpha}{\xi_T}\right)^{\frac{1}{1-\alpha}}\right]I\left(\xi_T\leqslant\xi^*\right)+\xi_T Y\cdot I\left(\xi^*\leqslant\xi_T\leqslant\hat{\xi}\right)\right\}$$
$$=W_0 \tag{3.30}$$

当$K=1$时，鞅约束条件为

$$E\left\{\xi_T\left[\frac{Y}{K}+\frac{1}{K}\left(\frac{\omega_0 K\beta^G\alpha}{\xi_T}\right)^{\frac{1}{1-\alpha}}\right]I(\xi_T\leqslant\bar{\xi})\right\}=W_0 \tag{3.31}$$

总之，当其他参数确定时，ω_0为一个固定常数。由于$\omega_0=s^\alpha/z$，当管理费率s变化时，拉格朗日乘子z也随之变化，使ω_0保持不变，因此s的变化不影响投资组合的期末价值。结论3.2得证。

结论3.2表明当基金管理者面对隐性激励的作用时，若其薪酬为所管理基金资产净值的固定比例，则薪酬合同中固定比例的管理费率变化不影响其投资策略和投资结果。本书第2章在不考虑隐性激励的模型假设下获得了相同的结论（推论2.1），前人在风险厌恶型效用函数框架下亦得到了类似结论（Stoughton，1993；Admati and Pfleiderer，1997）。

此外，与第2章相关结论类似，定理3.1中（3.21）式和（3.22）式所示的最优投资组合期末价值W_T^*随着市场状态的变化过程具有不连续性，当T时刻市场状态较差时（即ξ_T大于一个临界值ξ_{loss}时），基金会损失掉全部初始管理资本。与2.3.1节类似，定义市场价格密度的临界值ξ_{loss}为损失临界指数，根据定理3.1，考虑隐性激励时，损失临界指数为

$$\xi_{\text{loss}} = \begin{cases} \hat{\xi}, & 当K > 1 \\ \bar{\xi}, & 当K = 1 \end{cases} \tag{3.32}$$

则基金损失全部初始资产的概率 $P_b = 1 - \Phi[(\ln \xi_{\text{loss}} + mT)/\|\lambda\|\sqrt{T}]$。在下文利用数值模拟进行策略分析时，$\xi_{\text{loss}}$ 和 P_b 的值可以直观展示出基金管理者投资行为的风险大小。

综上，对 W_T^* 有影响的重要参数是业绩—资金流动关系中的资金流入系数 K 和管理者的损失厌恶度 $D_l = \beta^L / \beta^G$，但其对最优解的作用方向由解析表达式较难分析，因此，接下来将通过数值模拟量化分析其对 W_T^* 的影响。

3.3.2 业绩—资金流动关系对最优投资组合期末价值的影响

根据 3.3.1 节对最优投资组合期末价值解析解的分析，发现在业绩—资金流动关系函数中，仅资金流入系数 K 对机构投资行为有影响，本节通过数值模拟分析其具体影响方式。取资金流入系数 K 为 1、1.2 和 1.4，其他参数设定与 2.3.2 节相同。注意到，本章管理者薪酬合同仅包含固定比例的管理费率，即 $\gamma_1 = \gamma_2 = 0$，分别在基准价值 Y 为 1 和 1.2 时，计算 $T=1$ 时刻的 W_T^*，模拟结果如图 3–1 所示。进一步，分别计算资金流入系数 K 对损失临界指数 ξ_{loss} 和全部损失概率 P_b 的影响，见表 3–1。

图 3–1 展示了 K 在不同取值时，损失厌恶型基金管理者的最优投资组合期末价值 W_T^* 随市场状态 ξ_T 的变化关系，其中（a）子图中期末基准价值 $Y=1$，（b）子图中 $Y=1.2$。当市场状态价格密度 ξ_T 非常小时（即市场状态非常好时），越高的资金流入系数对应的最优期末价值也越高。在 $K>1$ 的情形下，当 $\xi_T \in [\xi^*, \xi_{loss}]$ 时，最优期末价值是常数 Y，不受 K 变化的影响。随着 ξ_T 继续增加，当 ξ_T 超过损失临界指数 ξ_{loss} 时，最优期末资产价值为 0，也就是说基

金将损失掉所有的初始管理资金。

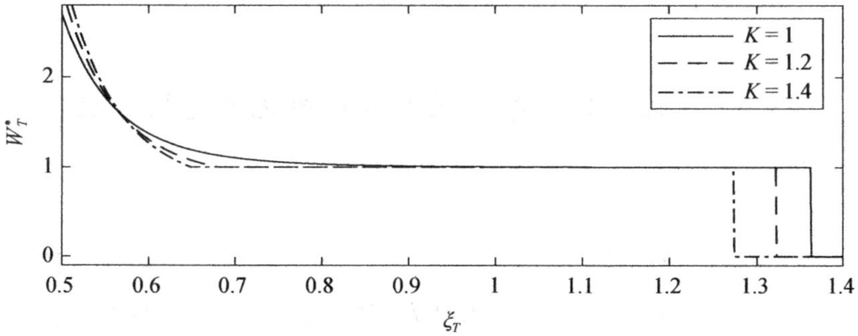

(a) $Y=1$

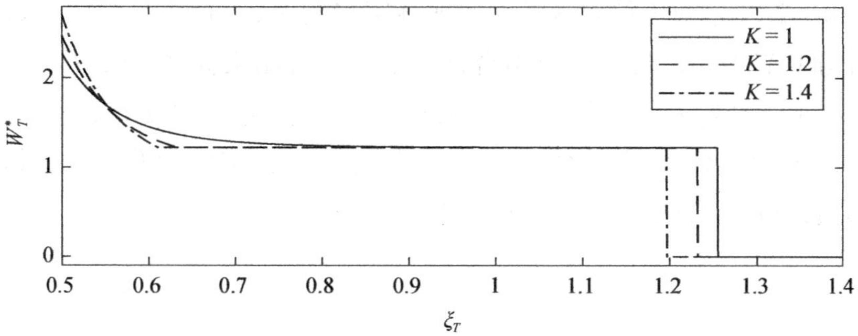

(b) $Y=1.2$

图 3-1　资金流入系数 K 对最优投资组合期末价值 W_T^* 的影响

表 3-1　　资金流入系数 K 与 ξ^*、ξ_{loss}、P_b 的关系

$Y=1$				$Y=1.2$			
K	ξ^*	ξ_{loss}	P_b	K	ξ^*	ξ_{loss}	P_b
1	—	1.3634	0.1125	1	—	1.2548	0.1666
1.2	0.6797	1.3228	0.1306	1.2	0.633	1.2321	0.1758
1.4	0.6493	1.2734	0.1562	1.4	0.6102	1.1968	0.2047
1.6	0.6379	1.2306	0.182	1.6	0.6034	1.1641	0.2289
1.8	0.6323	1.1941	0.2066	1.8	0.6010	1.1350	0.2524

图 3-1 中 $K=1$ 的曲线表示不考虑资金流入时的最优投资组合期末价值，可以看出随着资金流入系数 K 的不断增大，临界指数 ξ^* 和损失临界指数 ξ_{loss} 均逐渐下降，损失全部初始管理资金的概率 P_b 相应地增加。由表 3-1 可见，资金流入系数 K 对损失临界指数

ξ_{loss}和全部损失概率P_b有显著影响，K越大，ξ_{loss}越小，P_b越大，基金损失掉所有初始管理资金的风险越高。

3.3.3 隐性激励下损失厌恶度对最优动态投资组合策略的影响

本节通过数值模拟，分析在业绩—资金流动凸关系这一隐性激励作用下，管理者的损失厌恶度D_l对基金投资组合期末价值的影响。设$\beta^G=1$，β^L的取值范围为2.1至2.4，取资金流入系数K为1和1.2以分别模拟考虑隐性激励和不考虑隐性激励，其他参数取值与上节相同，最优投资组合期末价值模拟结果如图3–2所示，其中（a）图为$K=1$情况下的曲线，（b）图为$K=1.2$情况下的曲线。进一步计算D_l的变化对临界指数ξ^*、损失临界指数ξ_{loss}和全部损失概率P_b的影响，见表3–2。

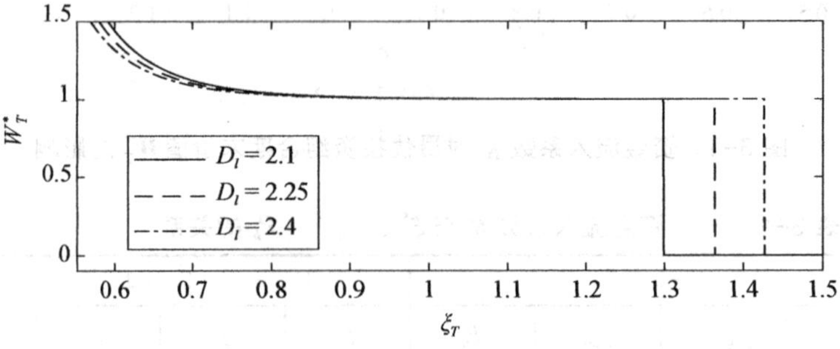

(a) $K=1$

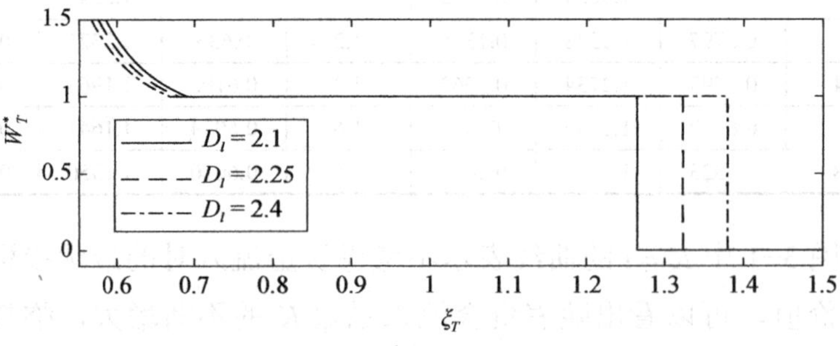

(b) $K=1.2$

图3–2 隐性激励下损失厌恶度D_l对W_T^*的影响

表 3-2　　隐性激励下 D_l 与 ξ^* 、ξ_{loss} 、P_b 的关系

$K=1$			$K=1.2$			
D_l	ξ_{loss}	P_b	D_l	ξ^*	ξ_{loss}	P_b
2.1	1.2983	0.1429	2.1	0.6913	1.2643	0.1614
2.2	1.3419	0.1218	2.2	0.6836	1.3035	0.1402
2.25	1.3634	0.1125	2.25	0.6798	1.3228	0.1306
2.3	1.3846	0.1039	2.3	0.6761	1.342	0.1217
2.4	1.4264	0.0888	2.4	0.6688	1.3798	0.1058

从图 3-2 可以看出，考虑隐性激励与否，不影响损失厌恶度 D_l 对最优投资组合的期末价值 W_T^* 的作用。具体而言，在市场状态较好时（ξ_T 较小时），最优投资组合的期末价值 W_T^* 随着管理者的损失厌恶度 D_l 的增加而降低，这是由于较高的损失厌恶程度会导致更保守的投资策略，从而降低了其在市场状态较好时的收益。此外，损失厌恶度 D_l 对损失临界指数 ξ_{loss} 有显著影响，由图 3-2 和表 3-2 可见，随着损失厌恶度 D_l 的增加，ξ_{loss} 上升，对应的完全损失概率 P_b 下降。

本书 2.3.3 节考虑薪酬不对称性对管理者产生显性激励时，亦讨论了管理者的损失厌恶度对最优投资组合期末价值的影响，得到的结论与本节相同。这说明显性激励和隐性激励的存在，均不影响管理者损失厌恶度对机构投资行为的作用。

由本节和 3.3.2 节的模拟结果可见，基金最优投资组合的期末价值受到资金流入系数 K 和损失厌恶度 D_l 的共同影响，表 3-3 列出了两者共同作用对全部损失概率 P_b 的影响。

表 3-3　　D_l 和 K 与 P_b 的关系

D_l	K					
	1	1.2	1.4	1.6	1.8	2
2.1	0.1429	0.1614	0.1885	0.2152	0.2405	0.2641
2.2	0.1218	0.1402	0.1663	0.1924	0.2174	0.2408
2.25	0.1125	0.1306	0.1562	0.1820	0.2066	0.2300
2.3	0.1039	0.1217	0.1468	0.1721	0.1964	0.2196
2.4	0.0888	0.1058	0.1296	0.1539	0.1775	0.2002

由表 3–2 可见，无论 K 和 D_l 的取值如何，全部损失概率 P_b 均随 D_l 递减，而随 K 递增。因此，资金流入系数和损失厌恶度对基金全部损失概率的作用方向相反。综合 3.3 节的模拟结果，可得到如下结论。

结论 3.3 当市场状态较差时，损失厌恶型基金管理者的投资决策会导致基金损失全部初始管理资金，但对于损失厌恶度较高的管理者而言，这一风险更低，而业绩引起资金流入量的增加会提高基金损失全部资金的风险。

3.4 隐性激励下机构最优动态投资组合策略

3.4.1 最优动态投资组合策略的封闭解

定理 3.1 已经给出了问题（3.8）的最优投资组合期末价值，下面利用鞅过程的性质复制出问题（3.7）的最优动态投资组合价值过程 W_t^* 和最优动态投资组合策略过程 $\boldsymbol{\varphi}_t^*$。

定理 3.2 （i）当 $K>1$ 时，考虑隐性激励的基金管理者在 t 时刻的最优投资组合价值过程为

$$W_t^* = \frac{Y}{K}e^{-r(T-t)}\Phi\left[p_1\left(\xi^*\right)\right] + \frac{1}{K}\left(\frac{Ks^{\alpha^G}\beta^G\alpha^G}{z\xi_t}\right)^{\frac{1}{1-\alpha^G}} e^{\Gamma(t)}\Phi\left[p_2\left(\xi^*\right)\right]$$

$$+Ye^{-r(T-t)}\left\{\Phi\left[p_1\left(\hat{\xi}\right)\right]-\Phi\left[p_1\left(\xi^*\right)\right]\right\} \tag{3.33}$$

其中

$$p_1(x) = \frac{\ln\left(\frac{x}{\xi_t}\right)+\left(r-\frac{1}{2}\|\boldsymbol{\lambda}\|^2\right)(T-t)}{\|\boldsymbol{\lambda}\|\sqrt{T-t}} \tag{3.34}$$

$$p_2(x)=p_1(x)+\frac{\|\boldsymbol{\lambda}\|\sqrt{T-t}}{1-\alpha^G} \tag{3.35}$$

$$\Gamma(t)=\frac{\alpha^G}{1-\alpha^G}\left(r+\frac{1}{2}\|\boldsymbol{\lambda}\|^2\right)(T-t)+\frac{1}{2}\left(\frac{\alpha^G}{1-\alpha^G}\right)^2\|\boldsymbol{\lambda}\|^2(T-t) \tag{3.36}$$

（ii）当 K=1 时，不考虑隐性激励的基金管理者在 t 时刻的最优投资组合价值过程为

$$W_t^*=Ye^{-r(T-t)}\Phi\left[p_1\left(\overline{\xi}\right)\right]+\left(\frac{s^{\alpha^G}\beta^G\alpha^G}{z\xi_t}\right)^{\frac{1}{1-\alpha^G}}e^{\Gamma(t)}\Phi\left[p_2\left(\overline{\xi}\right)\right] \tag{3.37}$$

证明：（i）由于 W_t 是 $\mathbb{Q}$ 测度下的一个鞅过程，因此 $\xi_t W_t^*=E_t[\xi_T W_T^*]$，这里 $E_t[\cdot]$ 表示在 $\mathscr{F}_t$ 下的条件期望算子，于是有

$$\begin{aligned}W_t^*&=\frac{1}{\xi_t}E_t[\xi_T W_T^*]\\&=\frac{1}{\xi_t}E_t\left\{\xi_T\left[\frac{Y}{K}+\frac{1}{K}\left(\frac{z\xi_T}{Ks^{\alpha^G}\beta^G\alpha^G}\right)^{\frac{1}{\alpha^G-1}}\right]I(\xi_T<\xi^*)\right\}\\&\quad+\frac{1}{\xi_t}E_t\left[\xi_T YI(\xi^*\leqslant\xi_T\leqslant\hat{\xi})\right]\\&=E\left\{\left[\frac{Y}{K}e^{\ln\frac{\xi_T}{\xi_t}}+\frac{1}{K}\left(\frac{z\xi_t}{Ks^{\alpha^G}\beta^G\alpha^G}\right)^{\frac{1}{\alpha^G-1}}e^{h\ln\frac{\xi_T}{\xi_t}}\right]I\left(\ln\frac{\xi_T}{\xi_t}<\ln\frac{\xi^*}{\xi_t}\right)\right\}\\&\quad+E\left[Ye^{\ln\frac{\xi_T}{\xi_t}}I\left(\ln\frac{\xi^*}{\xi_t}\leqslant\ln\frac{\xi_T}{\xi_t}\leqslant\ln\frac{\hat{\xi}}{\xi_t}\right)\right]\end{aligned} \tag{3.38}$$

由于 $\ln\xi_T-\ln\xi_t$ 服从正态分布（2.34），因此

$$\begin{aligned}&E\left[e^{\ln\frac{\xi_T}{\xi_t}}I\left(\ln\frac{x_1}{\xi_t}\leqslant\ln\frac{\xi_T}{\xi_t}\leqslant\ln\frac{x_2}{\xi_t}\right)\right]\\&=e^{\left(\frac{1}{2}\|\boldsymbol{\lambda}\|^2-m\right)(T-t)}\left\{\Phi\left[\frac{\ln\frac{x_2}{\xi_t}+(m-\|\boldsymbol{\lambda}\|^2)(T-t)}{\|\boldsymbol{\lambda}\|\sqrt{T-t}}\right]\right.\end{aligned}$$

$$-\Phi\left[\frac{\ln\frac{x_1}{\xi_t}+(m-\|\boldsymbol{\lambda}\|^2)(T-t)}{\|\boldsymbol{\lambda}\|\sqrt{T-t}}\right]\Bigg\} \tag{3.39}$$

$$E\left[e^{h\ln\frac{\xi_T}{\xi_t}}I\left(\ln\frac{\xi_T}{\xi_t}\leqslant\ln\frac{x}{\xi_t}\right)\right]$$
$$=e^{\left[\frac{1}{2}\|\boldsymbol{\lambda}\|^2h^2-hm(T-t)\right]}\Phi\left[\frac{\ln\frac{x}{\xi_t}+(m-h\|\boldsymbol{\lambda}\|^2)(T-t)}{\|\boldsymbol{\lambda}\|\sqrt{T-t}}\right] \tag{3.40}$$

将（3.39）（3.40）代入（3.38），最优投资组合价值过程（3.33）得证。

（ii）情况（ii）的证明过程与（i）类似，此处略去。

定理 3.3　（i）当 $K>1$ 时，考虑隐性激励的基金管理者在 t 时刻的最优投资组合策略过程为

$$\boldsymbol{\varphi}_t^*=\frac{(\boldsymbol{\sigma}^{\mathrm{T}})^{-1}\boldsymbol{\lambda}}{W_t^*}\left\{\frac{1}{K}\left(\frac{Ks^{\alpha^G}\beta^G\alpha^G}{z\cdot\xi_t}\right)^{\frac{1}{1-\alpha^G}}e^{\Gamma(t)}\left(\frac{\phi\left[p_2(\xi^*)\right]}{\|\boldsymbol{\lambda}\|\sqrt{T-t}}+\frac{\Phi\left[p_2(\xi^*)\right]}{1-\alpha^G}\right)\right.$$
$$\left.+\frac{\frac{Y}{K}e^{-r(T-t)}\phi[p_1(\xi^*)]}{\|\boldsymbol{\lambda}\|\sqrt{T-t}}+\frac{Ye^{-r(T-t)}[\phi(p_1(\hat{\xi}))-\phi(p_1(\xi^*))]}{\|\boldsymbol{\lambda}\|\sqrt{T-t}}\right\} \tag{3.41}$$

其中 $\phi(\cdot)$ 表示标准正态分布的概率密度函数。

（ii）当 K=1 时，不考虑隐性激励的基金管理者在 t 时刻的最优投资组合策略过程为

$$\boldsymbol{\varphi}_t^*=\frac{(\boldsymbol{\sigma}^{\mathrm{T}})^{-1}\boldsymbol{\lambda}}{W_t^*}\left\{\left(\frac{s^{\alpha^G}\beta^G\alpha^G}{z\cdot\xi_t}\right)^{\frac{1}{1-\alpha^G}}e^{\Gamma(t)}\left[\frac{\phi(p_2(\bar{\xi}))}{\|\boldsymbol{\lambda}\|\sqrt{T-t}}+\frac{\Phi(p_2(\bar{\xi}))}{1-\alpha^G}\right]\right.$$
$$\left.+\frac{Ye^{-r(T-t)}\phi[p_1(\bar{\xi})]}{\|\boldsymbol{\lambda}\|\sqrt{T-t}}\right\} \tag{3.42}$$

证明：（i）对最优投资组合价值过程 W_t^* 应用伊藤引理，可得 t 时刻最优风险暴露为

$$\boldsymbol{\varphi}_t^* = -\frac{(\boldsymbol{\sigma}^{\mathrm{T}})^{-1}\boldsymbol{\lambda}^{\mathrm{T}}}{W_t^*}\left[\frac{\partial W_t^*(\xi_t)}{\partial \xi_t}\xi_t\right] \tag{3.43}$$

代入 W_t^* 的表达式（3.33）式，容易验证基金最优风险暴露 $\boldsymbol{\varphi}_t^*$ 为（3.41）式。

（ii）情况（ii）的证明过程与（i）类似，此处略去。

定理 3.2 和 3.3 中情况（ii）的结论可通过假设模型中 $K=1$ 获得，与 Berkelaar 和 Kouwenberg 等（2004）中定理 5 的结论一致。本章的主要研究内容是业绩—流动凸关系所诱发的隐性激励对基金管理者投资行为的影响，在相关定理中列出 $K=1$ 的情况主要是为了进行对比。

定理 3.3 中，基金投资组合的最优投资组合策略过程 $\boldsymbol{\varphi}_t=(\varphi_t^{(1)},\varphi_t^{(2)},\cdots,\varphi_t^{(N)})^{\mathrm{T}}$ 为一个 N 维向量，其各维度分别表示 t 时刻基金的最优投资组合在各风险资产中的配置比例，记基金最优投资组合的总风险暴露记为

$$\varphi_{\Sigma}^* = \sum_{i=1}^{N}\left|\varphi_t^{(i)*}\right|$$

在本书 2.4.1 节已讨论过，最优投资组合中投资于第 i 种风险资产的比例 $\varphi_t^{(i)*}$，取决于风险资产的波动率矩阵 $\boldsymbol{\sigma}$ 以及该风险资产的夏普比率 SR_i，$\varphi_t^{(i)*}$ 可能为负，即在最优投资组合策略中第 i 种风险资产可能出现被卖空的情况。并已证明当风险资产数量 $N=2$ 时，存在风险资产被卖空的条件 H 为（2.41)。容易验证，该结论对于本章中的最优投资组合策略亦成立。

由定理 3.2 和定理 3.3 可见，在隐性激励作用下，影响基金动态投资组合策略的重要因素为业绩—资金流动关系中的资金流入系数 K（即隐性激励的强度）和管理者的损失厌恶度 D_l，但二者变化对 W_t^* 和 $\boldsymbol{\varphi}_t^*$ 的具体作用方向，由解析解的表达式很难判断，因此，接下来将通过数值模拟，分别讨论当条件 H 成立和不成立时，资金流入系数和损失厌恶度对机构动态投资组合策略的影响。

3.4.2 业绩—资金流动关系对最优动态投资组合策略的影响

根据上文对解析解的分析可见，在业绩—资金流动关系函数中，仅资金流入系数K对机构投资行为有影响，本节通过数值模拟分析其对t时刻的动态投资组合价值过程W_t^*、动态投资组合的总风险暴露φ_Σ^*和风险资产i的投资比例$\varphi_t^{(i)*}$的影响。设风险资产数量$N=2$，$\boldsymbol{\mu}=(0.1,0.12)^{\mathrm{T}}$，$\sigma_1=0.15$，$\sigma_2=0.3$，$t=0.5$，其他参数与3.3节设定相同。首先，假设两种风险资产的相关系数$\rho=0.7$，其波动矩阵如（2.38）式，此时（2.41）式所示的条件H成立，分别取K为1、1.2和1.4，模拟结果如图3–3所示。然后，设相关系数$\rho=0.3$，此时（2.41）式所示条件H不成立时，在这种情况下，在最优投资组合中，两种风险资产都不会被卖空，模拟结果如图3–4所示。

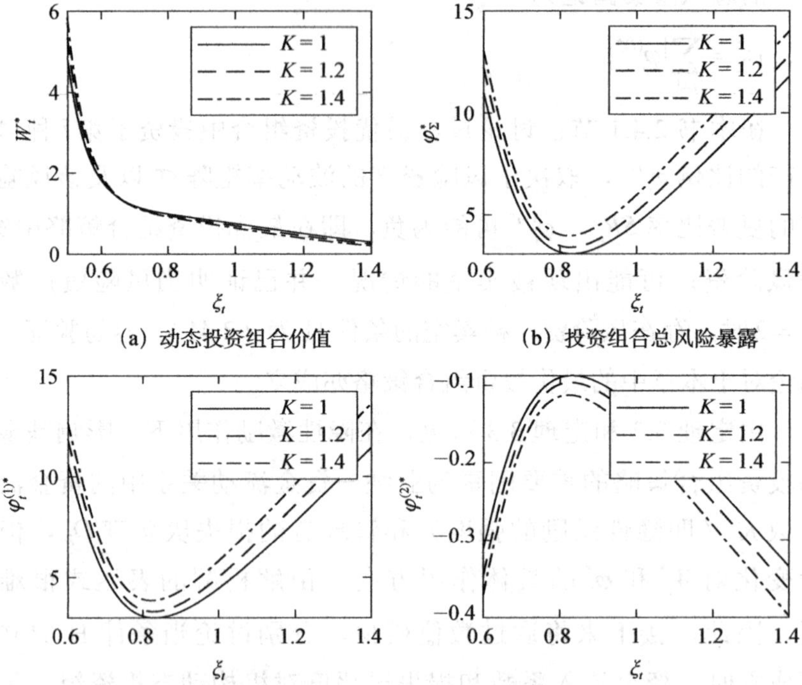

(a) 动态投资组合价值　(b) 投资组合总风险暴露

(c) 资产1的投资比例　(d) 资产2的投资比例

图3–3　资金流入系数K对W_t^*和φ_t^*的影响（条件H成立时）

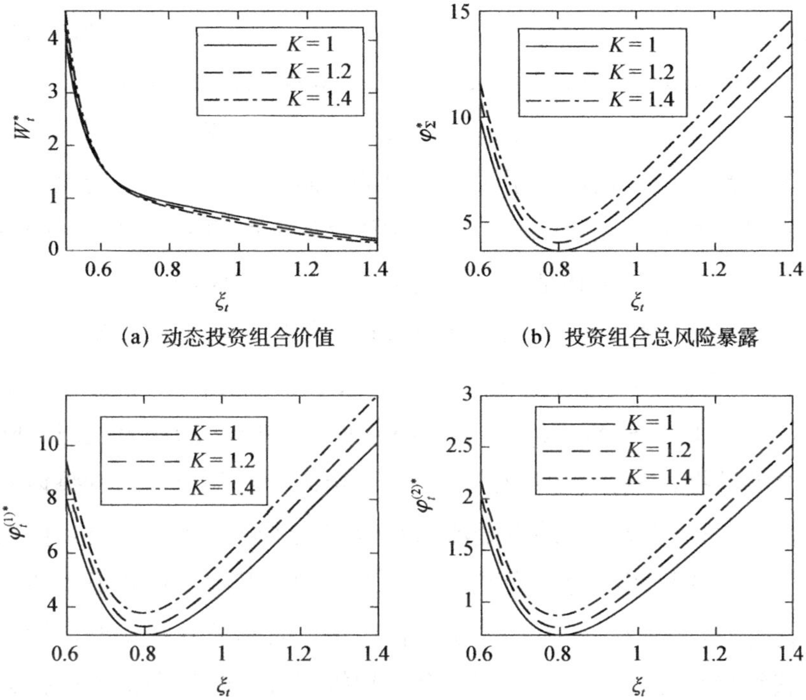

(a) 动态投资组合价值　(b) 投资组合总风险暴露

(c) 资产1的投资比例　(d) 资产2的投资比例

图 3-4　资金流入系数 K 对 W_t^* 和 φ_t^* 的影响（条件 H 不成立时）

无论条件 H 成立与否，由图 3-3 和图 3-4 中的（a）子图可见，在市场状态较好时，动态投资组合价值过程 W_t^* 随资金流入系数 K 递增，但在市场状态较差时，W_t^* 随 K 递减。由（b）子图可见，最优投资组合的总风险暴露 φ_Σ^* 随市场状态呈 U 形变化，且随着资金流入系数 K 增加而递增，尤其当市场状态较差时（ξ_t 较大时），增幅更显著。

资金流入系数 K 对最优投资组合中资产 i 的投资比例 $\varphi_t^{(i)*}$ 的影响，取决于条件 H 是否成立。当条件 H 不成立时，由图 3-4（c）（d）可见，K 对 $\varphi_t^{(i)*}$ 的影响与其对总风险暴露 φ_Σ^* 的影响相同。当条件 H 成立时，由图 3-3（d）可见，$\varphi_t^{(2)*}$ 始终为负，表明风险资产 2 始终被卖空，且被卖空的规模随着 K 增加递增，在市场状态不佳时增幅更显著。

已有不少文献发现，损失厌恶型投资者会采用非常激进的投资策略，在市场状态极好或者极差时，风险暴露会出现不合理的高比例（Berkelaar and Kouwenberg et al.，2004；He and Zhou，2011），尽管在真实的投资环境中，出现市场状态极好或极差的概率很低，但这种高比例无疑增加了投资组合的风险。当考虑了资金流入这一因素时，基金的风险暴露较不考虑资金流入时更高，管理者的投资策略更加激进。尤其是在市场状态不好时，考虑到获得超过预期收益时能获得大量资金流入，基金管理者倾向于增加风险暴露，以图在市场状态好转时获得超过预期的收益。现有实证研究支持该结论，例如 Lim 和 Sensoy 等（2016）基于 1995—2010 年近 3 000 只基金的数据，研究发现业绩导致的资金流动是基金管理者整体激励的重要组成部分，高的资金流入系数增加了管理者的收益，但也导致了更高的投资风险。由于基金管理者拥有有限责任和退出该行业的选择权，在业绩—流动关系的作用下，若基金业绩良好，管理者能获得极高的薪酬，但并不完全承担投资失败时的全部资产损失。因此，业绩—流动凸关系会给基金的投资者带来不利后果，因为业绩引发的资金流入越大将导致基金管理者更倾向于增加投资组合的风险暴露，如果市场状态不好，投资者将损失惨重。

3.4.3 隐性激励下损失厌恶度对最优动态投资组合策略的影响

本节分析管理者的损失厌恶程度 D_l 对基金在中间时刻 $t=0.5$ 时的投资组合价值 W_t^*、总风险暴露 φ_Σ^* 和资产 i 的投资比例 $\varphi_t^{(i)*}$ 的影响。沿用上述模拟中相同的参数设置，设 $K=1.2$，管理费率 $s=0.05$，$\beta^G=1$，β^L 分别取 2.1、2.25 和 2.4，因而损失厌恶度 D_l 分别为 2.1、2.25 和 2.4。图 3–5 描述了在 $\rho=0.7$（条件 H 成立）的情况下，不同损失厌恶程度下 W_t^*、φ_Σ^*、$\varphi_t^{(1)*}$ 和 $\varphi_t^{(2)*}$ 随状态价格密度 ξ_t 变化的曲线，而图 3–6 描述了 $\rho=0.3$（条件 H 不成立）的情

况下的对应曲线。

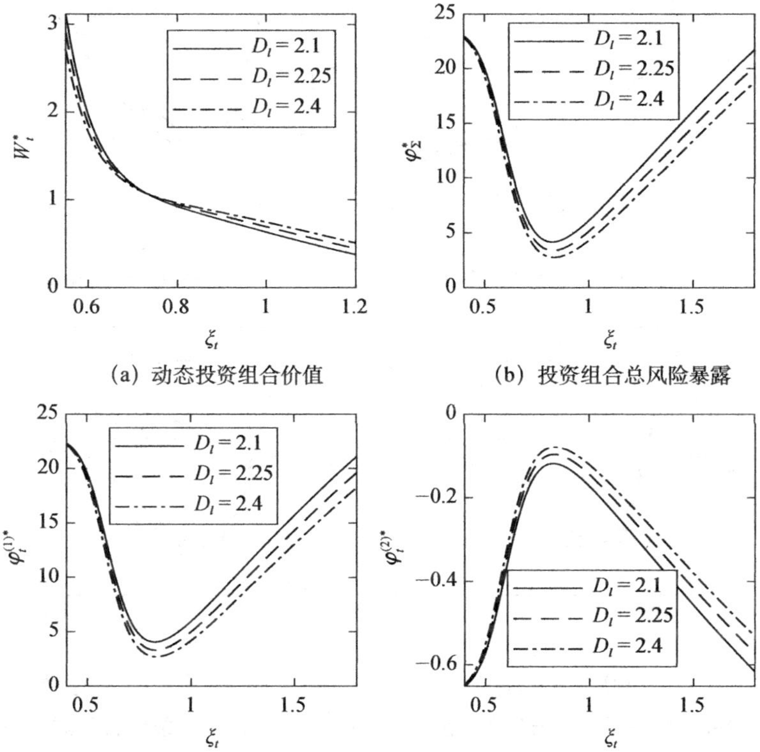

(a) 动态投资组合价值　　(b) 投资组合总风险暴露

(c) 资产1的投资比例　　(d) 资产2的投资比例

图 3-5　隐性激励下损失厌恶度 D_l 对 W_t^* 和 φ_t^* 的影响（条件 H 成立时）

由图 3-5 和图 3-6（a）子图可见，无论条件 H 是否成立，损失厌恶程度对动态最优财富的影响取决于市场条件：在市场状态较好时，动态最优财富随损失厌恶程度的增加而减少，而在市场状态较差时，动态最优财富随损失厌恶程度的增加而递增。这是由于当基金经理对损失的厌恶程度越高时，最优投资组合的资产配置不同市场状态下的变化较小（即相对平稳）。由（b）子图可见，最优投资组合的总风险暴露随着损失厌恶程度的增加而下降，这在市场状态较差时更为明显。图 3-5（d）图表示资产 2 被卖空，且卖空的头寸 $|\varphi_t^{(2)*}|$ 随着损失厌恶程度的降低而减小。总体而言，厌恶损失程度较高的基金经理往往更为保守，尤其是在市场状况不佳的情况下。

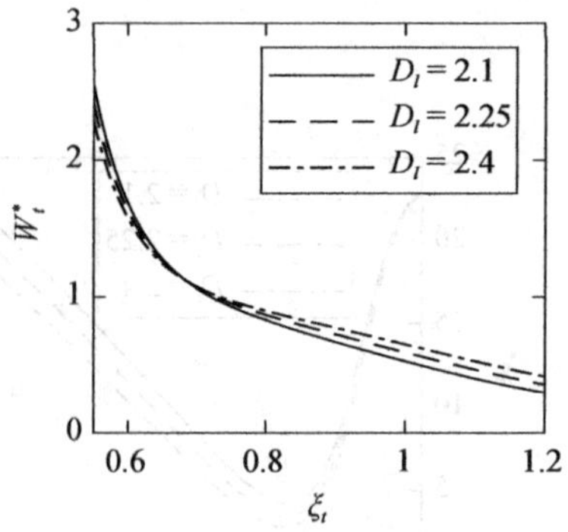

（a）动态投资组合价值

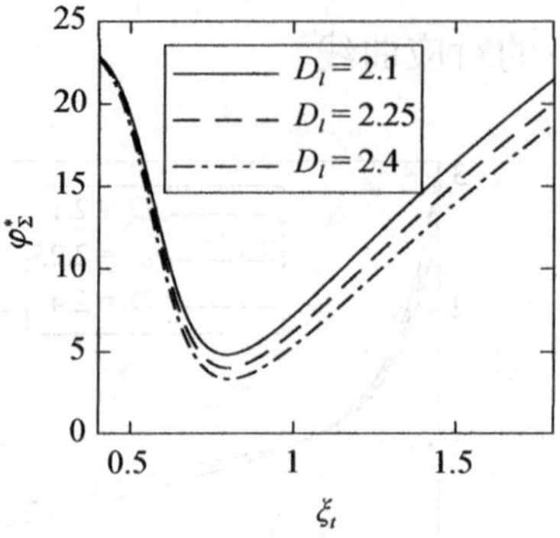

（b）投资组合总风险暴露

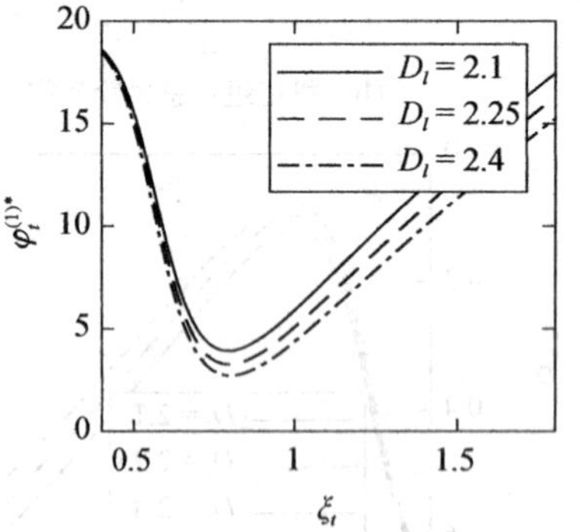

（c）资产1的投资比例

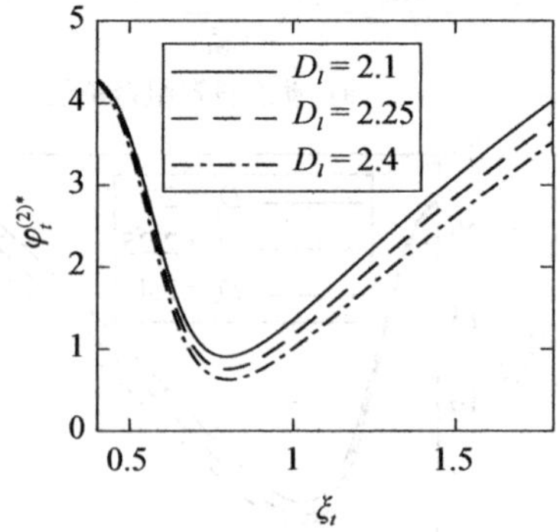

（d）资产2的投资比例

图 3-6　隐性激励下损失厌恶度 D_l 对 W_t^* 和 φ_t^* 的影响（条件 H 不成立时）

本章 2.4.3 节考虑薪酬不对称性对管理者产生显性激励时，亦讨论了管理者的损失厌恶度对基金动态投资组合策略的影响，得到的结论与本节相同。这说明显性激励和隐性激励的存在，均不影响管理者损失厌恶度对机构投资行为的作用，即损失厌恶度较高的基金管理者总是采用较保守的投资策略，因而在市场状态较好时收益有所下降，而当市场状态较差时其发生资产损失的风险也相应更低。

综合 3.4 节的模拟结果，可得出如下结论。

结论 3.4　基金动态投资组合的风险暴露随资金流入系数递增，随管理者的损失厌恶度递减。因此，在市场状态较好时，资金流入系数的增加会使得基金的动态投资组合价值升高，而管理者的损失厌恶度的增加会使其有所下降；当市场状态较差时，二者对动态投资组合价值的影响恰好相反。

3.5 模型拓展

本节我们对 3.1 节中介绍的基础模型进行几方面的拓展。

3.5.1 Collar 型业绩—资金流动关系

在本章 3.1.2 节中，假设基金业绩—资金流动凸关系为如（3.3）式的 Two-tier 型，这一简化的函数形式为模型的求解提供了便利。为了检验在这一假设下所获相关结论的稳健性，现将业绩—资金流动关系函数拓展为更一般的 Collar 型，具体表达为

$$f_T(W_T,Y_T^I)=\begin{cases} K, & 当R_T^W-R_T^I\geqslant P_H \\ L+\psi(R_T^W-R_T^I-P_L), & 当P_L\leqslant R_T^W-R_T^I<P_H \\ L, & 当R_T^W-R_T^I<P_L \end{cases} \tag{3.44}$$

其中 $\psi=(K-L)/(P_H-P_L)$，且 $P_H>0>P_L$。Collar 型业绩—资金流动函数由 Basak 和 Pavlova 等（2007）提出，用于描述 Chevalier 和 Ellison（1997）的实证研究结果，即当基金收益率与基准收益率的差超过一定临界值时（$P_H=8\%$，$P_L=-8\%$），资金流动系数为固定常数，而介于临界值之间时，流动系数与相对收益率呈线性关系。

结合管理者的效用函数（3.4）式，假设基金的基准收益率 $R_T^Y=R_T^I=R_T^M$，则 $f_T(Y_T^M,Y_T^I)=L-\psi P_L$。记投资组合的期末基准价值 $Y=Y_T^M=Y_T^I=W_0\exp(R_T^Y)$，可得到考虑业绩—资金流动关系的基金管理者的效用函数为

$$u(W_T)=\begin{cases} s^{\alpha^G}\beta^G[KW_T-Y(L-\psi P_L)]^{\alpha^G} & \text{当} W_T\geqslant Ye^{P_H} \\ s^{\alpha^G}\beta^G\left\{\left[L+\psi\left(\ln\frac{W_T}{Y}-P_L\right)\right]\right. & \\ \left.W_T-Y(L-\psi P_L)\right\}^{\alpha^G} & \text{当} Y\leqslant W_T<Ye^{P_H} \\ -s^{\alpha^L}\beta^L\left\{Y(L-\psi P_L)\right. & \\ \left.-\left[L+\psi\left(\ln\frac{W_T}{Y}-P_L\right)\right]W_T\right\}^{\alpha^L} & \text{当} Ye^{P_L}\leqslant W_T<Y \\ -s^{\alpha^L}\beta^L[Y(L-\psi P_L)-LW_T]^{\alpha^L} & \text{当} Y>Ye^{P_L} \end{cases} \tag{3.45}$$

管理者最优投资决策模型的形式仍为（3.7）式，但其中效用函数$u(W_T)$为（3.45）式。类似于本章 3.2 节至 3.4 节的研究方法，可以求解最优投资组合的期末价值和动态最优投资组合策略。但由于效用函数的形式更为复杂，且具有四个区间的分段，无法求解出解析解，接下来利用 Monte Carlo 方法对模型的解进行数值模拟。

取参数$P_H=8\%$，$P_L=-8\%$，$L=0.8$，其他参数取值分别与本章 3.3 节和 3.4 节相同，通过数值模拟分析拓展模型中资金流入系数和管理者损失厌恶度对基金最优投资组合期末价值和动态投资组合策略的影响。

利用鞅方法可将模型（3.7）转化为以投资组合期末价值W_T为决策变量的静态问题（3.8）式。与引理 3.3 的证明过程类似，构造与问题（3.8）同解的模型（3.15），在效用函数$u(W_T)$的四个分段上分别讨论问题（3.15）可能的最优解W_i^*。

① 当$W_T\geqslant Ye^{P_H}$时，目标函数具有严格凹性。根据一阶 KKT 条件：

$$s^{\alpha^G}\beta^G\alpha^G K[KW_T-Y(L-\psi P_L)]^{\alpha^G-1}-z\xi_T=0$$

最优解为

$$W_{1a}^*=\frac{Y(L-\psi P_L)}{K}+\frac{1}{K}\left(\frac{z\xi_T}{Ks^{\alpha^G}\beta^G\alpha^G}\right)^{\frac{1}{\alpha^G-1}}$$

但是，在 ξ_T 的不同取值下，W_{1a}^* 可能不满足情况①中要求 $W_T \geqslant Ye^{P_H}$ 的条件。若 $W_{1a}^* < Ye^{P_H}$，则情况①中的最优解为区间边界值，即 $W_{1b}^* = Ye^{P_H}$。综上，情况①的最优解

$$W_1^* = \begin{cases} W_{1a}^*, & 若 W_{1a}^* \geqslant Ye^{P_H} \\ W_{1b}^*, & 若 W_{1a}^* < Ye^{P_H} \end{cases}$$

② 当 $Y \leqslant W_T < Ye^{P_H}$ 时，目标函数具备严格凹性。根据一阶 KKT 条件：

$$s^{\alpha^G}\beta^G\alpha^G\left\{\left[L+\psi\left(\ln\frac{W_T}{Y}-P_L\right)\right]W_T - Y(L-\psi P_L)\right\}^{\alpha^G-1}\times$$
$$\left\{\left[L+\psi\left(\ln\frac{W_T}{Y}-P_L\right)\right]+\psi\right\} - z\xi_T = 0 \tag{3.46}$$

令 W_{2a}^* 为方程（3.46）中 W_T 的解。但是，在 ξ_T 的不同取值下，W_{2a}^* 可能不满足情况②中要求 $Y \leqslant W_T < Ye^{P_H}$ 的条件。若 $W_{2a}^* \notin [Y, Ye^{P_H}]$，则情况②中的最优解为区间边界值，即 $W_{2b}^* = Y$。由于目标函数 $V(W_T)$ 在区间分界点具有连续性，所以另一个边界点 Ye^{P_H} 与其在情况①的取值相同，在本分段中不需要讨论。综上，情况②的最优解

$$W_2^* = \begin{cases} W_{2a}^*, & 若 Y \leqslant W_{2a}^* < Ye^{P_H} \\ W_{2b}^*, & 否则 \end{cases}$$

③ 当 $Ye^{P_L} \leqslant W_T < Y$，目标函数严格凸，因此，情况③的最优解只可能出现在区间边界上，$W_3^* = Ye^{P_L}$。

④ 当 $0 \leqslant W_T < Ye^{P_L}$，目标函数严格凸，因此，情况④的最优解只可能出现在区间边界上，$W_4^* = 0$。

在引理 3.3 中通过比较各分段上可能的最优解 $W_i^*(i=1,2,3,4)$ 对应的目标函数值 $V(W_i^*)$ 大小，可确定不同市场状态 ξ_T 下的全局最优解 W_T^*。但由于效用函数形式的复杂性，此时的市场状态密度函数 ξ_T 的临界值不易求解，因此接下来用 Monte Carlo 方法进行数值模拟。

Monte Carlo 模拟具体步骤：

Step 1：对于一组取定的参数，计算拉格朗日乘子 z。

（1）模拟状态密度函数的终值 ξ_T。由于 ξ_T 服从对数正态分布，即 $(\ln\xi_T - \ln\xi_0) \sim N(-mT, \|\boldsymbol{\lambda}\|^2 T)$，随机生成一组服从该分布的 $\{\xi_{Tj}\}\left(j=1,2,\cdots,n\right)$。

（2）取 $\xi_T = \xi_{Tj}$，分别计算可能的最优解 W_{ij}^*，比较目标函数 $V(W_{ij}^*) = u(W_{ij}^*) - z\xi_T W_{ij}^*$ 的大小，得出最优解记 $W_{Tj}^* = \arg\max\limits_{W_{ij}^*} V(W_{ij}^*)$。

（3）由于最优解 W_T^* 应满足问题（10）的约束条件，即 $E(\xi_T W_T^*) = W_0$，用模拟值离散化该约束条件，选择拉格朗日乘子 z 的值，使

$$\frac{1}{n}\sum_{j=1}^{n}\xi_{Tj}W_{Tj}^* = W_0$$

分别取参数 $K=1.2$ 和 1.4，损失厌恶度 $D_l = 2.1$ 和 2.4，计算出对应参数组合的拉格朗日乘子 z 的值，画出各参数组合时 ξ_T 和最优解 W_T^* 的关系，如图 3–7 所示。

Step 2：模拟 t 时刻的最优投资组合价值 W_t^*。

（1）取定 t 时刻的市场状态密度 ξ_t，生成一组 $\{\xi_{Tj}\}$ $(j=1,2,\cdots,n)$，服从对数正态分布 $(\ln\xi_T - \ln\xi_t) \sim N(-m(T-t), \|\boldsymbol{\lambda}\|^2 (T-t))$。

（2）取 $\xi_T = \xi_{Tj}$，代入 Step1 中模拟得到拉格朗日乘子 z 的值，比较目标函数 $V(W_{ij}^*)$ 的大小，记最优解 $W_{Tj}^* = \arg\max\limits_{W_{ij}^*} V(W_{ij}^*)$。

（3）由于

$$W_t^* = \frac{E_t\left[\xi_T W_T^*\right]}{\xi_t}$$

此式可用离散化的模拟值计算，即

$$W_t^* = \frac{1}{\xi_t}\frac{1}{n}\sum_{j=1}^{n}\xi_{Tj}W_{Tj}^*$$

（4）以 $\Delta\xi$ 为步长，改变 ξ_t 的值，重复上述计算，得到 W_t^* 与 ξ_t 的对应关系。

Step 3：模拟 t 时刻的最优风险暴露 $\boldsymbol{\varphi}_t^*$。

由于

$$\boldsymbol{\varphi}_t^* = -\frac{(\boldsymbol{\sigma}^{\mathrm{T}})^{-1}\boldsymbol{\lambda}^{\mathrm{T}}}{W_t^*}\left[\frac{\partial W_t^*(\xi_t)}{\partial \xi_t}\xi_t\right]$$

此式可由 Step 2 的模拟结果W_t^*计算，即

$$\boldsymbol{\varphi}_t^*(\xi_t) = -\frac{(\boldsymbol{\sigma}^{\mathrm{T}})^{-1}\boldsymbol{\lambda}^{\mathrm{T}}}{W_t^*(\xi_t)}\xi_t\left[\frac{W_t^*(\xi_t+\Delta\xi)-W_t^*(\xi_t)}{\Delta\xi}\right]$$

取与 3.4.2 节和 3.4.3 节相同的参数，$\rho=0.3$，计算总风险暴露

$$\varphi_\Sigma^*(\xi_t) = \left|\varphi_t^{(1)*}\right| + \left|\varphi_t^{(2)*}\right|$$

画出不同参数组合下，总风险暴露$\varphi_\Sigma^*(\xi_t)$和ξ_t的关系，如图 3-8 所示。

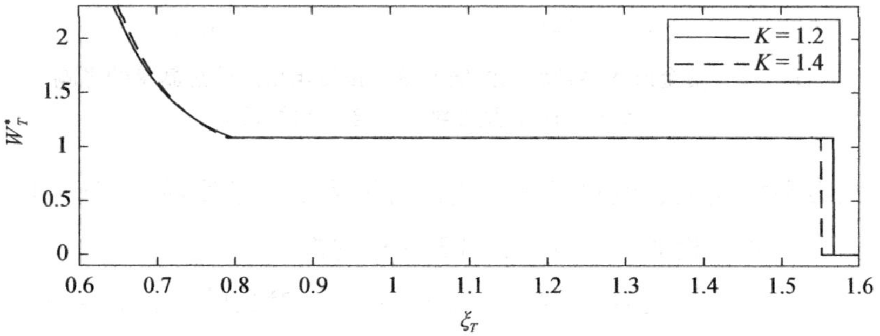

(a) $Y=1, D_l=2.25$

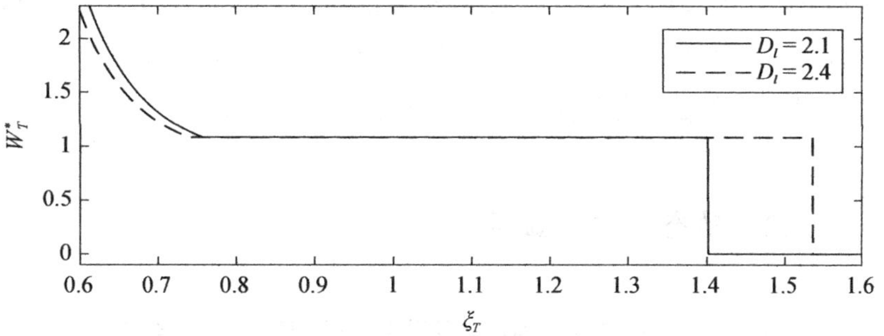

(b) $Y=1, K=1.2$

图 3-7 资金流入系数和损失厌恶度对最优投资组合期末价值的影响（基于 Collar 型业绩—资金流动关系）

通过对比图 3-7 与图 3-1、图 3-2 中对应参数的模拟结果可见，当基金业绩—资金流动关系函数为 Collar 型的情况下，资金流

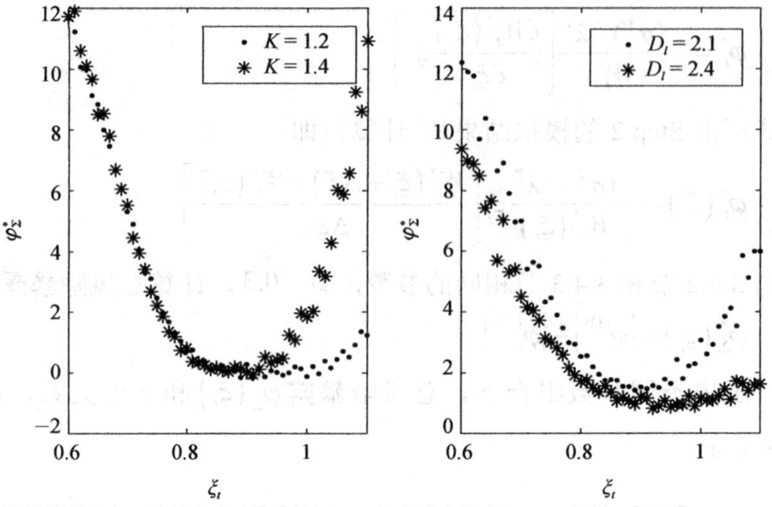

(a) $D_l = 2.25$　　(b) $K = 1.2$

图 3-8　资金流入系数和损失厌恶度对投资组合风险总暴露的影响
（基于 Collar 型业绩—资金流动关系）

入系数和损失厌恶度对最优投资组合期末价值的影响与 Two-tier 型时一致。从而验证了本章结论 3.3 的稳健性。

对比图 3-8 与图 3-4 至图 3-7 中对应参数的模拟结果可见，业绩—资金流动关系由 Two-tier 型变为 Collar 型，不改变资金流入系数和损失厌恶度对投资组合总风险暴露的影响，即资金流入系数越高，总风险暴露越高；管理者损失厌恶度越高，基金投资组合的总风险暴露越低。从而验证了本章结论 3.4 的稳健性。

3.5.2　动态基准收益率

在本章 3.3 节和 3.4 节中，假设基金的基准收益率 R_T^Y 是由基金的历史业绩等相关信息外生决定的常数。而事实上，在衡量基金业绩时，委托人往往将基金投资组合的实际收益率与某一动态变化的市场指数的收益率进行比较，如 Basak 和 Pavlova 等（2007；2008）认为委托人的基准收益率为指数收益率 $R_T^I = \ln(Y_T^I / W_0)$，其中指数 Y^I 是以固定比例投资于风险资产的投资组合。据此，本节假设委托人和基金管理者的基准收益率均为指数的收益率 R_T^I，以这一随市场变化的动态过程作为基准收益率，对模型进行拓展。

为了获得封闭解，本节利用只包含一个风险资产的简化模型进行相关推导，相关市场环境假设与本章 2.5 节相同。唯一的风险资产 S 的动态价格满足 Ito 过程，如（2.42）式所示。记基金投资组合的风险暴露为 φ_t，则基金的动态投资组合过程 W_t 满足（2.43）式。参考价值 Y_T 为以固定比例 b_0 投资于风险资产的市场指数的期末价值，因而 Y_t 的动态过程满足（2.44）式，所以 Y_T 可用状态价格密度函数的终值 ξ_T 表示，即 $Y_T = A_0\xi_T^{-\nu}$，其中 A_0 的表达式如（2.47）式所示。

用 $Y_T = A_0\xi_T^{-\nu}$ 替换本章 3.3 节和 3.4 节中的对应的常数基准价值 Y，当 $\nu<1$ 时①，可得到如下与引理 3.3、定理 3.1、定理 3.2 和定理 3.3 类似的结论。其中对应的状态价格密度函数的临界参数变为

$$\xi^* = \left[\frac{Ks^{\alpha^G}\beta^G\alpha^G}{z\left[A_0\left(K-1\right)\right]^{1-\alpha^G}}\right]^{\frac{1}{1-\nu(1-\alpha^G)}} \tag{3.47}$$

$\hat{\xi}$ 为如下方程的唯一解。

$$[sA_0(K-1)]^{\alpha^G}\beta^G\hat{\xi}^{-\nu\alpha^G} - zA_0\hat{\xi}^{1-\nu} + \left(sA_0\right)^{\alpha^L}\beta^L\hat{\xi}^{-\nu\alpha^L} = 0 \tag{3.48}$$

$\bar{\xi}$ 为满足下列方程的唯一解。

$$s^{\alpha^G}\beta^G\left(1-\alpha^G\right)\left(\frac{Ks^{\alpha^G}\beta^G\alpha^G}{z\bar{\xi}}\right)^{\frac{\alpha^G}{1-\alpha^G}} - \frac{zA_0\bar{\xi}^{1-\nu}}{K} + (sA_0)^{\alpha^L}\beta^L\bar{\xi}^{-\nu\alpha^L} = 0 \tag{3.49}$$

引理 3.5 （i）当基准价值为动态市场指数时，若 $\xi_T < \xi^*$，考虑隐性激励的基金管理者的最优投资组合期末价值为：

① 由于 $\nu = b_0\sigma/\lambda = b_0\sigma^2/(\mu - r)$，由于其中基准投资比例 $b_0<1$，所以 $\nu<1$ 符合实证研究中对参数的估计结果，如 Yu（2011）、Dumas 和 Lewis 等（2017）。

$$W_T^* = \begin{cases} \dfrac{A_0 \xi_T^{-\nu}}{K} + \dfrac{1}{K}\left(\dfrac{Ks^{\alpha^G}\beta^G\alpha^G}{z\xi_T}\right)^{\frac{1}{1-\alpha^G}}, & 当\xi_T \leqslant \overline{\xi} \\ 0, & 当\xi_T > \overline{\xi} \end{cases} \tag{3.50}$$

其中拉格朗日乘子 z 是使得 W_T^* 满足鞅约束条件 $E(\xi_T W_T^*) = W_0$ 的唯一解。

（ii）当基准价值为动态市场指数时，若 $\xi_T \geqslant \xi^*$，考虑隐性激励的基金管理者的最优投资组合期末价值为：

$$W_T^* = \begin{cases} A_0 \xi_T^{-\nu}, & 当\xi_T \leqslant \hat{\xi} \\ 0, & 当\xi_T > \hat{\xi} \end{cases} \tag{3.51}$$

证明：引理 3.5 的证明与引理 3.3 证明类似，只需将其中的常数 Y 替换分为 $A_0 \xi_T^{-\nu}$，此处简要列出证明步骤。

定义 $V\left(W_T\right) = u(W_T) - z\xi_T W_T$，在鞅约束条件下求解使得 $V\left(W_T\right)$ 取得最大值的 W_T^*。在三个分段上分别讨论最优解。

① 当 $W_T > Y_T$ 时，目标函数具有严格凹性，可能的最优解为：

$$W_{1a}^* = \frac{Y_T}{K} + \frac{1}{K}\left(\frac{z\xi_T}{Ks^{\alpha^G}\beta^G\alpha^G}\right)^{\frac{1}{\alpha^G - 1}}$$

如（3.47）式定义 ξ^*，容易验证，当 $\xi_T < \xi^*$ 时，$W_{1a}^* > Y_T$，此时分段①上的最优解 $W_1^* = W_{1a}^*$ 为目标函数在分段①上的最优解。而当 $\xi_T \geqslant \xi^*$ 时，W_{1a}^* 不是分段①的可行解，分段①上的最优解为 $W_1^* = W_{1b}^* = Y_T + \varepsilon$。

② 当 $W_T = Y_T$，此时可能的最优解为 $W_2^* = Y_T$。

③ 当 $W_T < Y_T$，目标函数具有严格凸性，可能的最优解为 $W_3^* = Y_T - \varepsilon$ 或 $W_4^* = 0$。

分 $\xi_T < \xi^*$ 和 $\xi_T \geqslant \xi^*$ 两种情况，通过比较 $V(W_i^*)$ $(i = 1,2,3,4)$ 的大小，确定全局最优解，定义 $G_k(\xi_T) = V(W_i^*) - V(W_j^*)$。

（i）若 $\xi_T < \xi^*$，$W_1^* = W_{1a}^*$。

（a）首先，比较 $V(W_{1a}^*)$ 和 $V(W_2^*)$。

$$G_1(\xi_T)=V(W_{1a}^*)-V(W_2^*)$$
$$=s^{\alpha^G}\beta^G\left(W_{1a}^*K-Y_T\right)^{\alpha^G}-z\xi_T W_{1a}^*+z\xi_T W_2^*>0$$

因此，$W_2^*=Y$ 不可能是全局最优解。

（b）其次，比较 $V(W_{1a}^*)$ 和 $V(W_3^*)$。

$$G_2\left(\xi_T\right)=V(W_{1a}^*)-V(W_3^*)>0$$

因此，$W_3^*=Y-\varepsilon$ 不可能是全局最优解。

（c）最后，比较 $V(W_{1a}^*)$ 和 $V(W_4^*)$。

$$G_3\left(\xi_T\right)=V\left(W_{1a}^*\right)-V\left(W_4^*\right)=f(\xi_T)$$

容易验证

$$f\left(\xi_T\right)>-\frac{zA_0\xi_T^{\ 1-\nu}}{K}+(sA_0)^{\alpha^L}\beta^L\xi_T^{\ -\nu\alpha^L}$$

定义

$$p_0=\left(\frac{Ks^{\alpha^L}\beta^L}{zA_0^{1-\alpha^L}}\right)^{\frac{1}{1-\nu(1-\alpha^L)}}$$

当 $\xi_T\leqslant p_0$ 时，$f\left(\xi_T\right)>0$。同时，对于任意 ξ_T，有

$$\frac{\partial f\left(\xi_T\right)}{\partial\xi_T}=-\frac{z}{K}\left(\frac{z\xi_T}{Ks^{\alpha^G}\beta^G\alpha^G}\right)^{\frac{1}{\alpha^G-1}}-\frac{zA_0(1-\nu)\xi_T^{\ -\nu}}{K}$$
$$-\nu\alpha^L(sA_0)^{\alpha^L}\beta^L\xi_T^{\ -\nu\alpha^L-1}<0$$

所以 $f(\xi_T)$ 是关于 ξ_T 单调递减的连续函数，且 $\overline{\xi}$ 是满足方程（3.49）的唯一解。因此，当 $\xi_T\leqslant\overline{\xi}$ 时，$G_3(\xi_T)>0$，W_{1a}^* 为全局最优解；当 $\xi_T>\overline{\xi}$ 时，$W_4^*=0$ 为全局最优解。综上，当 $\xi_T<\xi^*$ 时，最优解是满足（3.50）式的一个分段函数。

（ii）若 $\xi_T\geqslant\xi^*$，$W_1^*=W_{1b}^*$。

（a）首先，比较 $V(W_{1b}^*)$ 和 $V(W_2^*)$。

$$G_1(\xi_T)=V(W_{1b}^*)-V(W_2^*)>0$$

因此，$W_2^*=A$ 不可能是全局最优解。

（b）其次，比较 $V(W_{1b}^*)$ 和 $V(W_3^*)$。

$$G_2(\xi_T)=V(W_{1b}^*)-V(W_3^*)>0$$

因此，$W_3^* = A - \varepsilon$ 不可能是全局最优解。

（c）最后，比较 $V(W_{1b}^*)$ 和 $V(W_4^*)$。

$$G_3(\xi_T) = V(W_{1b}^*) - V(W_4^*)$$
$$= s^{\alpha^G} \beta^G \left[K(Y_T + \varepsilon) - Y_T \right]^{\alpha^G} - z\xi_T (Y_T + \varepsilon) + s^{\alpha^L} \beta^L Y_T^{\alpha^L}$$

根据（3.48）式临界值 $\hat{\xi}$ 的定义，可以验证，当 $\xi_T \leqslant \hat{\xi}$ 时，$G_3(\xi_T) \geqslant 0$，W_{1b}^* 为全局最优解；当 $\xi_T > \hat{\xi}$ 时，$W_4^* = 0$ 为全局最优解。

综上，当 $\xi_T \geqslant \xi^*$ 时，最优解是满足（3.51）式的分段函数。引理 3.5 得证。

综合引理 3.5 的两个分段可得到在动态基准价值下，基金的最优投资组合的期末价值为

$$W_T^* = \begin{cases} \dfrac{A_0 \xi_T^{-\nu}}{K} + \dfrac{1}{K} \left(\dfrac{K s^{\alpha^G} \beta^G \alpha^G}{z \xi_T} \right)^{\frac{1}{1-\alpha^G}}, & \text{当} \xi_T < \min(\xi^*, \bar{\xi}) \\ A_0 \xi_T^{-\nu}, & \text{当} \xi^* \leqslant \xi_T \leqslant \hat{\xi} \\ 0, & \text{当} \xi_T > \max(\xi^*, \hat{\xi}) \text{或} \bar{\xi} < \xi_T < \xi^* \end{cases} \tag{3.52}$$

由于其中 ξ^*、$\hat{\xi}$ 和 $\bar{\xi}$ 的大小关系与 K 的取值有关。注意到，当模型中 $K = 1$ 时（即基金业绩表现好不导致资金流入），$\xi^* \to +\infty$，于是 $\xi_T < \xi^*$ 恒成立。因此，可得到如下定理。

定理 3.4（i）当 $K > 1$ 时，若基准价值为市场指数，则考虑隐性激励的基金管理者的最优投资组合期末价值为

$$W_T^* = \begin{cases} \dfrac{A_0 \xi_T^{-\nu}}{K} + \dfrac{1}{K} \left(\dfrac{K s^{\alpha^G} \beta^G \alpha^G}{z \xi_T} \right)^{\frac{1}{1-\alpha^G}}, & \text{当} \xi_T < \min(\xi^*, \bar{\xi}) \\ A_0 \xi_T^{-\nu}, & \text{当} \xi^* \leqslant \xi_T \leqslant \hat{\xi} \\ 0, & \text{其他} \end{cases} \tag{3.53}$$

（ii）当 K=1 时，若基准价值为市场指数，则不考虑隐性激励的基金管理者的最优投资组合期末价值为

$$W_T^* = \begin{cases} A_0 \xi_T^{-\nu} + \left(\dfrac{s^{\alpha^G} \beta^G \alpha^G}{z \xi_T} \right)^{\frac{1}{1-\alpha^G}}, & \text{当} \xi_T \leqslant \bar{\xi} \\ 0, & \text{当} \xi_T > \bar{\xi} \end{cases} \tag{3.54}$$

据此可进一步计算动态最优投资组合价值过程和最优投资组合风险暴露，分别如下列两个定理所示。

定理 3.5 （i）当 $K > 1$ 时，若基准价值为市场指数，则考虑隐性激励的基金管理者的动态最优投资组合价值过程为

$$\begin{aligned} W_t^* = & \frac{1}{K} \left(\frac{K s^{\alpha^G} \beta^G \alpha^G}{z \xi_t} \right)^{\frac{1}{1-\alpha^G}} e^{\Gamma_2(t)} \Phi\left(p_2 \left(\min\left(\xi^*, \bar{\xi} \right) \right) \right) \\ & + \frac{A_0 \xi_t^{-\nu}}{K} e^{\Gamma_1(t)} \Phi\left(p_1 \left(\min\left(\xi^*, \bar{\xi} \right) \right) \right) \\ & + A_0 \xi_t^{-\nu} e^{\Gamma_1(t)} \left[\Phi\left(p_1 \left(\hat{\xi} \right) \right) - \Phi\left(p_1 \left(\xi^* \right) \right) \right] \end{aligned} \tag{3.55}$$

其中 $p_1(x)$、$p_2(x)$、$\Gamma_1(t)$、$\Gamma_2(t)$ 的定义与本章 2.5 节中定理 2.4 中定义相同。

（ii）当 K=1 时，若基准价值为市场指数，则不考虑隐性激励的基金管理者的动态最优投资组合价值过程为

$$W_t^* = A_0 \xi_t^{-\nu} e^{\Gamma_1(t)} \Phi\left[p_1 \left(\bar{\xi} \right) \right] + \left(\frac{s^{\alpha^G} \beta^G \alpha^G}{z \xi_t} \right)^{\frac{1}{1-\alpha^G}} e^{\Gamma_2(t)} \Phi\left[p_2 \left(\bar{\xi} \right) \right] \tag{3.56}$$

证明：（i）由于 W_t 是鞅过程，则有

$$\begin{aligned} W_t^* = & \frac{E_t\left[\xi_T W_T^* \right]}{\xi_t} \\ = & \frac{1}{\xi_t} E_t \left\{ \xi_T \left[\frac{Y_T}{K} + \frac{1}{K} \left(\frac{z \xi_T}{K s^{\alpha^G} \beta^G \alpha^G} \right)^{\frac{1}{\alpha^G - 1}} \right] I(\xi_T < \min\left(\xi^*, \bar{\xi} \right)) \right\} \\ & + \frac{1}{\xi_t} E_t \left[\xi_T Y_T I(\xi^* \leqslant \xi_T \leqslant \hat{\xi}) \right] \end{aligned}$$

$$
=E\left\{\left[\frac{A_0\xi_t^{-\nu}}{K}e^{(1-\nu)\ln\frac{\xi_T}{\xi_t}}+\frac{1}{K}\left(\frac{z\xi_t}{Ks^{\alpha^G}\beta^G\alpha^G}\right)^{\frac{1}{\alpha^G-1}}e^{h\ln\frac{\xi_T}{\xi_t}}\right]\times\right.
$$

$$
\left.I\left[\ln\frac{\xi_T}{\xi_t}<\ln\frac{\min\left(\xi^*,\bar{\xi}\right)}{\xi_t}\right]\right\} \tag{3.57}
$$

$$
+E\left[A_0\xi_t^{-\nu}e^{(1-\nu)\log\frac{\xi_T}{\xi_t}}I\left(\ln\frac{\xi^*}{\xi_t}\leqslant\ln\frac{\xi_T}{\xi_t}\leqslant\ln\frac{\hat{\xi}}{\xi_t}\right)\right]
$$

其中$h=\alpha^G/\alpha^G-1$。根据ξ_t的定义，对任意常数a，有

$$
E\left[e^{a\ln\frac{\xi_T}{\xi_t}}I\left(\ln\frac{x_1}{\xi_t}\leqslant\ln\frac{\xi_T}{\xi_t}\leqslant\ln\frac{x_2}{\xi_t}\right)\right]
$$

$$
=e^{\left(\frac{1}{2}\lambda^2a^2-am\right)(T-t)}\left\{\Phi\left[\frac{\ln\frac{x_2}{\xi_t}+(m-a\lambda^2)(T-t)}{\lambda^2\sqrt{T-t}}\right]\right.
$$

$$
\left.-\Phi\left[\frac{\ln\frac{x_1}{\xi_t}+(m-a\lambda^2)(T-t)}{\lambda^2\sqrt{T-t}}\right]\right\}
$$

因此，最优动态投资组合价值过程W_t^*如（3.55）式。

（ii）情况（ii）的证明过程与（i）类似，此处略去。

定理 3.6 （i）当$K>1$时，若基准价值为市场指数，则考虑隐性激励的基金管理者的动态最优投资组合风险暴露为

$$
\varphi_t^*=\frac{\lambda}{W_t^*\sigma}\left\{\frac{A_0\xi_t^{-\nu}}{K}e^{\Gamma_1(t)}\left[\frac{\phi\left(p_1\left(\min\left(\xi^*,\bar{\xi}\right)\right)\right)}{\lambda\sqrt{T-t}}+\nu\Phi\left(p_1\left(\min\left(\xi^*,\bar{\xi}\right)\right)\right)\right]\right.
$$

$$
+\frac{1}{K}\left(\frac{z\xi_t}{Ks^{\alpha^G}\beta^G\alpha^G}\right)^{\frac{1}{\alpha^G-1}}e^{\Gamma_2(t)}\left[\frac{\phi\left(p_2\left(\min\left(\xi^*,\bar{\xi}\right)\right)\right)}{\lambda\sqrt{T-t}}\right.
$$

$$
\left.+\frac{\Phi\left(p_2\left(\min\left(\xi^*,\bar{\xi}\right)\right)\right)}{1-\alpha^G}\right]+A_0\xi_t^{-\nu}e^{\Gamma_1(t)}\left[\frac{\phi\left(p_1\left(\hat{\xi}\right)\right)-\phi\left(p_1\left(\xi^*\right)\right)}{\lambda\sqrt{T-t}}\right.
$$

$$
\left.\left.+\nu\left[\Phi\left(p_1\left(\hat{\xi}\right)\right)-\Phi\left(p_1\left(\xi^*\right)\right)\right]\right]\right\} \tag{3.58}
$$

其中$\phi(\cdot)$表示标准正态分布的概率密度函数。

（ii）当K=1时，若基准价值为市场指数，则考虑隐性激励的基金管理者的动态最优投资组合风险暴露为

$$\varphi_t^* = \frac{\lambda}{W_t^* \sigma}\left\{A_0 \xi_t^{-\nu} e^{\Gamma_1(t)}\left[\frac{\phi\left(p_1\left(\bar{\xi}\right)\right)}{\lambda\sqrt{T-t}} + \nu\Phi\left(p_1\left(\bar{\xi}\right)\right)\right]\right.$$
$$\left.+\left(\frac{z\xi_t}{s^{\alpha^G}\beta^G\alpha^G}\right)^{\frac{1}{\alpha^G-1}} e^{\Gamma_2(t)}\left[\frac{\phi\left(p_2\left(\bar{\xi}\right)\right)}{\lambda\sqrt{T-t}} + \frac{\Phi\left(p_2\left(\bar{\xi}\right)\right)}{1-\alpha^G}\right]\right\} \tag{3.59}$$

证明：（i）对最优价值过程（3.55）式应用伊藤引理，可得t时刻最优风险暴露为

$$\varphi_t^* = -\frac{\lambda}{W_t^* \sigma}\left[\frac{\partial W_t^*\left(\xi_t\right)}{\partial \xi_t}\xi_t\right] \tag{3.60}$$

容易验证基金最优风险暴露φ_t^*为（3.58）。

（ii）情况（ii）的证明过程与（i）类似，此处略去。

将定理3.4至定理3.6的结论与定理3.1至定理3.3对比可见，将基金的基准收益率设定为市场指数的收益率，最优投资组合期末价值的分段函数形式没有变化。定理中常数基准价值Y变为了随市场状态变化的$A_0\xi_T^{-\nu}$，同时状态价格密度的几个临界指数ξ^*、$\hat{\xi}$和$\bar{\xi}$的值发生了变化。为了进一步检验资金流入系数K和损失厌恶度D_l对最优解和临界参数的影响，我们采用与4.3节和4.4节相同的参数进行数值模拟，得到结果如图3–9和图3–10所示。

将图3–9的模拟结果分别与图3–1和图3–2对比可见，当基准收益率为随市场动态变化的指数收益率时，资金流入系数和损失厌恶度对最优投资组合期末价值的影响，与基准收益率为常数时相似，图3–10中的最优投资组合的风险暴露的变化与图3–4至图3–7中（b）子图的总风险暴露相似，因此，将基准收益率设定为随市场状态动态变化不会从根本上改变资金流入系数和损失厌恶度对投资组合最优风险暴露的影响。本节的模拟结果检验了相关结论的稳健性，即资金流入系数越高，投资组合的风险暴露越高；管理者的损失厌恶度越低，基金投资组合的风险暴露越低。

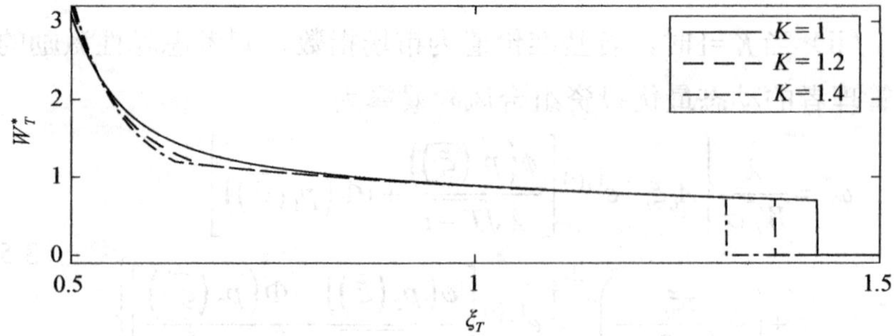

(a) $D_l = 2.25$

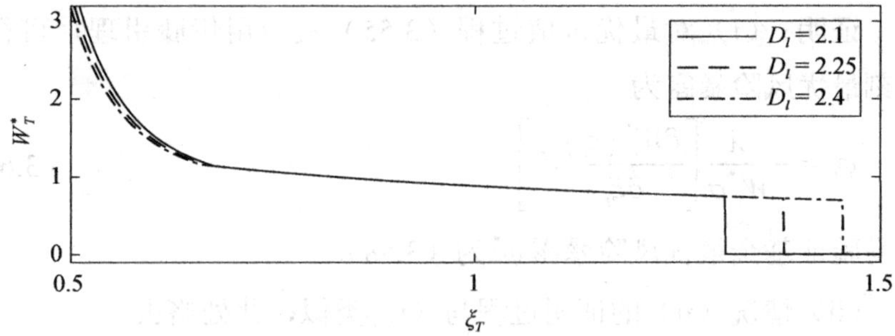

(b) $K = 1.2$

图 3-9　动态基准收益率模型中 K 和 D_l 对最优投资组合期末价值的影响

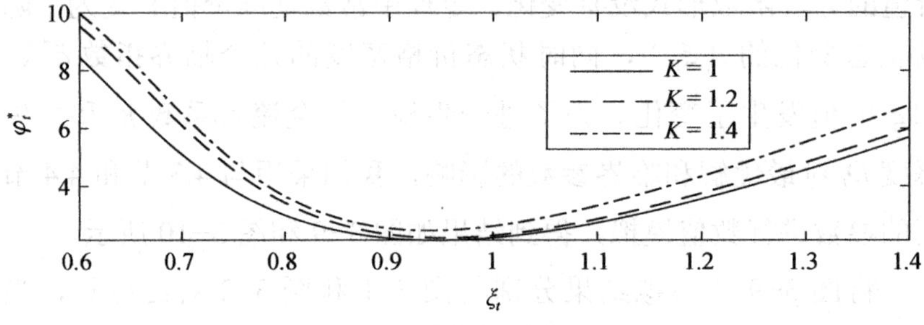

(a) $D_l = 2.25$

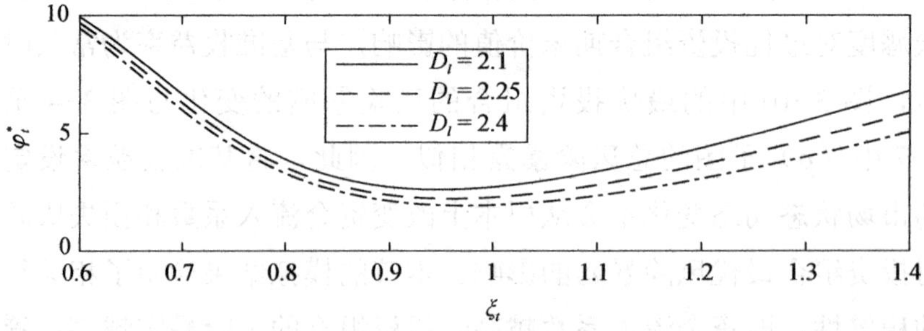

(b) $K = 1.2$

图 3-10　动态基准收益率模型中 K 和 D_l 对最优投资组合风险暴露的影响

3.5.3 不完备市场

本节给出了 3.1.1 节中完备市场经济的一个拓展，其中风险资产的数量小于布朗运动的维数，即市场不具备完全性。在本节中，我们集中探讨完备市场和不完备市场状态之间的区别。按照 Zhang（2007）将不完备市场转化为完备市场的方法，我们对模型进行求解，得到的结果与本章主体的结果高度一致。因此，市场完全性假设只是简化了结果的推导，并没有从根本上改变结论。

具体而言，动态风险资产 $S^{(i)}\left(i=1,2,\cdots,N\right)$ 遵循下列随机方程

$$\frac{dS_t^{(i)}}{S_t^{(i)}}=\mu^{(i)}dt+\sum_{j=1}^{D}\sigma^{(i,j)}dZ_t^{(j)},\ S_0^{(i)}>0\left(i=1,2,\cdots,N\right) \tag{3.61}$$

其中 $\boldsymbol{Z}_t=\left(Z_t^{(1)},Z_t^{(2)},\cdots,Z_t^{(D)}\right)^{\mathrm{T}}$ 表示一个 D 维布朗运动。

在本模型中，$N<D$，因此市场是不具备完备性的。于是 $\boldsymbol{\sigma}=\left(\sigma^{(i,j)}\right)_{N\times D}$ 不是可逆的方阵，导致本章 3.2.2 节中使用的市场风险价格 $\boldsymbol{\lambda}$ 不唯一。进而导致风险中性测度（鞅测度）Q 不唯一，这说明在问题（3.8）中取定的期末价值 $W_T=W^*$ 不能找到对应的动态投资过程 $\boldsymbol{\theta}_t$ 使之能确定实现。因此不能再像 3.2.2 节一样，直接使用鞅方法把动态问题（3.7）转化为静态问题（3.8）。

这里我们借鉴 Zhang（2007）的方法，将不完备市场转化为完备市场，使得鞅方法得以继续奏效。具体步骤如下：

第 1 步：将式（3.61）中的布朗运动的维数降低至与风险资产数量相等。

定义

$$B_t^{(i)}=\sum_{j=1}^{D}\int_0^t\frac{\sigma^{(i,j)}}{\left\|\boldsymbol{\sigma}^{(i)}\right\|}dZ_s^{(j)},\quad i=1,2,\cdots,N \tag{3.62}$$

其中 $\left\|\boldsymbol{\sigma}^{(i)}\right\|$ 表示矩阵 $\left(\sigma^{(i,j)}\right)_{N\times D}$ 第 i 行的范数。因此风险资产价格的动态过程（3.61）可被改写为

$$\frac{dS_t^{(i)}}{S_t^{(i)}}=\mu^{(i)}dt+\left\|\boldsymbol{\sigma}^{(i)}\right\|dB_t^{(i)},\quad i=1,2,\cdots,N \tag{3.63}$$

其中 $\boldsymbol{B}_t=\left(B_t^{(1)},B_t^{(2)},\cdots,B_t^{(N)}\right)^{\mathrm{T}}$ 是一个 N 维的布朗运动。但是，其各分量 $B_t^{(i)}$ 和 $B_t^{(k)}$ 之间不再相互独立，且满足

$$dB_t^{(i)}dB_t^{(k)}=\rho^{(i,k)}dt,\quad i,k=1,2,\cdots,N$$

其中 $\rho^{(i,k)}=\dfrac{1}{\left\|\boldsymbol{\sigma}^{(i)}\right\|\left\|\boldsymbol{\sigma}^{(k)}\right\|}\sum_{j=1}^{D}\sigma^{(i,j)}\sigma^{(k,j)}$。当 $i=k$ 时，$\rho^{(i,k)}=1$；当 $i\neq k$ 时，$\rho^{(i,k)}<1$。

第 2 步：将 $\boldsymbol{B}_t=\left(B_t^{(1)},B_t^{(2)},\cdots,B_t^{(N)}\right)^{\mathrm{T}}$ 转化为各分量相互独立的 N 维布朗运动。

定义

$$\boldsymbol{\Psi}=\begin{pmatrix}\rho^{(1,1)} & \cdots & \rho^{(1,N)}\\ \vdots & \ddots & \vdots\\ \rho^{(N,1)} & \cdots & \rho^{(N,N)}\end{pmatrix}\tag{3.64}$$

存在一个非平凡的矩阵 $\boldsymbol{A}=\left(a^{(i,j)}\right)_{N\times N}$，使得

$$\boldsymbol{\Psi}=\boldsymbol{A}\boldsymbol{A}^{T}\tag{3.65}$$

对应地，存在一个 N 维的独立布朗运动 $\tilde{\boldsymbol{Z}}_t=\left(\tilde{Z}_t^{(1)},\tilde{Z}_t^{(2)},\cdots,\tilde{Z}_t^{(N)}\right)^{\mathrm{T}}$，使得

$$B_t^{(i)}=\sum_{j=1}^{N}\int_0^t a^{(i,j)}d\tilde{Z}_s^{(j)},\quad i=1,2,\cdots,N\tag{3.66}$$

因此，风险资产价格的动态过程（3.63）可被改写为

$$\frac{dS_t^{(i)}}{S_t^{(i)}}=\mu^{(i)}dt+\left\|\boldsymbol{\sigma}^{(i)}\right\|\sum_{j=1}^{N}a^{(i,j)}d\tilde{Z}_t^{(j)},\quad i=1,2,\cdots,N\tag{3.67}$$

由于风险资产的数量与布朗运动的维数相等，不完备市场就转化为了完备市场。

令

$$\tilde{\boldsymbol{\sigma}}=\begin{pmatrix}\left\|\boldsymbol{\sigma}^{(1)}\right\|a^{(1,1)} & \left\|\boldsymbol{\sigma}^{(1)}\right\|a^{(1,2)} & \cdots & \left\|\boldsymbol{\sigma}^{(1)}\right\|a^{(1,N)}\\ \left\|\boldsymbol{\sigma}^{(2)}\right\|a^{(2,1)} & \left\|\boldsymbol{\sigma}^{(2)}\right\|a^{(2,2)} & \cdots & \left\|\boldsymbol{\sigma}^{(2)}\right\|a^{(2,N)}\\ \vdots & \vdots & \ddots & \vdots\\ \left\|\boldsymbol{\sigma}^{(N)}\right\|a^{(N,1)} & \left\|\boldsymbol{\sigma}^{N}\right\|a^{(N,2)} & \cdots & \left\|\boldsymbol{\sigma}^{N}\right\|a^{(N,N)}\end{pmatrix}$$

$$=\begin{pmatrix} \|\boldsymbol{\sigma}^{(1)}\| & 0 & \cdots & 0 \\ 0 & \|\boldsymbol{\sigma}^{(2)}\| & \cdots & 0 \\ \vdots & \vdots & \ddots & \vdots \\ 0 & \cdots & 0 & \|\boldsymbol{\sigma}^{(N)}\| \end{pmatrix}\boldsymbol{A} \tag{3.68}$$

定义 $\boldsymbol{\Lambda}=\mathrm{diag}\left(\|\boldsymbol{\sigma}^{(1)}\|,\|\boldsymbol{\sigma}^{(2)}\|,\cdots,\|\boldsymbol{\sigma}^{(N)}\|\right)$，则有 $\tilde{\boldsymbol{\sigma}}=\boldsymbol{\Lambda A}$。

于是，不完备市场中的模型（3.7）等价于完备市场中的下列模型

$$\begin{aligned} &\max_{\theta_t} E\left[u\left(W_T\right)\right] \\ &\text{s.t.} \frac{dW_t}{W_t}=\left[r+(\boldsymbol{\mu}-r\boldsymbol{I})^{\mathrm{T}}\boldsymbol{\theta}_t\right]dt+\boldsymbol{\theta}_t^{\mathrm{T}}\tilde{\boldsymbol{\sigma}}d\,\tilde{\boldsymbol{Z}}_t \end{aligned} \tag{3.69}$$

其中 $\tilde{\boldsymbol{Z}}_t$ 是 N 维的标准布朗运动，$\tilde{\boldsymbol{\sigma}}$ 由（3.65）式和（3.68）式确定。市场风险价格 $\tilde{\boldsymbol{\lambda}}=\tilde{\boldsymbol{\sigma}}^{-1}\left[\boldsymbol{\mu}-r\boldsymbol{I}\right]$ 有唯一解，同时风险中性测度（鞅测度）唯一，为 $\tilde{Q}$。据此，可得出对应的 Radon-Nikodym 导数为

$$\tilde{H}_t=\frac{d\tilde{Q}}{dP}\Big|\mathcal{F}_t=\exp\left[-\frac{1}{2}\int_0^t\|\tilde{\lambda}\|^2ds-\int_0^t\tilde{\lambda}^{\mathrm{T}}d\tilde{Z}_s\right]$$

唯一的状态价格密度为

$$\tilde{\xi}_t=e^{-rt}\tilde{H}_t \tag{3.70}$$

根据鞅过程的性质，模型（3.69）的约束条件可改写为：

$$E^{\tilde{Q}}\left(W_t\right)=E^P\left(\tilde{\xi}_tW_t\right)=W_0,\ \forall t\in\left[0,T\right] \tag{3.71}$$

因此，模型（3.69）可转化为一个以期末投资组合价值 W_T 为决策变量的最优化问题

$$\begin{aligned} &\max_{W_T} E\left[u\left(W_T\right)\right] \\ &\text{s.t. } E\left(\tilde{\xi}_TW_T\right)=W_0, \\ &\qquad W_T\geqslant 0 \end{aligned} \tag{3.72}$$

类似于模型（3.9）的求解，对应地，我们可以得出下列结论：

定理 3.7 在不完备市场中，（i）当 $K>1$ 时，考虑隐性激励的基金管理者的最优投资组合期末价值为

$$\tilde{W}_T^* = \begin{cases} \dfrac{Y}{K} + \dfrac{1}{K}\left(\dfrac{Ks^{\alpha^G}\beta^G\alpha^G}{z\tilde{\xi}_T}\right)^{\frac{1}{1-\alpha^G}}, & \text{if } \tilde{\xi}_T < \xi^*, \\ Y, & \text{if } \xi^* \leqslant \tilde{\xi}_T \leqslant \hat{\xi}, \\ 0, & \text{if } \tilde{\xi}_T > \hat{\xi}. \end{cases} \tag{3.73}$$

（ii）当K=1时，不考虑隐性激励的基金管理者的最优投资组合期末价值为

$$\tilde{W}_T^* = \begin{cases} Y + \left(\dfrac{s^{\alpha^G}\beta^G\alpha^G}{z\tilde{\xi}_T}\right)^{\frac{1}{1-\alpha^G}}, & \text{if } \tilde{\xi}_T \leqslant \bar{\xi}, \\ 0, & \text{if } \tilde{\xi}_T > \bar{\xi}. \end{cases} \tag{3.74}$$

定理 3.8 在不完备市场中，（i）当$K>1$时，考虑隐性激励的基金管理者在t时刻的最优投资组合价值过程为

$$\tilde{W}_t^* = \frac{Y}{K}e^{-r(T-t)}\Phi\left[p_1\left(\xi^*\right)\right] + \frac{1}{K}\left(\frac{Ks^{\alpha^G}\beta^G\alpha^G}{z\tilde{\xi}_t}\right)^{\frac{1}{1-\alpha^G}} e^{\Gamma(t)}\Phi\left[p_2\left(\xi^*\right)\right] + Ye^{-r(T-t)}\left\{\Phi\left[p_1\left(\hat{\xi}\right)\right] - \Phi\left[p_1\left(\xi^*\right)\right]\right\} \tag{3.75}$$

其中

$$p_1(x) = \frac{\log\left(\dfrac{x}{\tilde{\xi}_t}\right) + \left(r - \dfrac{1}{2}\|\tilde{\lambda}\|^2\right)(T-t)}{\|\tilde{\lambda}\|\sqrt{T-t}},$$

$$p_2(x) = p_1(x) + \frac{\|\tilde{\lambda}\|\sqrt{T-t}}{1-\alpha^G},$$

$$\Gamma(t) = \frac{\alpha^G}{1-\alpha^G}\left(r + \frac{1}{2}\|\tilde{\lambda}\|^2\right)(T-t) + \frac{1}{2}\left(\frac{\alpha^G}{1-\alpha^G}\right)^2\|\tilde{\lambda}\|^2(T-t)$$

（ii）当K=1时，不考虑隐性激励的基金管理者在t时刻的最优投资组合价值过程为

$$\tilde{W}_t^* = Ye^{-r(T-t)}\Phi\left[p_1\left(\bar{\xi}\right)\right] + \left(\frac{s^{\alpha^G}\beta^G\alpha^G}{z\tilde{\xi}_t}\right)^{\frac{1}{1-\alpha^G}} e^{\Gamma(t)}\Phi\left[p_2\left(\bar{\xi}\right)\right] \tag{3.76}$$

定理 3.9 在不完备市场中，（i）当$K>1$时，考虑隐性激励的基金管理者在t时刻的最优投资组合策略过程为

$$\tilde{\boldsymbol{\theta}}_t^* = \frac{(\tilde{\boldsymbol{\sigma}}^{\mathrm{T}})^{-1}\tilde{\boldsymbol{\lambda}}}{\tilde{W}_t^*}\left[\frac{\frac{Y}{K}e^{-r(T-t)}\varphi\left(p_1\left(\xi^*\right)\right)}{\|\tilde{\boldsymbol{\lambda}}\|\sqrt{T-t}} + \frac{1}{K}\left(\frac{Ks^{\alpha^G}\beta^G\alpha^G}{z\cdot\tilde{\xi}_t}\right)^{\frac{1}{1-\alpha^G}}\times e^{\Gamma(t)}\left(\frac{\varphi\left(p_2\left(\xi^*\right)\right)}{\|\tilde{\boldsymbol{\lambda}}\|\sqrt{T-t}} + \frac{\Phi\left(p_2\left(\xi^*\right)\right)}{1-\alpha^G}\right) + \frac{Ye^{-r(T-t)}\left[\varphi\left(p_1\left(\hat{\xi}\right)\right)-\varphi\left(p_1\left(\xi^*\right)\right)\right]}{\|\tilde{\boldsymbol{\lambda}}\|\sqrt{T-t}}\right] \tag{3.77}$$

（ii）当K=1时，不考虑隐性激励的基金管理者在t时刻的最优投资组合策略过程为

$$\tilde{\boldsymbol{\theta}}_t^* = \frac{(\tilde{\boldsymbol{\sigma}}^{\mathrm{T}})^{-1}\tilde{\boldsymbol{\lambda}}}{\tilde{W}_t^*}\left[\frac{Ye^{-r(T-t)}\varphi\left(p_1\left(\overline{\xi}\right)\right)}{\|\tilde{\boldsymbol{\lambda}}\|\sqrt{T-t}} + \left(\frac{s^{\alpha^G}\beta^G\alpha^G}{z\cdot\tilde{\xi}_t}\right)^{\frac{1}{1-\alpha^G}}\times e^{\Gamma(t)}\left(\frac{\varphi\left(p_2\left(\overline{\xi}\right)\right)}{\|\tilde{\boldsymbol{\lambda}}\|\sqrt{T-t}} + \frac{\Phi\left(p_2\left(\overline{\xi}\right)\right)}{1-\alpha^G}\right)\right] \tag{3.78}$$

将定理 3.7 至定理 3.9 的结论与定理 3.1 至定理 3.3 对比可见，从形式上来看，除了市场波动率矩阵$\boldsymbol{\sigma}$变为$\tilde{\boldsymbol{\sigma}}$以外，不完备市场下动态投资组合的价值$\tilde{W}_t^*$和最优投资策略$\tilde{\boldsymbol{\theta}}_t^*$与完备市场下的对应结论几乎没有任何区别。但事实上，市场环境从完备市场变为不完备市场，导致了动态投资策略和动态投资组合价值的不唯一性。具体表现在，转化后的市场波动率矩阵$\tilde{\boldsymbol{\sigma}}$（由（3.68）式定义），其中包含的矩阵 A 是（3.65）式定义的相关系数矩阵$\boldsymbol{\Psi}$的分解。由于这一分解的不唯一性，导致了波动率矩阵由$\boldsymbol{\sigma}$转化为$\tilde{\boldsymbol{\sigma}}$的结果是不唯一的。这说明，在不完备市场下，虽然定理 3.7 中求解出的最优期末价值（期望）是唯一的，但是定理 3.9 中管理者采取的动态投资策略$\tilde{\boldsymbol{\theta}}_t^*$是不唯一的，从而导致了投资组合的动态价值也不唯一。这一现象在不完备市场下是无法回避的，对这一不确定性的分析不是本文的研究目的，因此在正文中我们做了市场完全性的假设。

3.6 本章小结

本章旨在研究基金业绩—资金流动凸关系引起的隐性激励对基金动态投资组合策略的影响。在连续时间金融框架下，首先假设基金业绩—资金流动关系为最简单的 Two-tier 型，构建并求解了机构动态投资决策模型，得出了基金最优投资组合期末价值和动态最优投资组合策略的封闭解。然后对模型进行了两方面的拓展，一是将业绩—资金流动关系设定为更具一般性的 Collar 型，二是以随市场动态变化的指数收益率作为基准收益率，通过数值模拟得到了与简化模型相同的结论。

研究表明，当期末市场状态较差时，基金有损失全部初始资产的风险。尽管业绩表现较差导致的基金资金流出量对基金最优投资组合策略没有影响，但业绩—资金流动关系中的资金流入系数的增加会促使基金管理者增加投资组合的风险暴露。因此，资金流入系数的增加会使得基金在市场状态较好时获得更高收益，但当市场表现较差时，基金投资组合价值降低，且基金损失全部资产的风险升高。此外，在面对隐性激励时，损失厌恶度较高的基金管理者往往会采取更保守的投资策略，尤其是当市场状态较差时，其投资组合的风险暴露显著降低，从而使得基金损失全部资产的概率变小。

本章中的资金流入系数表示当基金投资组合收益率高于基准收益率时，所引起的资金流入量大小，体现了业绩—流动凸关系导致的隐性激励的强度。将本章相关结论和第 2 章进行对比可见，无论是否存在显性和隐性激励，损失厌恶度越高的基金管理者的投资策略越保守，即基金管理者损失厌恶度越高，投资组合风险暴露越低，这表明显性激励和隐性激励的存在，不影响管理者损失厌恶度对机构投资行为的作用。此外，随着显性激励强度和隐性激励强度的升高，管理者的最优投资组合风险暴露均显著升高。这表明显性激励和隐性激励对机构投资行为的影响机制类似，因此在后续章节的研究中，参考 Basak 和 Pavlova（2013）、Sotes-Paladino 和 Zapatero（2019）、Dai 和 Goncalves-Pinto 等（2020）的研究将两者综合考虑，分析两类激励对资产价格的影响。

第4章

双重激励下机构的投资策略互动

在共同基金行业，基金经理在薪酬合同中面临双重激励：显性激励为固定比例的资产管理费，隐性激励为相对业绩产生的现金流变动。实证研究（Gruber，1996；Chevalier 和 Ellison，1997；Sirri 和 Tufano，1998）揭示了基金净流量与基金相对于基准组合的绩效之间存在不对称关系：业绩优于市场的基金吸引了大量新投资，而业绩不佳的基金面临着有限的现金流出。

共同基金锦标赛文献研究了基于年中相对业绩的共同基金风险转移问题。具体而言，年中业绩落后的基金经理通常会增加风险资产的持有量，以便在年底前迎头赶上（Brown 等，1986；Goriaev，2005；Basak，2008）。Chen 和 Pennacchi（2009）揭示了共同基金在业绩下降时，跟踪误差的标准差会增加，而收益率的标准差不会增加。与此同时，Chevalier 和 Ellison（1997 年）以及 Busse（2001 年）报告了相互矛盾的发现，即早期获胜的共同基金会增加本年度晚些时候的风险承担。

Taylor（2003）通过模拟基金经理之间的战略竞争行为，提出了共同基金锦标赛的新视角，并表明年中业绩较好的基金经理往往在下半年持有更多的风险资产，以保持领先地位，从而吸引新的投资。与以前的文献不同，Taylor（2003）博弈论框架允许混合策略，因此更适合模拟竞争基金之间的战略互动。

本研究从两个方面扩展了 Taylor（2003）。首先，Taylor（2003）假设基金经理在竞争新投资时获得管理资产固定比例的管理费。我们引入了一个基于基准的薪酬合同，在该合同中，基金业绩也根据一个基准进行评估：业绩过高将获得奖励，业绩不佳将受到惩罚。换言之，我们不仅探讨了基金相互竞争的锦标赛，而且还结合了基金业绩通常根据某个基准进行评估的事实（Admati 和 Pfleiderer，1997；Elton 等，2003）。在资产管理的某些行业（如对冲基金），基金经理的薪酬往往与相对于基准的相对业绩明确挂钩，而在其他行业（如共同基金），这种联系通过改变资产管理规模的资金流入来实现。基于基准的薪酬激励合同的采用带了一系列新的问题。例如，合同中的参数将如何影响基金经理的投资策略。具体而言，对绝对与相对基金绩效的关注将如何影响基金的资产配置，从而影响投资组合的均衡。

其次，为了技术处理的方便，我们假设获胜基金的现金流入是其投资策略（风险暴露）的函数，而不是 Taylor（2003）中的常数。实证研究文献（Chevalier 和 Ellison，1997 年；Sirri 和 Tufano，1998 年；Del Guercio 和 Tkac，2002 年）普遍支持资金流动—业绩函数有两个显著的特征：增函数和凸性。假设资金流动是投资业绩的线性凸函数。对于相互竞争的两只基金，失败的基金不会吸引新的投资，而获胜基金会有现金流入，且投资业绩越突出，资金流入越多。因此，基金经理不仅想赢得比赛，而且他们想获得更大业绩。

通过一个考虑混合策略的博弈模型，我们发现年中业绩较好的基金经理在下半年持有较多的风险资产，以保持在基金管理锦标赛中的领先地位。两位管理者的风险承担策略受其年中相对业绩以及风险资产相对于基准的比较特征的影响。此结论类似于 Taylor（2003），本文还有两个额外的发现来自我们对现金流和薪酬激励合同的扩展假设。第一，如果现金流入的规模取决于胜出基金的成功水平（现金流入不是固定的），这将鼓励胜出基金采取更激进的投资策略，因此，隐性激励对基金经理来说确实很重要；第二，薪酬激励合同的结构影响投资经理的策略，当更多地关注超基准的相对业绩时，管理者往往会采取更积极的投资策略——平庸终究不太可能让你获胜。总之，这两个发现与经济理论和传统观念是一致的，即当人们相信自己的行为能够产生影响时，他们会表现得更加雄心勃勃，也就是说，在这种情况下，他们的薪酬与他们的投资策略更直接相关。

通过推广 Taylor（2003）中的关键假设，我们的模型更适合于采用激励合同（相对于基准的）比共同基金行业更普遍的对冲基金（Getmansky 等，2015）。虽然已有大量关于共同基金锦标赛的文献

（Brown et al.，1986；Busse，2001；Goriaev 等，2005；Kempf 和 Ruenzi，2008；Schwarz，2012），但对对冲基金锦标赛行为的研究相对较少（Aragon and Nanda，2011；Kouwenberg 和 Ziemba，2007）。与共同基金经理相比，对冲基金经理面临更激进的激励，以提供强劲的投资回报：固定管理费（通常为资产管理规模的1%—2%）和超过给定基准的基金回报的激励费（通常约为20%），激励费使管理者更有动力超越基准。由于对冲基金行业普遍存在激励性报酬，了解其对基金经理投资策略的影响非常重要。本章旨在对对冲基金的锦标赛行为进行理论探讨。

基于前景理论，Kouwenberg 和 Ziemba（2007）对对冲基金的风险承担进行了建模，发现激励性报酬使得厌恶损失的基金管理者增加了投资策略的风险。虽然外部基准会影响管理者的投资策略，但 Kouwenberg 和 Ziemba（2007）并未讨论基金之间由于直接竞争而产生的战略互动。Aragon 和 Nanda（2011）的实证分析表明，高水位准备金、管理层持股和基金关闭风险与对冲基金经理在风险转移中的保守策略有关。

4.1 模型假设

本章概要说明投资资产、竞争环境以及基金经理面临的薪酬激励合同。

假设 1：在市场上有两种资产，资产 A（风险资产）和资产 B（基准组合），资产 A 和基准组合 B 的收益率分别为 $\tilde{r}_a$ 和 $\tilde{r}_b$，$\tilde{r}_a$ 和 $\tilde{r}_b$ 服从均值和方差分别为 μ_a,μ_b 和 σ_a^2,σ_b^2 的正态分布，假设 $\mu_a>\mu_b$，$\sigma_a^2>\sigma_b^2$，即资产 A 是比基准组合 B 风险高的资产。θ $(0\leqslant\theta\leqslant1)$ 为基金投资组合中资产 A 的持有比例，θ 越大则基金承担的风险越

大。基金组合 P 的收益率为

$$\tilde{r}_p=\theta\,\tilde{r}_a+(1-\theta)\tilde{r}_b \tag{4.1}$$

假设 2： 市场上有两只基金，分别称为基金 i 和基金 j。我们把一年分为 2 个时段，$t=0$ 表示年初，$t=1$ 表示年中，$t=2$ 表示年末。$t=0$ 时基金的初始资金规模为 W_i^0，假设 $W_i^0=1$，这一假设并不影响本文的结论。在 $t=1$ 时基金 i 和基金 j 实现的收益率分别记为 m_i 和 m_j。

假设 3： 管理者的薪酬激励合同为

$$c_1\tilde{R}_p+c_2(\tilde{R}_p-\tilde{R}_b) \tag{4.2}$$

其中 $\tilde{R}_p$ 表示基金组合从 $t=0$ 到 $t=2$ 时的累积收益，$\tilde{R}_b$ 表示基金在 $t=1$ 到 $t=2$ 时只投资基准组合时的累积收益，即有

$$\tilde{R}_p=1+m_i+\theta_i\tilde{r}_a+(1-\theta_i)\tilde{r}_b$$

$$\tilde{R}_b=1+m_i+\tilde{r}_b$$

参数 c_1 和 c_2 代表了薪酬激励合同中显性激励的强度，反映了投资者对基金经理绝对或相对绩效报酬的偏好。c_1 越高，表示越重视绝对业绩，而 c_2 越高，则表示更重视相对于基准的相对业绩。为了解决许多基金经理只靠“骑乘”（ride）市场就能获得丰厚薪酬的担忧，出现了一场加强薪酬与实际业绩之间联系的社会运动。更高的 c_2 将抓住这种情绪，因为基金经理将因跑赢大盘而受到奖励，因落后而受到惩罚。我们使用 $\eta=c_2/c_1$ 表示对相对业绩和绝对业绩的重视程度。

假设 4： 与 Basak 等（2007）的研究类似，假设流入基金 i 的资金满足

$$f_i(\omega_0,\omega_1)=\begin{cases}\omega_0+\omega_1\theta_i\mu, & m_i+\theta_i\tilde{r}_a+(1-\theta_i)\tilde{r}_b>m_j+\theta_j\tilde{r}_a+(1-\theta_j)\tilde{r}_b\\ 0, & \text{否则}\end{cases} \tag{4.3}$$

其中 ω_0 为常数项，$\omega_0,\omega_1>0$，$\mu=\mu_a-\mu_b$。在 $t=2$ 时，如果基金 i 的业绩大于基金 j 的业绩，则有新资金流入，大小为 $\omega_0+\omega_1\theta_i\mu$，

否则其资金流动为 0。这一假设适用于基金 i 和基金 j 。Taylor（2003 年）假设获胜基金有固定的现金流入。虽然不同的研究（Chevalier 和 Ellison，1997；Sirri 和 Tufano，1998；Del Guercio 和 Tkac，2002）强调了资金流动—业绩关系的不同特征，普遍支持资金流动—业绩函数有两个显著的特征：增函数和凸性。假设资金流动是投资的线性凸函数。在两个相互竞争的基金之间，失败的基金不会吸引新的投资，而胜出的基金会获得与其成功（即投资业绩）成比例的净现金流入（当投资获得回报时，θ_i 代表投资的大胆程度）[①]。

虽然为了建模方便，Taylor（2003）假设现金流入为固定的，但 Spiegel 和 Zhang（2013）表明，当异质性受到控制时，资金流动和投资收益为线性关系。假设 4 符合他们的发现和常识。

4.2 模型的构建

基于假设 1-4，管理者 i 的报酬为：

$$\begin{aligned}\Pi_i[\theta_i,\theta_j]=&c_1\{[1+m_i+\theta_i\tilde{r}_a+(1-\theta_i)\tilde{r}_b]+f_i(\omega_0,\omega_1)P_i(\theta_i,\theta_j)\}\\&+c_2\{[1+m_i+\theta_i\tilde{r}_a+(1-\theta_i)\tilde{r}_b]-(1+m_i+\tilde{r}_b)\}\end{aligned}\tag{4.4}$$

其中

$$P_i(\theta_i,\theta_j)=\begin{cases}1, & m_i+\theta_i\tilde{r}_a+(1-\theta_i)\tilde{r}_b\geq m_j+\theta_j\tilde{r}_a+(1-\theta_j)\tilde{r}_b\\0, & \text{否则}\end{cases}$$

$P_i(\theta_i,\theta_j)$ 的值取决于基金 i 和基金 j 从 $t=0$ 到 $t=2$ 的累积收益的大小，新资金流入累积收益大的那只基金。

基金经理面临两种竞争（激励）。根据薪酬激励合同，除了赚取管理资产某一百分比的报酬外，基金经理根据基准进行评估的投

① 实际上，大多数开放式基金在一个特定的年份里会根据其投资业绩获得不同数额的资金流入。这样扩展假设 4 将使模型的求解更加复杂，而定性结论仍然成立。

资业绩不佳时将受到处罚。与此同时，这两个基金都在竞争，因为获胜基金将吸引现金流入，从而增加管理资产净值。前者的激励是明确的，如薪酬激励合同中规定，后者是隐含的。从本质上讲，在年终对于这两只基金的管理者来说，投资决策有两个目标：超越基准，享受超额业绩的奖金；另外根据年中业绩战略性配置资产，以便在年底前击败另一只基金，从而享受更大的一块蛋糕。

式（4.2）说明管理者i的报酬可以分为两部分，第一部分为基金资产规模的某一比例，其大小为

$$c_1\{[1+m_i+\theta_i\tilde{r}_a+(1-\theta_i)\tilde{r}_b]+f_i(\omega_0,\omega_1)P_i(\theta_i,\theta_j)\}$$

第二部分为因基金收益高于或低于基准组合收益而对管理者i进行奖励或惩罚的部分，其大小为

$$c_2\{[1+m_i+\theta_i\tilde{r}_a+(1-\theta_i)\tilde{r}_b]-(1+m_i+\tilde{r}_b)\}$$

管理者i的期望报酬为

$$E\{\Pi_i[\theta_i,\theta_j]\}=c_1(1+m_i+\mu_b)+(c_1+c_2)\theta_i\mu+c_1f_i(\omega_0,\omega_1)P_i(\theta_i,\theta_j) \tag{4.5}$$

假设管理者为风险中性，则管理者i在$t=1$的最优决策为

$$\max_{\theta_i} E(\Pi_i[\theta_i,\theta_j])$$

其中

$$P_i(\theta_i,\theta_j)=\begin{cases}1-\Phi(\dfrac{T-\mu}{\sigma}), & \theta_i>\theta_j\\ \Phi(\dfrac{T-\mu}{\sigma}), & \theta_i<\theta_j\\ 1, & \theta_i=\theta_j \ and\ m_i>m_j\\ 0, & 其他\end{cases}$$

$T=\dfrac{m_j-m_i}{\theta_i-\theta_j}$，$\sigma=\sqrt{\sigma_a^2-2\sigma_{ab}+\sigma_b^2}$（$\tilde{r}_a-\tilde{r}_b$的标准差），$\Phi(x)$为标准正态分布的分布函数。

在$t=1$时，管理者i和管理者j双方年中的业绩m_i和m_j为共同知识，但在$t=1$到$t=2$时双方都不能观察到对方的行动，博弈双方

都想通过θ的选择最终在竞赛中获胜，从而吸引到新资金的流入。管理者i和管理者j之间的博弈是典型的非合作博弈，参考 Taylor（2003），研究竞赛对管理者的资产选择的影响可以考虑$\theta=0$和$\theta=1$两种极端情况，因为其他情况有相同结论。我们假设从$t=0$到$t=1$基金i的收益率大于基金j的收益率，$m_i>m_j$，在年中管理者i是胜者（winner），而管理者j是败者（loser），令$g=m_i-m_j$，表示两个管理者在年中的业绩之差，θ_i和θ_j分别取值 0 和 1，得到四种情况下管理者i和管理者j的支付，支付矩阵见表 4–1。

表 4–1　　支付矩阵

		基金j	
		基准组合$(1-q)$	资产$A(q)$
基金i	基准组合$(1-p)$	$\pi^w(0,0)$，$\pi^l(0,0)$	$\pi^w(0,1)$，$\pi^l(0,1)$
	资产$A(p)$	$\pi^w(1,0)$，$\pi^l(1,0)$	$\pi^w(1,1)$，$\pi^l(1,1)$

（1）当$\theta_i=0$，$\theta_j=0$时管理者i和管理者j的支付分别为

$$\pi^w(0,0)=c_1(1+m_i+\mu_b)+c_1\omega_0$$
$$\pi^l(0,0)=c_1(1+m_j+\mu_b)$$

其中，符号$\pi^w(0,0)$和$\pi^l(0,0)$中的$(0,0)$表示管理者i和管理者j的资产选择，上标表示管理者，w为胜者，l为败者。

（2）当$\theta_i=0$，$\theta_j=1$时管理者i和管理者j的支付分别为

$$\pi^w(0,1)=c_1(1+m_i+\mu_b)+c_1\omega_0\Phi\left(\frac{g-\mu}{\sigma}\right)$$

$$\pi^l(0,1)=c_1(1+m_j+\mu_b)+(c_1+c_2)\mu+c_1(\omega_0+\omega_1\mu)\left[1-\Phi\left(\frac{g-\mu}{\sigma}\right)\right]$$

（3）当$\theta_i=1$，$\theta_j=0$时管理者i和管理者j的支付分别为

$$\pi^w(1,0)=c_1(1+m_i+\mu_b)+(c_1+c_2)\mu+c_1(\omega_1+\omega_1\mu)\left[1-\Phi\left(\frac{-g-\mu}{\sigma}\right)\right]$$

$$\pi^l(1,0)=c_1(1+m_j+\mu_b)+c_1\omega_0\Phi\left(\frac{-g-\mu}{\sigma}\right)$$

（4）当$\theta_i=1$，$\theta_j=1$时管理者i和管理者j的支付分别为：

$$\pi^w(1,1)=c_1(1+m_i+\mu_b)+(c_1+c_2)\mu+c_1(\omega_0+\omega_1\mu)$$

$\pi^l(1,1)=c_1(1+m_j+\mu_b)+(c_1+c_2)\mu$

对上述四种情况下管理者i和管理者j的支付进行比较有

（1）如$(1+\eta)\mu>\omega_0\Phi\left(\frac{-g-\mu}{\sigma}\right)$，假设基金$i$首先行动，有$\pi^w(0,0)<\pi^w(1,0)$，$\pi^w(0,1)<\pi^w(1,1)$，此时管理者$i$的最优战略是选择资产$A$，在肯定基金$i$选择资产$A$后，基金$j$的战略为选择资产$A$；如基金$j$先行动，因为$\pi^l(0,1)>\pi^l(0,0)$，$\pi^l(1,1)>\pi^l(1,0)$，基金$j$的最优战略也是选择资产$A$，给定基金$j$的战略为选择资产$A$，基金$i$的最优战略是选择资产$A$，即双方都持有资产$A$构成纳什均衡，即此时博弈双方都选择高风险资产。

（2）如$(1+\eta)\mu<\omega_0\Phi\left(\frac{-g-\mu}{\sigma}\right)-\omega_1\mu\Phi\left(\frac{g+\mu}{\sigma}\right)$，则有$\pi^w(0,0)>\pi^w(1,0)$，$\pi^w(0,1)<\pi^w(1,1)$，$\pi^l(0,1)>\pi^l(0,0)$，$\pi^l(1,1)>\pi^l(1,0)$，此时基金$i$和基金$j$都有可能在竞争中获胜，吸引到新资金的流入，所以不存在纯策略均衡，但是存在混合策略均衡。

假设管理者i选择资产A的概率为p，管理者j选择资产A的概率为q，则管理者i的期望收益为：

$$\begin{aligned}\pi_w(p,q)=&(1-p)[\pi^w(0,0)(1-q)+\pi^w(0,1)q]\\&+p[\pi^w(1,0)(1-q)+\pi^w(1,1)q]\end{aligned}\quad(4.6)$$

管理者j的期望收益为：

$$\begin{aligned}\pi_l(p,q)=&(1-q)[\pi^l(0,0)(1-p)+\pi^l(1,0)p]\\&+q[\pi^l(0,1)(1-p)+\pi^l(1,1)p]\end{aligned}\quad(4.7)$$

4.3 均衡与比较静态分析

4.3.1 混合策略均衡

最大化目标函数（4.6），由一阶条件，可得$\frac{\partial\pi_w(p,q)}{\partial p}=0$。我

们有

$$q=\frac{-(1+\eta+\omega_1)\dfrac{\mu}{\omega_0}+\left[\left(1+\dfrac{\omega_1}{\omega_0}\mu\right)\Phi\left(\dfrac{-g-\mu}{\sigma}\right)\right]}{\Phi\left(\dfrac{-g+\mu}{\sigma}\right)+\left(1+\dfrac{\omega_1}{\omega_0}\mu\right)\Phi\left(\dfrac{-g-\mu}{\sigma}\right)} \tag{4.8}$$

最大化目标函数（4.7），由一阶条件，可得 $\dfrac{\partial\pi_I(p,q)}{\partial q}=0$，我们有

$$p=\frac{(1+\eta)\dfrac{\mu}{\omega_0}+\left(1+\dfrac{\omega_1}{\omega_0}\mu\right)\left[1-\Phi\left(\dfrac{g-\mu}{\sigma}\right)\right]}{\left[\left(1+\dfrac{\omega_1}{\omega_0}\mu\right)\Phi\left(\dfrac{-g+\mu}{\sigma}\right)\right]+\Phi\left(\dfrac{-g-\mu}{\sigma}\right)} \tag{4.9}$$

引理 4.1 在混合均衡中，管理者 i 和管理者 j 分别以概率 p 和 q 选择资产 A，当 $\mu\geq 0$ 时 $\Phi\left(\dfrac{g+\mu}{\sigma}\right)>\Phi\left(\dfrac{g-\mu}{\sigma}\right)$，根据（4.8）和（4.9）式有 $p>1/2$，$1-q>1/2$。

证明： $p>\dfrac{1}{2}$ 和 $1-q>\dfrac{1}{2}$

$$p=\frac{(1+\eta)\dfrac{\mu}{\omega_0}+\left(1+\dfrac{\omega_1}{\omega_0}\mu\right)\left[1-\Phi\left(\dfrac{g-\mu}{\sigma}\right)\right]}{\left[\left(1+\dfrac{\omega_1}{\omega_0}\mu\right)\Phi\left(\dfrac{-g+\mu}{\sigma}\right)\right]+\Phi\left(\dfrac{-g-\mu}{\sigma}\right)}$$

$$>\frac{\left(1+\dfrac{\omega_1}{\omega_0}\mu\right)\left[1-\Phi\left(\dfrac{g-\mu}{\sigma}\right)\right]}{\left[\left(1+\dfrac{\omega_1}{\omega_0}\mu\right)\Phi\left(\dfrac{-g+\mu}{\sigma}\right)\right]+\Phi\left(\dfrac{-g-\mu}{\sigma}\right)}$$

$$>\frac{\left(1+\dfrac{\omega_1}{\omega_0}\mu\right)\left[1-\Phi\left(\dfrac{g-\mu}{\sigma}\right)\right]}{\left(1+\dfrac{\omega_1}{\omega_0}\mu\right)\left[\Phi\left(\dfrac{-g+\mu}{\sigma}\right)+\Phi\left(\dfrac{-g-\mu}{\sigma}\right)\right]}$$

$$>\frac{1-\Phi\left(\frac{g-\mu}{\sigma}\right)}{2-\Phi\left(\frac{g-\mu}{\sigma}\right)-\Phi\left(\frac{g+\mu}{\sigma}\right)}>\frac{1-\Phi\left(\frac{g-\mu}{\sigma}\right)}{2\left[1-\Phi\left(\frac{g-\mu}{\sigma}\right)\right]}=\frac{1}{2}$$

$$1-q=\frac{1-\Phi\left(\frac{g-\mu}{\sigma}\right)+(1+\eta+\omega_1)\frac{\mu}{\omega_0}}{1-\Phi\left(\frac{g-\mu}{\sigma}\right)+\left(1+\frac{\omega_1}{\omega_0}\mu\right)\Phi\left(\frac{-g-\mu}{\sigma}\right)}$$

$$>\frac{1-\Phi\left(\frac{g-\mu}{\sigma}\right)+(1+\eta+\omega_1)\frac{\mu}{\omega_0}}{\left[1-\Phi\left(\frac{g-\mu}{\sigma}\right)\right]\left(2+\frac{\omega_1}{\omega_0}\mu\right)}$$

$$>\frac{\left[1-\Phi\left(\frac{g-\mu}{\sigma}\right)\right]\left(1+\frac{\omega_1}{\omega_0}\mu\right)}{\left[1-\Phi\left(\frac{g-\mu}{\sigma}\right)\right]\left(2+\frac{\omega_1}{\omega_0}\mu\right)}>\frac{\left(1+\frac{\omega_1}{\omega_0}\mu\right)}{2\left(1+\frac{\omega_1}{\omega_0}\mu\right)}=\frac{1}{2}$$

引理 4.1 证毕。

$p>1/2$ 说明年中业绩领先的基金 i 下半年选择资产 A 的概率大于 $1/2$，而 $1-q>1/2$ 说明业绩落后的基金 j 以大于 $1/2$ 的概率选择基准组合 B，于是我们得到结论 4.1。

结论 4.1 在资产管理锦标赛的混合策略纳什均衡中，年中业绩较好的管理者下半年选择高风险资产的概率于业绩落后的管理者。

结论 4.1 似乎有悖常理，与共同基金锦标赛文献（Brown 等，1986；Goriaev，2005）中的论点相反，后者认为表现不佳的基金会加大风险资产的持有以期获得好的投资业绩而追赶获胜者，但表现良好的基金则会降低风险以锁定领先优势。然而，我们的结果表明，当管理者同时做出选择时，他们也会对竞争对手的战略形成理性预期。当年中获胜者理性预期竞争对手下半年以正概率投资风险资产时，获胜者将选择风险较高的投资组合以维持领先地位。同时，年中失败者理性地预期胜利者的策略，他会选择风险较小的资产来区分自己的策略。毕竟，采用类似的方法（或羊群行为）是不太可能弥补现有的落后业绩。下半年的这种选择反映了两位管理者之间的战略互动，因为他们无法观察对方的选择，必须根据理性预期做出决定。

上述结论与研究基金战略资产配置的 Basak 和 Makarov（2014）的结论在几个方面是一致的，尽管模型设置完全不同。第一，基金经理之间的战略互动可以产生纯策略或混合策略均衡。第二，基金经理在竞赛中总是受到比赛激励的影响，不管她是领先还是落后（甚至是差距很大）。第三，Basak 和 Makarov（2014）表明，当他们的表现接近时，基金经理可能会朝着彼此相反的方向选择博弈策略。同样，上述结论 4.1 表明，年中领先的管理者可能会采取比落后的管理者更积极的投资策略。

Nieken 和 Sliwka（2010）为冒险比赛提供了实验证据（不专门用于金融投资）。结果表明，当风险策略的结果不相关时，领先者比对手更倾向于选择安全策略，而落后者几乎总是选择风险策略。当风险策略的结果完全相关时，在我们的投资竞赛模型中，领先者在 92.8%的情况下选择风险策略，而落后者在 60.5%的情况下选择风险策略。Nieken 和 Sliwka（2010）的实验结果支持了我们的理论预测。此外，观察到很强的学习效果。在实验过程中，领先的玩家增加了他们玩冒险策略的频率，而落后的玩家减少了这种频率。

4.3.2 比较静态分析

接下来，我们将探讨风险资产和基准资产之间的差异（均值和波动率）以及年中表现的差异如何影响业绩领先的管理者投资风险资产的概率。

将 p 关于 μ，g，σ 分别求导得

$$\frac{\partial p}{\partial \mu}=\frac{H_1}{\left[\left(1+\frac{\omega_1}{\omega_0}\mu\right)\Phi\left(\frac{-g+\mu}{\sigma}\right)+\Phi\left(\frac{-g-\mu}{\sigma}\right)\right]^2} \tag{4.10}$$

$$\frac{\partial p}{\partial g}=\frac{H_2}{\left[\left(1+\frac{\omega_1}{\omega_0}\mu\right)\Phi\left(\frac{-g+\mu}{\sigma}\right)+\Phi\left(\frac{-g-\mu}{\sigma}\right)\right]^2} \tag{4.11}$$

$$\frac{\partial p}{\partial \sigma}=\frac{H_3}{\left[\left(1+\frac{\omega_1}{\omega_0}\mu\right)\Phi\left(\frac{-g+\mu}{\sigma}\right)+\Phi\left(\frac{-g-\mu}{\sigma}\right)\right]^2} \tag{4.12}$$

其中 H_1、H_2 和 H_3 分别为

$$\begin{aligned}H_1=&(1+\eta)\frac{1}{\omega_0}\left[\left(1+\frac{\omega_1}{\omega_0}\mu\right)\Phi\left(\frac{-g+\mu}{\sigma}\right)+\Phi\left(\frac{-g-\mu}{\sigma}\right)\right]\\&+\left[\left(1+\frac{\omega_1}{\omega_0}\right)\Phi\left(\frac{-g+\mu}{\sigma}\right)+\frac{1}{\sigma}\left(1+\frac{\omega_1}{\omega_0}\mu\right)f\left(\frac{g-\mu}{\sigma}\right)\right]\\&\left[\Phi\left(\frac{-g-\mu}{\sigma}\right)-(1+\eta)\frac{\mu}{\omega_0}\right]\\&+\frac{1}{\sigma}f\left(\frac{-g-\mu}{\sigma}\right)\left[(1+\eta)\frac{\mu}{\omega_0}+\left(1+\frac{\omega_1}{\omega_0}\mu\right)\Phi\left(\frac{-g+\mu}{\sigma}\right)\right]\end{aligned}$$

$$\begin{aligned}H_2=&-\left(1+\frac{\omega_1}{\omega_0}\mu\right)\frac{1}{\sigma}f\left(\frac{g-\mu}{\sigma}\right)\left[\Phi\left(\frac{-g-\mu}{\sigma}\right)-(1+\eta)\frac{\mu}{\omega_0}\right]\\&+\frac{1}{\sigma}f\left(\frac{-g-\mu}{\sigma}\right)\left[\left(1+\frac{\omega_1}{\omega_0}\mu\right)\Phi\left(\frac{-g+\mu}{\sigma}\right)+(1+\eta)\frac{\mu}{\omega_0}\right]\end{aligned}$$

$$\begin{aligned}H_3=&\left(1+\frac{\omega_1}{\omega_0}\mu\right)\frac{g-\mu}{\sigma^2}f\left(\frac{g-\mu}{\sigma}\right)\left[\Phi\left(\frac{-g-\mu}{\sigma}\right)-(1+\eta)\frac{\mu}{\omega_0}\right]\\&-\frac{g+\mu}{\sigma^2}f\left(\frac{-g-\mu}{\sigma}\right)\left[\left(1+k\frac{\mu}{\omega_0}\right)\Phi\left(\frac{-g+\mu}{\sigma}\right)+(1+\eta)\frac{\mu}{\omega_0}\right]\end{aligned}$$

$f(x)$ 表示标准正态分布的密度函数

在假设 $\mu,g,\sigma>0$ 下，我们讨论 $\frac{\partial p}{\partial \mu}$，$\frac{\partial p}{\partial g}$ 和 $\frac{\partial p}{\partial \sigma}$ 的符号。

- 当$\Phi\left(\frac{-g-\mu}{\sigma}\right)\geqslant(1+\eta)\frac{\mu}{\omega_0}$，则$H_1$中的每一项都大于零，即

有$H_1>0$，从而$\frac{\partial p}{\partial \mu}>0$

- 当$\left(1+\frac{\omega_1}{\omega_0}\mu\right)\Phi\left(\frac{-g-\mu}{\sigma}\right)\geqslant(1+\eta)\frac{\mu}{\omega_0}$和$f\left(\frac{-g+\mu}{\sigma}\right)>$

$f\left(\frac{-g-\mu}{\sigma}\right)$满足时，有

$$H_2>\frac{3}{\sigma}f\left(\frac{-g-\mu}{\sigma}\right)\left[(1+\eta)\frac{\mu}{\omega_0}\right]\times$$
$$\left[1-\frac{\exp\left(\frac{2g\mu}{\sigma^2}\right)}{3}\frac{(\omega+\omega_1\mu)\Phi\left(\frac{-g-\mu}{\sigma}\right)}{1+\eta}\right]$$

只要当上述不等式右边最后一个中括号中的项大于零，就有$H_2>0$（下文引理4.2奖给出证明），从而$\frac{\partial p}{\partial g}>0$。

引理4.2 $H_2>\frac{3}{\sigma}f\left(\frac{-g-\mu}{\sigma}\right)\left[(1+\eta)\frac{\mu}{\omega_0}\right]\times$

$$\left[1-\frac{\exp\left(\frac{2g\mu}{\sigma^2}\right)}{3}\frac{(\omega_0+\omega_1\mu)\Phi\left(\frac{-g-\mu}{\sigma}\right)}{1+\eta}\right]$$

证明：根据$\Phi\left(\frac{-g+\mu}{\sigma}\right)>\Phi\left(\frac{-g-\mu}{\sigma}\right)$，所以有

$$\begin{aligned}H_2=&-\left(1+\frac{\omega_1}{\omega_0}\mu\right)\frac{1}{\sigma}f\left(\frac{g-\mu}{\sigma}\right)\left[\Phi\left(\frac{-g-\mu}{\sigma}\right)-(1+\eta)\frac{\mu}{\omega_0}\right]\\&+\frac{1}{\sigma}f\left(\frac{-g-\mu}{\sigma}\right)\left[\left(1+\frac{\omega_1}{\omega_0}\mu\right)\Phi\left(\frac{-g+\mu}{\sigma}\right)+(1+\eta)\frac{\mu}{\omega_0}\right]\\&>\frac{1}{\sigma}f\left(\frac{-g-\mu}{\sigma}\right)\left[\left(1+\frac{\omega_1}{\omega_0}\mu\right)\Phi\left(\frac{-g-\mu}{\sigma}\right)+(1+\eta)\frac{\mu}{\omega_0}\right]\\&-\left(1+\frac{\omega_1}{\omega_0}\mu\right)\frac{1}{\sigma}f\left(\frac{g-\mu}{\sigma}\right)\left[\Phi\left(\frac{-g-\mu}{\sigma}\right)-(1+\eta)\frac{\mu}{\omega_0}\right]\end{aligned}$$

在$\left(1+\frac{\omega_1}{\omega_0}\mu\right)\Phi\left(\frac{-g-\mu}{\sigma}\right)>(1+\eta)\frac{\mu}{\omega_0}$的情况下，有

$$>\frac{2}{\sigma}f\left(\frac{-g-\mu}{\sigma}\right)\left[(1+\eta)\frac{\mu}{\omega_0}\right]+\left(1+k\frac{\mu}{\omega_0}\right)\frac{1}{\sigma}f\left(\frac{g-\mu}{\sigma}\right)(1+\eta)\frac{\mu}{\omega_0}$$

$$-\left(1+\frac{\omega_1}{\omega_0}\mu\right)\frac{1}{\sigma}f\left(\frac{g-\mu}{\sigma}\right)\Phi\left(\frac{-g-\mu}{\sigma}\right)$$

因为$\left(1+\frac{\omega_1}{\omega_0}\mu\right)>1$，所以

$$>\frac{2}{\sigma}f\left(\frac{-g-\mu}{\sigma}\right)\left[(1+\eta)\frac{\mu}{\omega_0}\right]+\frac{1}{\sigma}f\left(\frac{-g-\mu}{\sigma}\right)(1+\eta)\frac{\mu}{\omega_0}$$

$$-\left(1+\frac{\omega_1}{\omega_0}\mu\right)\frac{1}{\sigma}f\left(\frac{g-\mu}{\sigma}\right)\Phi\left(\frac{-g-\mu}{\sigma}\right)$$

$$=\frac{3}{\sigma}f\left(\frac{-g-\mu}{\sigma}\right)\left[(1+\eta)\frac{\mu}{\omega_0}\right]-\left(1+\frac{\omega_1}{\omega_0}\mu\right)\frac{1}{\sigma}f\left(\frac{g-\mu}{\sigma}\right)\Phi\left(\frac{-g-\mu}{\sigma}\right)$$

$$=\frac{3}{\sigma}f\left(\frac{-g-\mu}{\sigma}\right)\left[(1+\eta)\frac{\mu}{\omega_0}\right]\left[1-\frac{\exp\left(\frac{2g\mu}{\sigma^2}\right)}{3}\frac{(\omega_0+\omega_1\mu)\Phi\left(\frac{-g-\mu}{\sigma}\right)}{1+\eta}\right]$$

引理 4.2 证毕。

由等式（4.9）和式（4.11），我们有

$$\frac{\partial p}{\partial\sigma}=-\left(\frac{g+\mu}{\sigma}\right)\frac{\partial p}{\partial g}$$

$$-\frac{2\mu\left(1+\frac{\omega_1}{\omega_0}\mu\right)\frac{1}{\sigma}f\left(\frac{g-\mu}{\sigma}\right)\left[\Phi\left(\frac{-g-\mu}{\sigma}\right)-(1+\eta)\frac{\mu}{\omega_0}\right]}{\left[\left(1+\frac{\omega_1}{\omega_0}\mu\right)\Phi\left(\frac{-g+\mu}{\sigma}\right)+\Phi\left(\frac{-g-\mu}{\sigma}\right)\right]^2}$$

在条件$\Phi\left(\frac{-g-\mu}{\sigma}\right)\geqslant(1+\eta)\frac{\mu}{\omega_0}$和$\frac{\partial p}{\partial g}>0$下，有$\frac{\partial p}{\partial\sigma}<0$[①]。

① 参数限制是充分的，但不是必要的。直观地说，这些不等式排除了一些极端和/或不切实际的设置，如两种资产之间的预期收益差异非常大（μ）、获胜基金的现金流入非常大（ω_0和ω_1）、年中业绩差距巨大（g）或收益差异波动性极低（σ）。在这些极端的情况下，基金经理不必在比赛中有策略地采取行动。例如，当两种资产之间的预期收益差异非常大时，两种管理者的明显主导策略是投资于风险较高的资产。当年中表现差距巨大时，锦标赛基本结束。

下面解释上述结论的经济含义。

（1）$\partial p/\partial\mu>0$ 表明，资产 A 和资产 B 之间的收益率差异越大，年中获胜基金在下半年持有风险资产 A 的概率就越高。当持有风险资产显然更能获得高收益时，获胜者巩固其领先优势是自然的选择。

（2）$\partial p/\partial g>0$ 表明，两只共同基金在年中表现的差距越大，下半年获胜者持有风险资产 A 的可能性越大，失败者持有风险资产 B 的可能性越大。从博弈论或战略互动的角度来看，预期胜出的管理者更有可能投资于风险资产，落后的管理者做出同样的举动不太可能有助于缩小中期收益差距。相反，一种截然相反的方法—投资于保守的基准—可能会给落后的管理者一个迎头赶上的机会，以防风险资产在今年剩余时间表现不佳。从行为学的角度来看，两位经理的年中业绩可能会传达出一些关于他们相对能力的信息。年中胜利者对自己的技术更加自信，并希望通过持有风险资产来巩固赢得锦标赛的惯性。而年中失败者则在下半年面临更高的挑战。由于收益的不确定性较高，年中失败者持有风险资产可能会在年底带来更多失望。因此，年中失败者可能会采取保守的方法，选择风险较小的基准投资组合。

（3）$\partial p/\partial\sigma<0$ 表明，风险资产 A 和基准 B 之间收益差异的波动性越高，年中获胜者在下半年持有资产 A 的可能性就越小。σ 越高，表明这两种资产的收益相关性越小。年中获胜者的首要任务是保持领先地位，如果对资产 A 的高风险投资没有成功，这种领先地位可能会不保。因此，年中获胜者不太可能投资于风险资产，以减少不必要的风险。对于年中的失败者来说，相关性较低的收益率代表了一个可行但有限的追赶机会（考虑到获胜基金管理者可能会投资于基准）。因此，追赶的管理者更有可能持有风险资产，并在年底押注于有利的结果（如 $\partial q/\partial\sigma>0$，具体证明见引理 4.3）。这些结果与 Nieken 和 Sliwka（2010）的实验证据一致，即当风险策略的结果不相关时，领先者比对手更经常选择安全策略，而落后者几乎总是选择风险策略。

引理 4.3 $\frac{\partial q}{\partial \sigma}>0$

证明：$\frac{\partial q}{\partial \sigma}=\frac{H_5}{\left[\Phi\left(\frac{-g+\mu}{\sigma}\right)+\left(1+\frac{\omega_1}{\omega_0}\mu\right)\Phi\left(\frac{-g-\mu}{\sigma}\right)\right]^2}$

其中：$H_5=\left(1+\frac{\omega_1}{\omega_0}\mu\right)\frac{g+\mu}{\sigma^2}f\left(\frac{g-\mu}{\sigma}\right)\Phi\left(\frac{-g+\mu}{\sigma}\right)$ $-\left[-(1+\eta+\omega_1)\frac{\mu}{\omega_0}+\left(1+\frac{\omega_1}{\omega_0}\mu\right)\Phi\left(\frac{-g-\mu}{\sigma}\right)\right]f\left(\frac{-g+\mu}{\sigma}\right)\frac{g-\mu}{\sigma^2}+$ $\frac{g+\mu}{\sigma^2}f\left(\frac{-g-\mu}{\sigma}\right)\left[(1+\eta+\omega_1)\frac{\mu}{\omega_0}\left(1+\frac{\omega_1}{\omega_0}\mu\right)\right]$，接下来证明 $H_5>0$ 即可，因为上式中分母为正。

$$
\begin{aligned}
H_5=&\left(1+\frac{\omega_1}{\omega_0}\mu\right)\frac{g+\mu}{\sigma^2}f\left(\frac{g-\mu}{\sigma}\right)\Phi\left(\frac{-g+\mu}{\sigma}\right)\\
&+(1+\eta+\omega_1)\frac{\mu}{\omega_0}f\left(\frac{-g+\mu}{\sigma}\right)\frac{g-\mu}{\sigma^2}\\
&-\left(1+\frac{\omega_1}{\omega_0}\mu\right)\Phi\left(\frac{-g-\mu}{\sigma}\right)f\left(\frac{-g+\mu}{\sigma}\right)\frac{g-\mu}{\sigma^2}\\
&+\frac{g+\mu}{\sigma^2}f\left(\frac{-g-\mu}{\sigma}\right)(1+\eta+\omega_1)\frac{\mu}{\omega_0}\left(1+\frac{\omega_1}{\omega_0}\mu\right)\\
>&\left(1+\frac{\omega_1}{\omega_0}\mu\right)\frac{g+\mu}{\sigma^2}f\left(\frac{g-\mu}{\sigma}\right)\Phi\left(\frac{-g+\mu}{\sigma}\right)\\
&-\left(1+\frac{\omega_1}{\omega_0}\mu\right)\Phi\left(\frac{-g-\mu}{\sigma}\right)f\left(\frac{-g+\mu}{\sigma}\right)\frac{g-\mu}{\sigma^2}
\end{aligned}
$$

因为 $f(x)$ 是标准正态分布的密度函数，该函数为偶函数，所以有 $f\left(\frac{g-\mu}{\sigma}\right)=f\left(\frac{-g+\mu}{\sigma}\right)$，于是

$$
\begin{aligned}
&\left(1+\frac{\omega_1}{\omega_0}\mu\right)\frac{g+\mu}{\sigma^2}f\left(\frac{g-\mu}{\sigma}\right)\Phi\left(\frac{-g+\mu}{\sigma}\right)\\
&-\left(1+\frac{\omega_1}{\omega_0}\mu\right)\Phi\left(\frac{-g-\mu}{\sigma}\right)f\left(\frac{-g+\mu}{\sigma}\right)\frac{g-\mu}{\sigma^2}
\end{aligned}
$$

$$=\left(1+\frac{\omega_1}{\omega_0}\mu\right)f\left(\frac{g-\mu}{\sigma}\right)\left[\frac{g+\mu}{\sigma^2}\Phi\left(\frac{-g+\mu}{\sigma}\right)-\Phi\left(\frac{-g-\mu}{\sigma}\right)\frac{g-\mu}{\sigma^2}\right]$$

又因为$\Phi\left(\frac{-g+\mu}{\sigma}\right)>\Phi\left(\frac{-g-\mu}{\sigma}\right)$，所以

$$\left(1+\frac{\omega_1}{\omega_0}\mu\right)f\left(\frac{g-\mu}{\sigma}\right)\left[\frac{g+\mu}{\sigma^2}\Phi\left(\frac{-g+\mu}{\sigma}\right)-\Phi\left(\frac{-g-\mu}{\sigma}\right)\frac{g-\mu}{\sigma^2}\right]$$

$$>\left(1+\frac{\omega_1}{\omega_0}\mu\right)f\left(\frac{g-\mu}{\sigma}\right)\left[\frac{g+\mu}{\sigma^2}\Phi\left(\frac{-g-\mu}{\sigma}\right)-\Phi\left(\frac{-g-\mu}{\sigma}\right)\frac{g-\mu}{\sigma^2}\right]$$

$$=\left(1+\frac{\omega_1}{\omega_0}\mu\right)f\left(\frac{g-\mu}{\sigma}\right)\frac{2g}{\sigma^2}\Phi\left(\frac{-g-\mu}{\sigma}\right)>0。$$

这样我们证明了$H_5>0$，即$\frac{\partial q}{\partial\sigma}>0$。引理 4.3 证毕。

根据等式（4.3），资金流入获胜基金，ω_0是固定成分，ω_1是关于投资策略（θ）的敏感因子（与μ相关）。将概率p与现金流入参数ω_0和ω_1进行静态比较分析，我们有

$$\frac{\partial p}{\partial\omega_0}=-\frac{\frac{\mu}{\omega_0^2}\left\{(1+\eta)\left[\Phi\left(\frac{-g+\mu}{\sigma}\right)+\Phi\left(\frac{-g-\mu}{\sigma}\right)\right]+\omega_1\Phi\left(\frac{-g+\mu}{\sigma}\right)\Phi\left(\frac{-g-\mu}{\sigma}\right)\right\}}{\left[\left(1+\frac{\omega_1}{\omega_0}\mu\right)\Phi\left(\frac{-g+\mu}{\sigma}\right)+\Phi\left(\frac{-g-\mu}{\sigma}\right)\right]^2}<0 \tag{4.13}$$

$$\frac{\partial p}{\partial\omega_1}=-\frac{\left(1+\frac{\mu}{\omega_0}\right)\left[\Phi\left(\frac{-g-\mu}{\sigma}\right)-(1+\eta)\frac{\mu}{\omega_0}\right]}{\left[\left(1+\frac{\omega_1}{\omega_0}\mu\right)\Phi\left(\frac{-g+\mu}{\sigma}\right)+\Phi\left(\frac{-g-\mu}{\sigma}\right)\right]^2}>0 \tag{4.14}$$

等式（4.13）和（4.14）表明，如果资金流入是固定的（Taylor，2003），它将阻止获胜基金的承担风险；如果现金流的规模取决于获胜基金的成功水平，它将鼓励获胜基金在今年剩余时间采取更积极的投资策略。从直觉上看，后者能更好地激励获胜基金保持积极乐观的态度。

由于分析的复杂性，接下来采用数值方法分析概率p（年中获胜基金选择风险资产的概率）与参数g、σ、ω_0、ω_1之间的关系。选取合理且具有代表性的参数，图 4-1 至图 4-6 支持上述分

析结果，代表性的参数设置参考 Basak 等（2007）和 Basak 与 Makarov（2012）的研究。

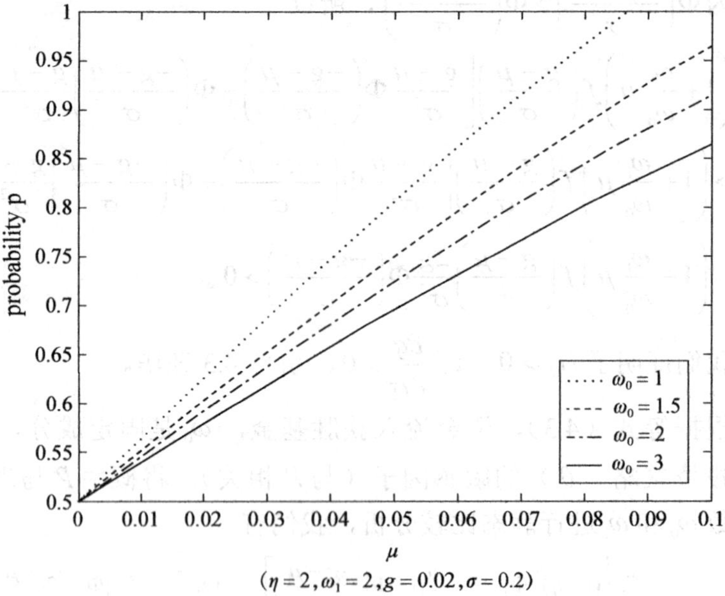

图 4-1　p 与 μ 的关系

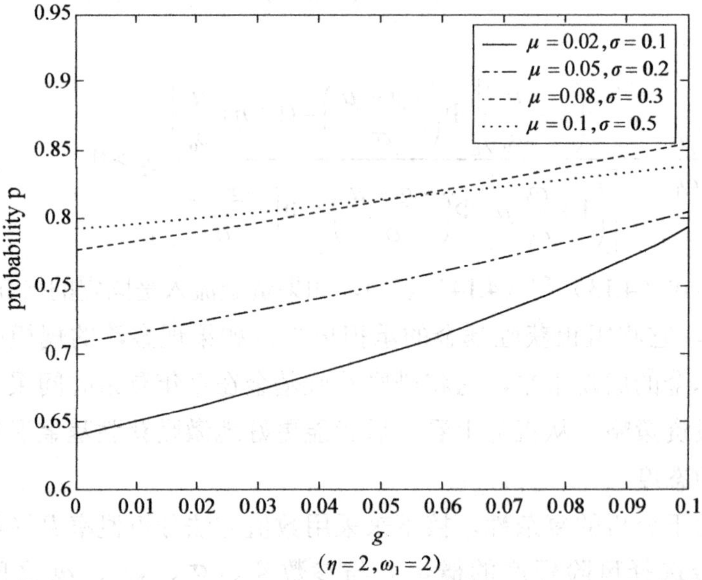

图 4-2　p 与 g 的关系

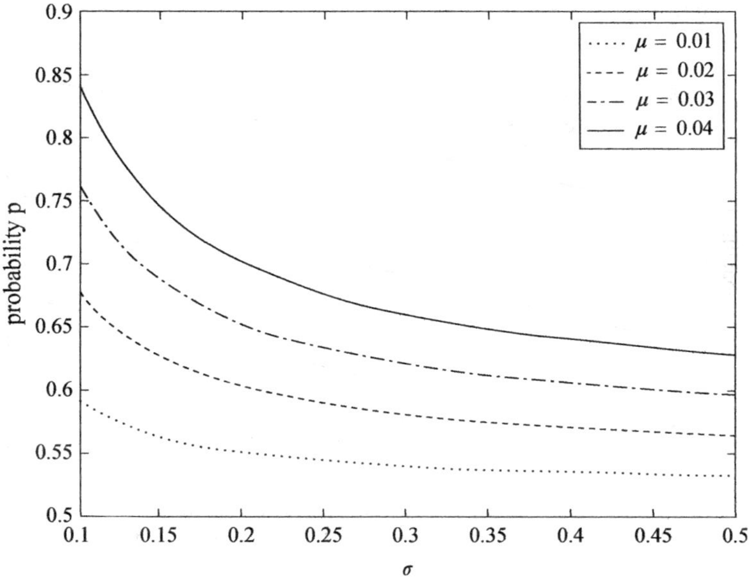

$(\eta = 2, \omega_1 = 2, g = 0.02)$

图 4-3　p 与 σ 的关系

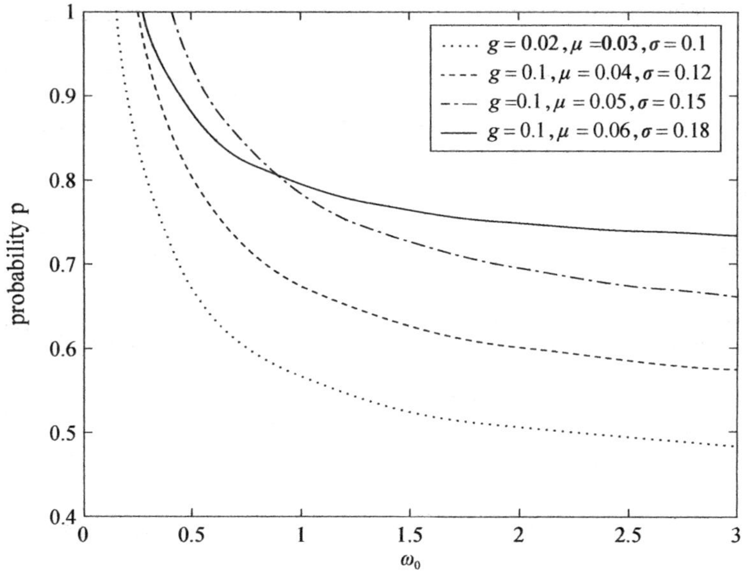

$(\eta = 2, \omega_1 = 2)$

图 4-4　p 与 ω_0 的关系

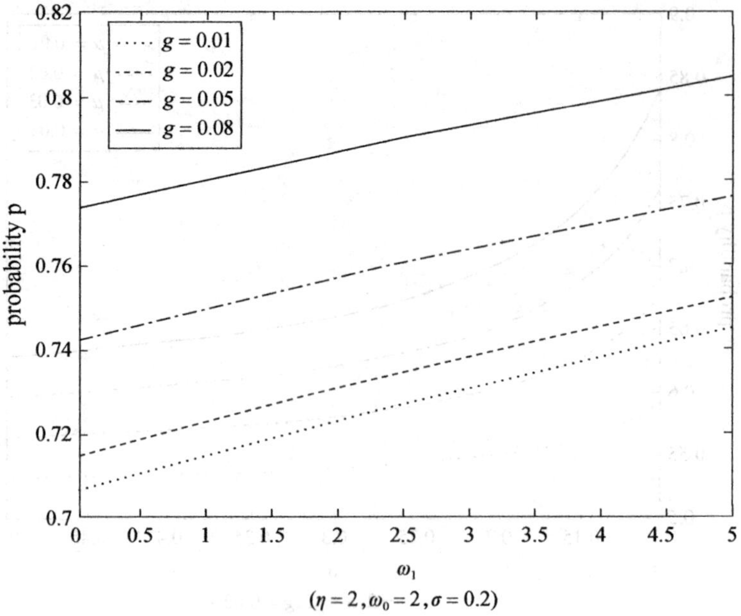

图 4-5 p 与 ω_1 的关系

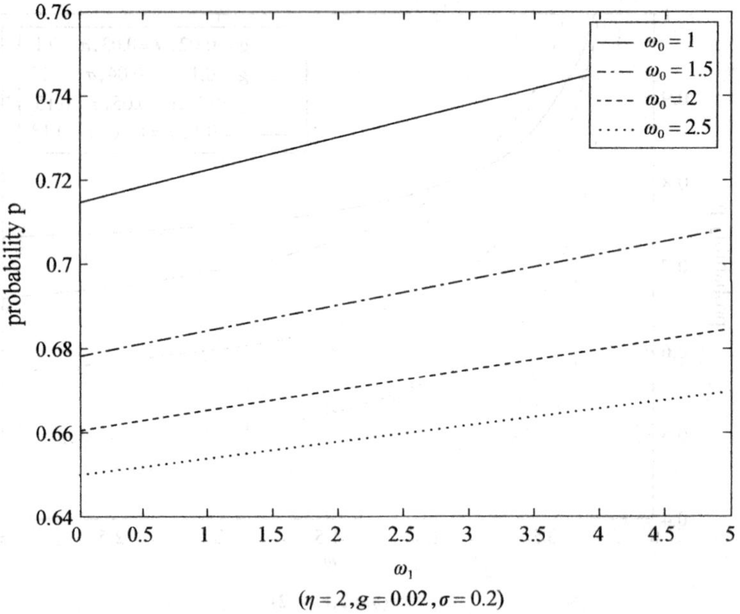

图 4-6 p 与 ω_1 的关系

结论 4.2 年中获胜基金选择风险资产的概率随着 A、B 资产收益率的差距、两只基金年中业绩之差以及资金流对投资策略的敏感性而增大，随着高风险资产波动率的增加而减小。

4.3.3 关于薪酬激励合同参数的比较静态分析

为了研究基于基准的薪酬激励合同对经理人投资组合选择的影响，我们发现了以下比较静态的衍生结论。

$$\frac{\partial p}{\partial c_1}=-\frac{\dfrac{\eta}{c_1}\dfrac{\mu}{\omega_0}}{\left(1+\dfrac{\omega_1}{\omega_0}\mu\right)\Phi\left(\dfrac{-g+\mu}{\sigma}\right)+\Phi\left(\dfrac{-g-\mu}{\sigma}\right)}<0 \tag{4.15}$$

$$\frac{\partial p}{\partial c_2}=\frac{\dfrac{1}{c_1}\dfrac{\mu}{\omega_0}}{\left(1+\dfrac{\omega_1}{\omega_0}\mu\right)\Phi\left(\dfrac{-g+\mu}{\sigma}\right)+\Phi\left(\dfrac{-g-\mu}{\sigma}\right)}>0 \tag{4.16}$$

$$\frac{\partial p}{\partial \eta}=\frac{\dfrac{\mu}{\omega_0}}{\left(1+\dfrac{\omega_1}{\omega_0}\mu\right)\Phi\left(\dfrac{-g+\mu}{\sigma}\right)+\Phi\left(\dfrac{-g-\mu}{\sigma}\right)}>0 \tag{4.17}$$

我们现在分析这些结果的经济意义。

- $\partial p/\partial c_1<0$ 表明薪酬激励合同越强调绝对收益，年中获胜的基金其投资策略越消极，下半年持有风险资产的概率越低。毕竟，胜者在今年上半年获得了不错的回报，这为年底取得令人满意的收益奠定了基础，而不必在今年余下的时间里采取更激进的投资策略。

- $\partial p/\partial c_2>0$ 表明如果更加强调超越基准的报酬，薪酬激励合同将促使年中获胜的基金在下半年采取更激进的策略（即持有风险资产）。谨慎行事可能不是最好的策略。

- $\partial p/\partial \eta>0$ 说明 η（c_2 与 c_1 之比）越高，年中获胜的基金在

下半年选择风险资产的可能性越大。如前所述，参数η反映了投资者在薪酬激励合同中规定的绝对和相对业绩之间的优先权。高η表明投资者更关心基金相对于基准的收益（相对收益），而不是其绝对收益。毕竟，所有基金的业绩都会受到市场趋势的影响，某一年的优秀投资业绩本身并不一定代表成功。公众对投资经理和企业高管高薪酬的不满，往往是基于这样一个事实：许多这样的人只是“骑乘”（ride）市场，而不是提供比平均水平更好的业绩。例如，不论其表现如何，共同基金根据资产管理规模收取固定管理费。投资者确实可以选择赎回自己的基金份额，但有证据表明，大多数共同基金投资者在表现令人失望后并没有离开。我们的研究结果表明，在薪酬激励合同中，较高的η将向管理者传达这样一个信息：他们必须战胜平庸，通过战略性地承担累积风险来赢得报酬。

结论 4.3 年中获胜基金下半年持有风险资产的概率，随着管理者对整体投资组合收益的分享比率的增加而下降，随着管理者对超基准收益的分享比率的上升而增加，随着薪酬激励合同中相对业绩优于绝对业绩的重视程度的增加而增加。

结论 4.3 与 Palomino（2005）的结论一致，即相对于绝对绩效最大化，相对绩效目标增加了投资策略的风险和投资者的预期收益。

4.4 本章小结

本文采用博弈论模型研究了薪酬激励合同对投资锦标赛中投资经理风险承担行为的影响。我们发现，在混合策略纳什均衡下，年中业绩较好的管理者下半年选择风险资产的概率较高，而业绩落后的管理者则采取相反的策略。

年中获胜基金选择风险资产的概率随着两种资产收益率的差距、基金年中收益率的差异以及资金流对投资策略的敏感性的增大而增大，但随着两基金收益之差的波动率和固定资金流入系数的增加而减小。当在激励合同中更多地强调相对于基准的相对业绩而不是绝对业绩时，年中获胜基金持有风险资产的概率增加。

第 5 章

两类激励对风险资产价格的影响

在现代金融市场，大部分资产不是所有者直接投资，而是委托专业机构投资者进行管理，如 2007 年美国股票市场机构持股比例达到 70%。在我国，机构投资者已成为市场的投资主体，根据 Wind 数据显示，机构持股市值占市场总市值之比 2015 年底已达 50%。因此，研究机构投资行为对资产价格的影响非常重要，现有文献根据研究视角可以分为两类：

第一类研究报酬合同对资产价格的影响。Brennan（1993）假设机构的报酬合同为相对业绩合同，建立了一个静态的两因素资产均衡模型，该模型类似为 CAPM 模型；Basak 和 Pavlova（2013）在相似的假设下，建立动态模型，研究相对业绩合同与夏普比率的关系，从理论上解释了美国政府的金融政策。Diao（2003）研究了合同不对称性对资产价格的影响。Cuoco 和 Kaniel（2011）假设市场上存在两种风险资产，管理者的报酬是超基准组合收益的函数，且该函数为分段线性函数，研究了管理者的合同与夏普比和率波动率的关系，发现基金管理者的资产需求推高了基准组合成分股的价格。Buffa 等（2017）研究认为因为代理冲突，投资者使得管理者的报酬对投资业绩及基准组合的业绩更敏感，导致管理者不愿意偏离基准指数从而加大价格扭曲，风险和收益负相关。Leung（2014）研究了连续时间动态完备市场代理投资合同与资产价格的关系，发现动态最优合同导致资产收益产生随机波动。Hodor（2014）研究认为基准组合选择影响机构的资产配置与资产价格，当市场风险增加时，机构更倾向于持有基准组合，从而推高了基准组合成分股的价格，夏普比率降低。Sato（2016）研究了委托组合投资管理中管理者最优合同与资产价格关系，发现投资者和管理者通过最优合同来分担风险。Leung（2017）从理论与实证的角度研究了动态合同与夏普比率的关系。Cvitanic 和 Xing（2018）将 Buffa 等（2017）的研究拓展到一般合同的情况，发现大盘股的风险升水高于小盘股，在合同中引入二次项，有利于缓解因合同产生的价格扭曲。

第二类研究相对业绩合同导致的资金流动与资产价格的关系。Kaniel 和 Kondor（2013）假设经济体中，一定比例的资产所有者将资产委托给专业机构进行管理，其他的资产所有者直接进行投资，且资金流动是管理者业绩的函数，研究了资金流动、机构投资比例等与资产价格的关系。Vayanos 和 Woolley（2013）在模型中引入惯性交易和反转交易，发现机构投资导致的资金流动放大了资产价格的变化。He 和 Krishnamurthy（2013）认为合同摩擦导致业绩不好的基金有资金流出，研究了金融中介对资产价格的影响。Savov（2014）研究认为如果考虑资金流动，资产定价模型能很好地解释基金的收益。Ahoniemi 和 Jylha（2014）研究了业绩与资金流动的关系对资产价格的影响，资产流动产生价格压力。Qiu（2017）研究了基金管理者私人信息与价格的关系，认为资金流动使价格更能反映市场信息。刘京军等（2018）认为基金在泡沫资产配置上表现出模仿性策略，资金净流入扩大了其管理的资产规模，但是并没有给基金投资者带来显著的超额收益。

上述研究没有同时研究管理者报酬合同中的参数和资金流动对资产价格的影响，如 Cuoco 和 Kaniel（2011）只研究了合同中的相关参数与资产价格的关系，但没有考虑资金流动，Kaniel 和 Kondor（2013）研究资金流动对资产价格的影响，但没有考虑合同的参数变化。在委托投资组合管理中，报酬合同一般为相对业绩合同，且对正负相对业绩的奖励和惩罚不对称，如不对称合同在私募基金中被广泛采用；另外，资金流动对基金的相对业绩敏感，资金在不同业绩的基金之间的流动表现为不对称。基于此，同时研究两类不对称对资产价格的影响尤为重要。

本文的主要贡献是：1）通过分析积极基金与指数基金的价值关系，将资金流动引入 Cuoco 和 Kaniel（2011）的模型中，建立资产价格满足的微分方程，同时研究两类不对称及机构投资比例与资产价格的关系；2）利用 Mills 率的性质（盛积良等，2020），通过数值分析，研究两类不对称对资产价格的交叉影响。研究发现：资产价格的变动与合同不对称程度、资金流动量和积极基金投资者比例的变动存在正向关系，而与资金流动不对称程度的变化存在负向关系，夏普比率随着积极基金投资者比例的增加而降低；考虑合同不对称与资金流动不对称对资产价格的交叉影响时，发现两类不对称之间存在相互制约，说明资产流动与基金相对业绩的不对称关系降低了报酬合同对资产价格的影响。

5.1 模型假设

假设1：在经济体中，投资标的由两种代表性的资产组成，一种为无风险的债券，另一种为有风险的股票（或股票组合），债券的收益率正规化为零。风险股票在期末的支付 $\tilde{D}$ 服从正态分布，即 $\tilde{D} \sim N(\bar{D},\sigma^2)$ 。为表述的方便，以后我们称有风险的股票为风险资产。假设风险资产的价格为 S ，S 的大小由市场出清确定，风险资产的总供给为1个单位。市场上有两种基金，一种基金简单地跟踪市场指数，我们称它为指数基金，另一类为积极投资的基金，我们称它为积极基金。指数基金中持有股票的比例为 θ^b ，θ^b 为某一固定的值，其收益率为 $\tilde{r}_b = \theta^b(\tilde{D}-S)$ 。积极基金投资组合中风险资产的比例为 θ^m ，其收益率为 $\tilde{r}_p = \theta^m(\tilde{D}-S)$ ，超额收益率为 $\tilde{r}_p - \tilde{r}_b = (\theta^m - \theta^b)(\tilde{D}-S)$ 。

假设2：经济体中有四种代表性的代理人，第一类为个人投资者，该类投资者直接管理自己的资产，并进行积极投资。第二类为指数基金投资者，在1期只投资指数基金，但在2期，当他观察到指数基金收益低于积极基金收益时，转而投资积极基金。第三类为积极基金投资者，在1期投资积极基金，在2期，当观察到积极基金收益低于指数基金收益时，他赎回基金，转而投资指数基金，我们这样假设是为了在模型中引入资产流动。第四类为积极基金管理者，该类管理者对基金进行积极管理。

在该经济体中，基金投资者（包括指数基金投资者和积极基金投资者）的比例为$\lambda_0(\lambda_0>0)$，个人投资者的比例为$1-\lambda_0$。两类基金投资者只有通过购买基金才能投资股票市场。在 1 期积极基金投资者和指数基金投资者的比例分别为λ_1和$1-\lambda_1$，其中$\lambda_1\geqslant 0$。需要说明的是个人投资者不投资基金。

假设 3：参考 Cuoco 和 Kaniel（2011）的研究，积极基金管理者的报酬合同为：

$$\tilde{w}_m = w_0 + \alpha W_0(1+\tilde{r}_p) - W_0\frac{\beta}{c}(\tilde{r}_p - \tilde{r}_b - h)^- + W_0\beta(\tilde{r}_p - \tilde{r}_b - h)^+ \tag{5.1}$$

其中w_0,α,β为事先设定的参数，$x^+=\max(0,x),x^-=\max(0,-x)$，且$\alpha\geqslant 0$，$\beta\geqslant 0$，$c\geqslant 1$。当$x>0$时$x^+=x$，否则$x^+=0$；$x^-$的取值与$x^+$正好相反。$w_0$与管理者的投资业绩没有关系，表示其固定所得，$\alpha W_0(1+\tilde{r}_p)$为管理者对基金期末资产的分享，$\alpha$为分享比例，其大小与期末资产规模有关。$W_0\beta(\tilde{r}_p-\tilde{r}_b-h)^+$为管理者对超额收益的分享，即当$\tilde{r}_p-\tilde{r}_b-h\geq 0$时，管理者得到奖励，$h$为超额收益的阈值；$W_0\frac{\beta}{c}(\tilde{r}_p-\tilde{r}_b-h)^-$为管理者在超额收益低于阈值时，则受到惩罚，但奖励和惩罚的强度不同。当$c>1$时，管理者的合同为不对称合同，c度量合同不对称的程度。当$c\to\infty$时，则对收益低于基准组合收益的基金不进行处罚。在此假设下，管理者的报酬合同是期末基金收益的增函数，是期末基准组合收益的减函数。同时为技术处理的方便，假设$w_0=0,W_0=1$。

假设 4：参考 Kaniel 和 Kondor（2013）的研究，假设资金的流动与投资业绩的关系为：

$$f(\tilde{r}_p,\tilde{r}_b)=\begin{cases}\omega & if \quad \tilde{r}_p-\tilde{r}_b\geqslant h,\\ -\dfrac{\omega}{d} & if \quad \tilde{r}_p-\tilde{r}_b<h,\end{cases} \tag{5.2}$$

其中ω（$\omega>0$）表示新资金的流入量（即该基金规模增加ω单位）。h为某一阈值，当积极基金的超额收益率不小于该阈值时，该基金规模增加ω，否则减少$\dfrac{\omega}{d}$单位，且$d\geqslant 1$，d度量资金流动的不对称程度。

当 $\tilde{r}_p-\tilde{r}_b\geqslant h$ 时，积极基金管理者的报酬为

$$\begin{aligned}\tilde{w}_m&=(1+\omega)[\alpha(1+\tilde{r}_p)+\beta(\tilde{r}_p-\tilde{r}_b)]\\&=(1+\omega)[\alpha+\alpha\theta^m+\beta(\theta^m-\theta^b)](\tilde{D}-S)\end{aligned}\tag{5.3}$$

当 $\tilde{r}_p-\tilde{r}_b<h$ 时，积极基金管理者的报酬为

$$\begin{aligned}\tilde{w}_m&=\left(1-\frac{\omega}{d}\right)\left[\alpha(1+\tilde{r}_p)+\frac{\beta}{c}(\tilde{r}_p-\tilde{r}_b)\right]\\&=\left(1-\frac{\omega}{d}\right)\left[\alpha+\alpha\theta^m-\frac{\beta}{c}(\theta^m-\theta^b)\right](\tilde{D}-S)\end{aligned}\tag{5.4}$$

假设5：个人投资者的负指数效用函数为

$$E[U(\tilde{w}_a)]=-\exp\{\tau\tilde{w}_a\}\tag{5.5}$$

其中τ和$\tilde{w}_a$分别为个人投资者的风险规避系数和期末财富。积极基金管理者的负指数效用函数为

$$E[U(\tilde{w}_m)]=-\exp\{\gamma\tilde{w}_m\}\tag{5.6}$$

（5.6）中γ和$\tilde{w}_m$分别为积极基金管理者的风险规避系数和期末财富，且初始财富为零。

5.2　最优资产选择

5.2.1　个人投资者

假设个人投资者的原始资产为1个单位，在其投资组合中，θ^a和$1-\theta^a$分别为股票和无风险的债券的投资比例，其最优决策为

$$\max_{\theta^a \in(-\infty,+\infty)} E\{-\exp[-\tau\theta^a(\tilde{D}-S)]\} \tag{5.7}$$

问题（5.7）的确定性等价问题为：

$$\max_{\theta^a \in(-\infty,+\infty)} \theta^a(\bar{D}-S)-\frac{1}{2}\tau(\theta^a)^2\sigma^2 \tag{5.8}$$

根据一阶最优条件，个人投资者的风险资产最优投资比例为

$$\theta^a=\frac{\bar{D}-S}{\tau\sigma^2} \tag{5.9}$$

5.2.2 指数基金投资者

在 1 期，我们假设一个单位的积极管理的基金可以购买δ单位的指数基金，如果指数基金投资者观察到$\tilde{r}_p-\tilde{r}_b\geqslant 0$，则有$\delta\omega$单位的指数基金流出该基金（如赎回），投资积极基金，此时积极基金增加了ω单位。如果指数基金投资者观察到$\tilde{r}_p-\tilde{r}_b<0$，积极基金有$\frac{\omega}{d}$单位的基金流出，转而投资指数基金，此时指数基金增加$\frac{\delta\omega}{d}$单位。根据前面关于市场上各类投资者的构成假设，我们可以得到指数基金对风险资产的持有量θ^i。

（1）当$\theta^m-\theta^b\geqslant 0$时

$$\theta^i=\begin{cases}\lambda_0(1-\lambda_1)-\delta\omega, & \tilde{D}-S\geqslant 0\\ \lambda_0(1-\lambda_1)+\dfrac{\delta\omega}{d}, & \tilde{D}-S<0\end{cases} \tag{5.10}$$

（2）当$\theta^m-\theta^b<0$时

$$\theta^i=\begin{cases}\lambda_0(1-\lambda_1)+\dfrac{\delta\omega}{d}, & \tilde{D}-S\geqslant 0\\ \lambda_0(1-\lambda_1)-\delta\omega, & \tilde{D}-S<0\end{cases} \tag{5.11}$$

5.2.3 积极基金管理者

假设在 1 期，积极基金投资组合中风险资产的投资比例为

θ^m，为了技术上处理的方便，我们假设 $h=0$（这样假设并不影响本研究的结论）。

1. 当 $\theta^m-\theta^b>0$ 时，因为 $\tilde{r}_p-\tilde{r}_b=(\theta^m-\theta^b)(\tilde{D}-S)$，如果 $\tilde{r}_p-\tilde{r}_b\geqslant 0$ 则 $(\tilde{D}-S)\geqslant 0$；$\tilde{r}_p-\tilde{r}_b<0$ 则 $(\tilde{D}-S)<0$；此时积极基金管理者的最优决策为

$$\max_{\theta^m\in(-\infty,+\infty)} E[-\exp(-\gamma\tilde{w}_m)] \tag{5.12}$$

$$\tilde{w}_m=\begin{cases}(1+\omega)[\alpha+\alpha\theta^m+\beta(\theta^m-\theta^b)](\tilde{D}-S), & if\ \tilde{D}-S\geq 0,\\ \left(1-\dfrac{\omega}{d}\right)[\alpha+\alpha\theta^m-\dfrac{\beta}{c}(\theta^m-\theta^b)](\tilde{D}-S), & if\ \tilde{D}-S<0,\end{cases} \tag{5.13}$$

管理者的期望效用是两个条件 $\tilde{D}-S\geq 0$ 和 $\tilde{D}-S<0$ 下的期望效用的期望，通过计算可以得到管理者的条件期望效用函数为

$$E(U(\tilde{w}_m))=-f\left(\frac{\bar{D}-S}{\sigma}\right)\left[e^{-\gamma(1+\omega)\alpha}M(\theta_1)+e^{-\gamma\left(1-\frac{\omega}{d}\right)\alpha}M(\theta_2)\right] \tag{5.14}$$

其中 $M(x)$ 为 Mills 率（Mills Ratio），且 $M(x)=e^{\frac{x}{2}}\int_x^{+\infty}e^{-\frac{t^2}{2}}dt$，$x\in(-\infty,+\infty)$，即 $M(x)$ 为超过某点 x 的标准正态分布的概率除以在该点的标准正态分布的密度。在（5.14）中，$\theta_1=-\dfrac{(\bar{D}-S)}{\sigma}+\gamma(1+\omega)\sigma[(\alpha+\beta)\theta^m-\beta\theta^b]$，$\theta_2=\dfrac{(\bar{D}-S)}{\sigma}-\gamma\left(1-\dfrac{\omega}{d}\right)\times\sigma\left[\left(\alpha+\dfrac{\beta}{c}\right)\theta^m-\dfrac{\beta}{c}\theta^b\right]$。

2. 当 $\theta^m-\theta^b<0$ 时，如 $\tilde{r}_p-\tilde{r}_b\geqslant 0$ 则 $(\tilde{D}-S)\leqslant 0$；$\tilde{r}_p-\tilde{r}_b<0$ 则 $(\tilde{D}-S)>0$，此时管理者在投资时需要解决的问题为

$$\max_{\theta\in(-\infty,+\infty)} E[-\exp(-\gamma\tilde{w}_m)] \tag{5.15}$$

$$\tilde{w}_m=\begin{cases}(1+\omega)[\alpha+\alpha\theta^m+\beta_2(\theta^m-\theta^b)](\tilde{D}-S), & if\ \tilde{D}-S<0,\\ \left(1-\dfrac{\omega}{d}\right)\left[\alpha+\alpha\theta^m-\dfrac{\beta_2}{c}(\theta^m-\theta^b)\right](\tilde{D}-S), & if\ \tilde{D}-S\geqslant 0,\end{cases} \tag{5.16}$$

通过计算，我们可以得到$\theta^m-\theta^b<0$时的期望效用与$\theta^m-\theta^b>0$时管理者的期望效用有相同的表达式，这样我们在对管理者的期望效用进行分析时不需要考虑$\theta^m-\theta^b$的正负。

综合1和2，积极基金管理者最优资产选择需要解决的问题为

$$\underset{\theta^m\in(-\infty,+\infty)}{E(U(\tilde{W}))}=-f\left(\frac{\bar{D}-S}{\sigma}\right)\left[e^{-\gamma(1+\omega)\alpha}M(K_1)+e^{-\gamma\left(1-\frac{\omega}{d}\right)\alpha}M(K_2)\right]\tag{5.17}$$

由一阶最优条件$\dfrac{\partial U(E(\tilde{W}))}{\partial\theta^m}=0$，有

$$e^{-\gamma(1+\omega)\alpha}M'(K_1)(1+\omega)(\alpha+\beta)=e^{-\gamma(1-\frac{\omega}{d})\alpha}M'(K_2)\left(1-\frac{\omega}{d}\right)\left(\alpha+\frac{\beta}{c}\right)\tag{5.18}$$

其中$\hat{\theta}^m$为积极基金管理者的最优风险资产持有量，并且

$$K_1=-\frac{(\bar{D}-S)}{\sigma}+\gamma\sigma(1+\omega)[\alpha\hat{\theta}^m+\beta(\hat{\theta}^m-\theta^b)]$$

$$K_2=\frac{(\bar{D}-S)}{\sigma}-\gamma\sigma\left(1-\frac{\omega}{d}\right)\left[\alpha\hat{\theta}^m+\frac{\beta}{c}(\hat{\theta}^m-\theta^b)\right]$$

等式（5.18）的含义是，$-e^{-\gamma(1+\omega)\alpha}M'(K_1)(1+\omega)(\alpha+\beta)$和$-e^{-\gamma(1-\frac{\omega}{d})\alpha}M'(K_2)\left(1-\frac{\omega}{d}\right)\left(\alpha+\frac{\beta}{c}\right)$分别表示$\tilde{D}\geqslant S$和$\tilde{D}<S$时持有风险资产的边际效用，当两种情况下的边际效用相等时，管理者的期望效用达到最大值。

5.3 均衡资产价格的性质

5.3.1 均衡资产价格

根据本章5.1节的假设，在市场出清时，如果$\tilde{D}-S\geqslant 0$，可得

$$(\lambda_0\lambda_1+\omega)\hat{\theta}^m+(1-\lambda_0)\theta^a+[\lambda_0(1-\lambda_1)-\delta\omega]\theta^b=1\tag{5.19}$$

如果$\tilde{D}-S<0$，则有

$$(\lambda_0\lambda_1-\frac{\omega}{d})\hat{\theta}^m+(1-\lambda_0)\theta^a+[\lambda_0(1-\lambda_1)+\frac{\delta\omega}{d}]\theta^b=1 \tag{5.20}$$

令$\eta=\lambda_0\lambda_1$，则η表示整个经济体中积极基金投资者的比例。由式（5.18）、（5.19）和（5.20）得

$$\hat{\theta}^m=\begin{cases}(\eta+\omega)^{-1}\left[1-(1-\lambda_0)\dfrac{\bar{D}-S}{\tau\sigma^2}-(\lambda_0-\eta-\delta\omega)\theta^b\right],\tilde{D}-S\geqslant 0\\ \left(\eta-\dfrac{\omega}{d}\right)^{-1}\left[1-(1-\lambda_0)\dfrac{\bar{D}-S}{\tau\sigma^2}-\left(\lambda_0-\eta+\dfrac{\delta\omega}{d}\right)\theta^b\right],\tilde{D}-S<0\end{cases} \tag{5.21}$$

将$\hat{\theta}^m$代入式（5.18），当$\tilde{D}-S\geq 0$时，我们有

$$e^{-\gamma\alpha\omega(1+\frac{1}{d})}M'(K_3)(1+\omega)(\alpha+\beta)=M'(K_4)\left(1-\frac{\omega}{d}\right)\left(\alpha+\frac{\beta}{c}\right) \tag{5.22}$$

其中：

$$K_3=-\frac{(\bar{D}-S)}{\sigma}\left[1+\frac{\gamma}{\tau}(1+\omega)V(\beta)\right]+\gamma\sigma(1+\omega)H(\beta)$$

$$K_4=\frac{(\bar{D}-S)}{\sigma}\left[1+\frac{\gamma}{\tau}\left(1-\frac{\omega}{d}\right)V\left(\frac{\beta}{c}\right)\right]-\gamma\sigma\left(1-\frac{\omega}{d}\right)H\left(\frac{\beta}{c}\right)$$

$$V(x)=(\alpha+x)\frac{1}{\eta+\omega}(1-\lambda_0)$$

$$H(x)=(\alpha+x)\frac{1}{\eta+\omega}-\left[\frac{1}{\eta+\omega}(\lambda_0-\eta-\delta\omega)(\alpha+x)+x\right]\theta^b$$

当$\tilde{D}-S<0$时，我们有

$$e^{-\gamma\alpha\omega(1+\frac{1}{d})}M'(K_5)(1+\omega)(\alpha+\beta)=M'(K_6)\left(1-\frac{\omega}{d}\right)\left(\alpha+\frac{\beta}{c}\right) \tag{5.23}$$

其中：

$$K_5=-\frac{(\bar{D}-S)}{\sigma}\left[1+\frac{\gamma}{\tau}(1+\omega)Z(\beta)\right]+\gamma\sigma(1+\omega)Q(\beta)$$

$$K_6=\frac{(\bar{D}-S)}{\sigma}\left[1+\frac{\gamma}{\tau}\left(1-\frac{\omega}{d}\right)Z\left(\frac{\beta}{c}\right)\right]-\gamma\sigma\left(1-\frac{\omega}{d}\right)Q\left(\frac{\beta}{c}\right)$$

$$Z(x)=(\alpha+x)\left(\eta-\frac{\omega}{d}\right)^{-1}(1-\lambda_0)$$

$$Q(x)=(\alpha+x)\left(\eta-\frac{\omega}{d}\right)^{-1}-\left[\left(\eta-\frac{\omega}{d}\right)^{-1}\left(\lambda_0-\eta+\frac{\delta\omega}{d}\right)(\alpha+x)+x\right]\theta^b$$

等式（5.22）和（5.23）分别为当$\tilde{D}-S\geqslant 0$和$\tilde{D}-S<0$时，资产价格S满足的微分方程。接下来本文根据式（5.22）和（5.23）来分析两类不对称、资金流动量及机构投资比例对资产价格的影响。

5.3.2　合同不对称对资产价格的影响

为了合同对资产价格的影响，我们将（5.22）和（5.23）式分别对变量c求导偏得

$$\frac{\partial S}{\partial c}=\begin{cases}\dfrac{\left(1-\frac{\omega}{d}\right)\frac{\beta}{c^2}\left[A(\omega)\left(1-\frac{\omega}{d}\right)M''(K_4)-\sigma M'(K_4)\right]}{e^{-\gamma\alpha\omega(1+\frac{1}{d})}M''(K_3)\left[1+\frac{B(\beta,\omega)}{(\eta+\omega)}\right]B(\beta,\omega)+M''(K_4)\left[1+\frac{B\left(\frac{\beta}{c},-\frac{\omega}{d}\right)}{(\eta+\omega)}\right]B\left(\frac{\beta}{c},-\frac{\omega}{d}\right)}, & \tilde{D}-S\geqslant 0\\ \dfrac{\left(1-\frac{\omega}{d}\right)\frac{\beta}{c^2}\left[A\left(-\frac{\omega}{d}\right)\left(1-\frac{\omega}{d}\right)M''(K_6)-\sigma M'(K_6)\right]}{e^{-\gamma\alpha\omega(1+\frac{1}{d})}M''(K_5)\left[1+B(\beta,\omega)\left(\eta-\frac{\omega}{d}\right)^{-1}\right]B(\beta,\omega)+M''(K_6)\left[1+B\left(\frac{\beta}{c},-\frac{\omega}{d}\right)\left(\eta-\frac{\omega}{d}\right)^{-1}\right]B\left(\frac{\beta}{c},-\frac{\omega}{d}\right)}, & \tilde{D}-S<0\end{cases}$$

（5.24）

其中$A(x)$为一元函数，且$A(x)=\frac{\gamma}{\eta+x}\{\sigma[1+(\eta+\delta x-\lambda_0-1)\theta^b]-\frac{1}{\tau}(1-\lambda_0)(\bar{D}-S)\}$，$B(x,y)$为二元函数，且$B(x,y)=\frac{\gamma}{\tau}(1+x)(\alpha+y)(1-\lambda_0)$。

由王明好等（2004）可知，$M'(x)<0$，$M''(x)>0$，且$B(x,y)>0$，因此$\frac{\partial S}{\partial c}$的分母必大于零，所以当$\tilde{D}-S\geqslant 0$时，只要$A(\omega)>0$，必有$\frac{\partial S}{\partial c}>0$；当$\tilde{D}-S<0$时，只要$A\left(-\frac{\omega}{d}\right)>0$，时必有$\frac{\partial S}{\partial c}>0$。$\frac{\partial S}{\partial c}>0$表示资产价格的变化与合同不对称程度的变化为正向关系。

为了更加直观地观察合同对资产价格的影响，本文进一步采用数值分析，结果见图 5-1 和图 5-2。根据文献 Cuoco 和 Kaniel（2011）、Basak（2007）的研究（本文数值分析部分的参数选取均参考 Cuoco 和 Kaniel（2011）、Basak（2007）的研究），参数设定为 $\alpha=0.1$，$\beta=0.5$，$\tau=2$，$\gamma=5$，$d=2$，$\omega=0.5$，$\theta^b=0.8$，$\lambda_0=0.7$，$\lambda_1=0.8$，$\delta=2$。

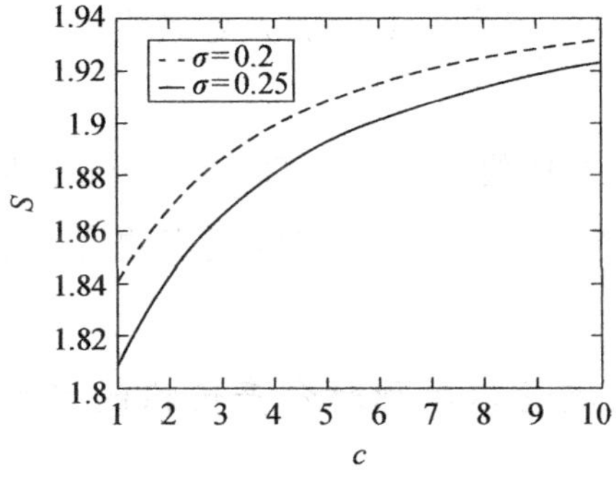

图 5-1　资产价格 S 与合同不对称程度 c 的关系（ $\tilde{D}-S\geqslant 0$ ）

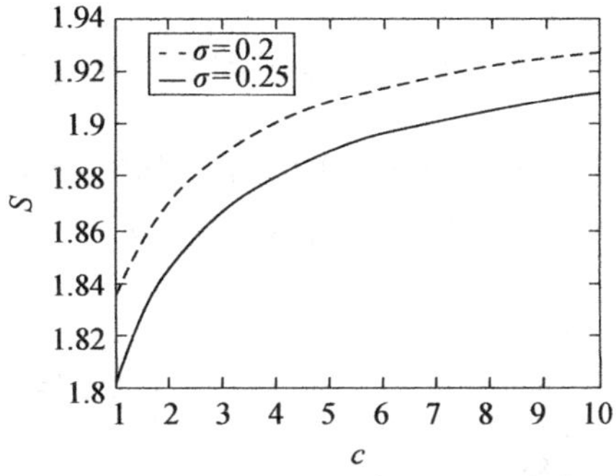

图 5-2　资产价格 S 与合同不对称程度 c 的关系（ $\tilde{D}-S<0$ ）

图 5-1 和图 5-2 的模拟结果与式（5.24）的结论一致。为了解释这一现象的原因，我们分析基金管理者最优选择 $\hat{\theta}^m$ 与合同不对称程度 c 的关系。式（5.18）为微分方程，由于涉及概率函数，我们得不到基金管理者最优选择 $\hat{\theta}^m$ 的显式解，但我们可以通过（5.18）分析 $\hat{\theta}^m$ 与合同不对称程度的关系。

在（5.18）式中，将等式对变量 c 求偏导得

$$\frac{\partial\hat{\theta}^m}{\partial c}=\frac{-M'(K_2)\left(1-\frac{\omega}{d}\right)\frac{\beta}{c^2}+M''(K_2)\frac{\beta}{c^2}\left[\left(1-\frac{\omega}{d}\right)\gamma\sigma+1\right]\left(1-\frac{\omega}{d}\right)\left(\alpha+\frac{\beta}{c}\right)}{e^{-\gamma\alpha\omega\left(1+\frac{1}{d}\right)}M''(K_1)(1+\omega)^2(\alpha+\beta)^2\gamma\sigma+M''(K_2)\left(1-\frac{\omega}{d}\right)^2\left(\alpha+\frac{\beta}{c}\right)^2\gamma\sigma}>0 \tag{5.25}$$

（5.25）式表明随着合同不对称程度c的增加，此时对管理者低于基准组合的业绩惩罚力度变小，基金管理者的投资策略更加冒险，持有更多的风险资产，从而加大对风险资产的需求，使风险资产的价格升高。

结论 5.1 在委托投资组合管理中，合同不对称程度越大，积极基金增大风险资产的持有量，风险资产的价格越高。

5.3.3 资金流动不对称对资产价格的影响

根据（5.22）和（5.23）式直接计算$\frac{\partial S}{\partial d}$非常复杂，且解析的方法很难判断$\frac{\partial S}{\partial d}$的正负，我们直接采用数值方法进行分析，得到图5-3和图5-4。参数设定为$\alpha=0.1$，$\beta=0.5$，$\tau=2$，$\gamma=5$，$c=2$，$\omega=0.5$，$\theta^b=0.8$，$\lambda_0=0.7$，$\lambda_1=0.8$，$\delta=2$。

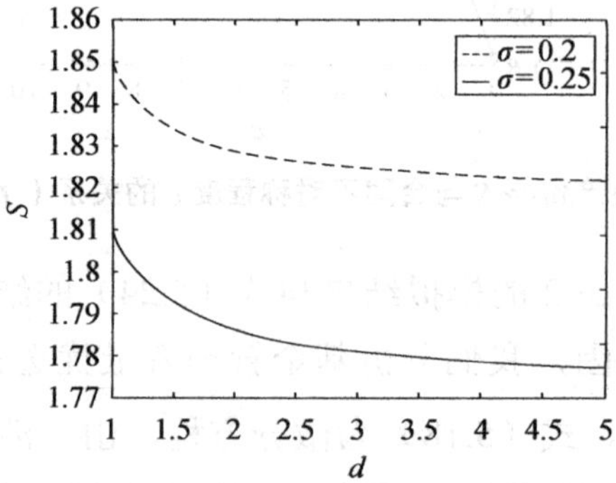

图 5-3 资产价格 S 与流动不对称程度 d 的关系（$\tilde{D}-S\geqslant 0$）

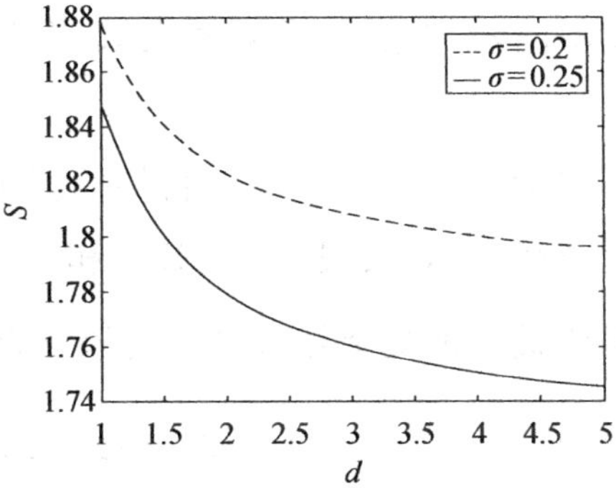

图 5-4 资产价格 S 与流动不对称程度 d 的关系（ $\tilde{D}-S<0$ ）

从图 5-3 和图 5-4 我们可以得出，随着流动不对称程度 d 的增加，风险资产的价格 S 减少。将等式（5.18）两边对 d 求偏导得

$$\frac{\partial\hat{\theta}^m}{\partial d}=\frac{M'(K_2)\left(\omega-1+\frac{\omega}{d}\right)\frac{1}{d^2}\left(\alpha+\frac{\beta}{c}\right)-M''(K_2)\frac{\omega}{d^2}\left(1-\frac{\omega}{d}\right)\gamma\sigma\left(\alpha+\frac{\beta}{c}\right)^2}{e^{-\gamma\alpha\omega(1+\frac{1}{d})}M''(K_1)(1+\omega)^2(\alpha+\beta)^2\gamma\sigma+M''(K_2)\left(1-\frac{\omega}{d}\right)^2\left(\alpha+\frac{\beta}{c}\right)^2\gamma\sigma\hat{\theta}^m}<0 \tag{5.26}$$

（5.26）式说明当积极基金的超额收益率为负时，资金流动不对称程度与风险资产的持有量反向变化，这一点正好与合同不对称程度 c 对基金最优投资策略的影响相反。于是我们有如下结论：

结论 5.2 流动不对称程度增加时，积极基金减少了市场对风险资产的需求，从而导致资产价格下降。

如果我们进一步比较图 5-3 和图 5-4 发现，与夏普比率为正 $\left(SR=\frac{\bar{D}-S}{\sigma}>0\right)$ 时相比，夏普比率为负 $\left(SR=\frac{\bar{D}-S}{\sigma}<0\right)$ 值时，资产价格 S 随着资金流动不对称程度 d 的增加而减少的速率更快，说明市场夏普比率为负时，资产价格对资金流动更敏感。这一结论从一个侧面解释了当股票市场处于下跌状态时，大量基金投资者赎回基金，基金被迫超卖，股票价格出现超跌，特别是基金组合的成分股的价格下跌尤为明显。

5.3.4 两类不对称对资产价格的交叉影响

为了进一步分析两类不对称对资产价格的影响，我们讨论两类不对称之间的相互影响。如果根据（5.22）和（5.23）式直接求混合偏导 $\frac{\partial^2 S}{\partial c \partial d}$，表达式非常复杂且很难分析该混合偏导数的性质，因此我们进行数值分析，根据式（5.22）得到表 5–1 和表 5–2（在 $\tilde{D}-S<0$ 有相同结论）。在表 5–1 中，$\Delta(\Delta S/\Delta c)$ 分别由第 i 组的 $\Delta S/\Delta c$ 的值减去相应的 $i-1$ 组的值得到（$i=2,3$），当资金流动不对称程度 d 增加，$\Delta S/\Delta c$ 减少，表示资金流动减弱了合同不对称对资产价格的影响。表 5–2 的计算过程同表 5–1，在表 5–2 中，当合同不对称程度 c 增加，$\Delta S/\Delta d$ 减少，表明合同不对称减弱了资金流动不对称对资产价格的影响。根据表 5–1 和表 5–2，我们有如下结论。

结论 5.3 同时考虑合同不对称与资金流动不对称对资产价格的影响，两类不对称之间存在相互制约，即其中一类不对称减轻了另一类不对称对资产价格的影响。

结论 5.3 能为金融中介市场特别是私募基金市场广泛采用的基于投资绩效的报酬合同理论上提供一个新的解释视角。现有研究一般认为，基于投资绩效的报酬合同加剧了资产价格的波动，如 Cuoco 和 Kaniel（2011）、Buffa 等（2017）的研究，在他们的研究中没有引入资金的流动。当我们同时考虑合同不对称与资金流动不对称对资产价格的影响时，资金流动的不对称减弱了基于投资绩效的报酬合同对资产价格的影响，资金流动的不对称关系对市场上资产价格有一定的稳定作用。

表 5–1　　资金流动不对称对合同不对称的影响

c	1.0	1.2	1.4	1.6	1.8	2.0	2.2	2.4	2.6
第一组：$\sigma=0.2,\alpha=0.1,\beta=0.5,\tau=5,\gamma=10,d=1,\omega=0.5,\lambda_0=0.7,\lambda_1=0.8$									
S	1.86641	1.87377	1.88046	1.88652	1.89202	1.89701	1.90157	1.90573	1.90956

续表

c	1.0	1.2	1.4	1.6	1.8	2.0	2.2	2.4	2.6
ΔS	0.00736	0.00669	0.00606	0.00550	0.00499	0.00455	0.00417	0.00382	0.00352
$\Delta S/\Delta c$	0.03678	0.03346	0.03031	0.02748	0.02497	0.02277	0.02083	0.01912	0.01759
第二组：$\sigma=0.2,\alpha=0.1,\beta=0.5,\tau=5,\gamma=10,d=2$，$\omega=0.5,\lambda_0=0.7,\lambda_1=0.8$									
S	1.84638	1.85321	1.85946	1.86515	1.87032	1.87503	1.87934	1.88328	1.88690
ΔS	0.00683	0.00625	0.00569	0.00517	0.00471	0.00430	0.00394	0.00362	0.00334
$\Delta S/\Delta c$	0.03416	0.03126	0.02844	0.02586	0.02356	0.02151	0.01971	0.01811	0.01670
$\Delta(\Delta S/\Delta c)$	−0.00262	−0.00219	−0.00187	−0.00162	−0.00141	−0.00126	−0.00112	−0.00101	−0.00089
第三组：$\sigma=0.2,\alpha=0.1,\beta=0.5,\tau=5,\gamma=10,d=3$，$\omega=0.5,\lambda_0=0.7,\lambda_1=0.8$									
S	1.83993	1.84661	1.85273	1.85831	1.86338	1.86800	1.87223	1.87609	1.87965
ΔS	0.00668	0.00612	0.00558	0.00507	0.00462	0.00422	0.00387	0.00356	0.00328
$\Delta S/\Delta c$	0.03339	0.03061	0.02788	0.02536	0.02311	0.02112	0.01935	0.01778	0.01640
$\Delta(\Delta S/\Delta c)$	−0.00076	−0.00066	−0.00057	−0.00050	−0.00045	−0.00040	−0.00036	−0.00033	−0.00030

表 5-2　　合同不对称对资金流动不对称的影响

d	1.0	1.2	1.4	1.6	1.8	2.0	2.2	2.4	2.6
第一组：$\sigma=0.2,\alpha=0.1,\beta=0.5,\tau=5,\gamma=10,c=1.2$，$\omega=0.5,\lambda_0=0.7,\lambda_1=0.8$									
S	1.88714	1.88054	1.87676	1.87431	1.87261	1.87135	1.87039	1.86963	1.86902
ΔS	−0.00659	−0.00379	−0.00245	−0.00170	−0.00126	−0.00096	−0.00076	−0.00061	−0.00050
$\Delta S/\Delta d$	−0.03297	−0.01893	−0.01223	−0.00851	−0.00628	−0.00481	−0.00379	−0.00306	−0.00252
第二组：$\sigma=0.2,\alpha=0.1,\beta=0.5,\tau=5,\gamma=10,c=1.5$，$\omega=0.5,\lambda_0=0.7,\lambda_1=0.8$									
S	1.90743	1.89980	1.89535	1.89244	1.89039	1.88887	1.88770	1.88678	1.88602
ΔS	−0.00763	−0.00445	−0.00291	−0.00205	−0.00152	−0.00117	−0.00093	−0.00075	−0.00062
$\Delta S/\Delta d$	−0.03815	−0.02225	−0.01456	−0.01024	−0.00760	−0.00585	−0.00463	−0.00376	−0.00312
$\Delta(\Delta S/\Delta d)$	−0.00518	−0.00332	−0.00233	−0.00173	−0.00132	−0.00104	−0.00084	−0.00070	−0.00060
第三组：$\sigma=0.2,\alpha=0.1,\beta=0.5,\tau=5,\gamma=10,c=2$，$\omega=0.5,\lambda_0=0.7,\lambda_1=0.8$									
S	1.92120	1.91300	1.90818	1.90501	1.90277	1.90110	1.89981	1.89879	1.89796
ΔS	−0.00820	−0.00482	−0.00317	−0.00224	−0.00167	−0.00129	−0.00102	−0.00083	−0.00069
$\Delta S/\Delta d$	−0.04100	−0.02410	−0.01585	−0.01121	−0.00835	−0.00644	−0.00510	−0.00416	−0.00346
$\Delta(\Delta S/\Delta d)$	−0.00285	−0.00185	−0.00129	−0.00097	−0.00075	−0.00059	−0.00047	−0.00040	−0.00034

5.3.5 资金流动量对资产价格的影响

类似地我们进一步分析资金流动量ω对风险资产价格的影响，得到图 5–5 和图 5–6。在（5.22）和（5.23）中，参数设定为$\alpha=0.1$，$\beta=0.5$，$\tau=2$，$\gamma=5$，$c=2$，$d=2$，$\theta^b=0.8$，$\lambda_0=0.7$，$\lambda_1=0.8$，$\delta=2$。

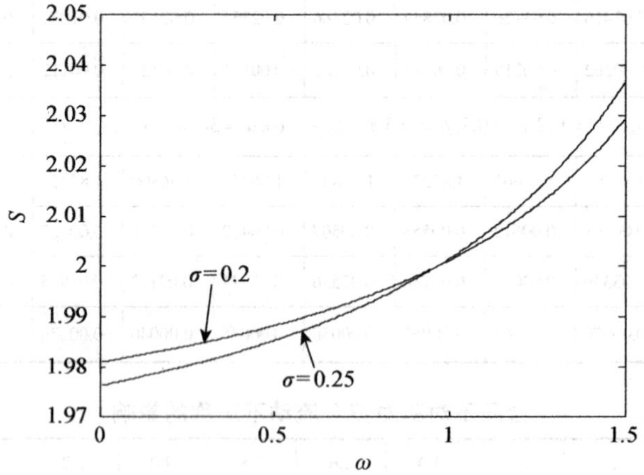

图 5–5　资产价格 S 与资金流动量 ω 的关系（$\tilde{D}-S\geqslant 0$）

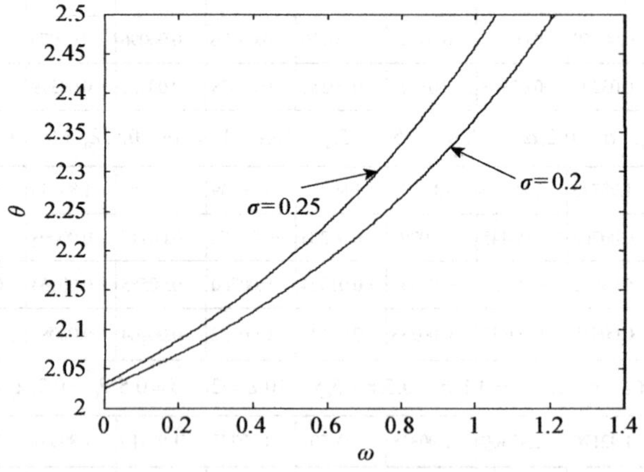

图 5–6　资产价格 S 与资金流动量 ω 的关系（$\tilde{D}-S<0$）

图 5–5 和图 5–6 表明，随着资金流动量的增加，资产价格升高，即资产价格S是资金流动量ω的增函数。为了解释这一结果的

原因，我们可以根据（5.18）式分析积极管理的基金的资产选择 $\hat{\theta}^m$ 与资金流动量的关系，将（5.18）式两边直接对资金流动量 ω 求导，但 $\frac{\partial \hat{\theta}^m}{\partial \omega}$ 的表达式非常复杂，同样我们采用数值分析得到图 5-7 和图 5-8，其中在（5.18）式中基本参数设定为 $\alpha=0.1$，$\beta=0.5$，$\sigma=0.2$，$\tau=2$，$c=2$，$d=2$，$\theta^b=0.8$，$\lambda_0=0.7$，$\lambda_1=0.8$。

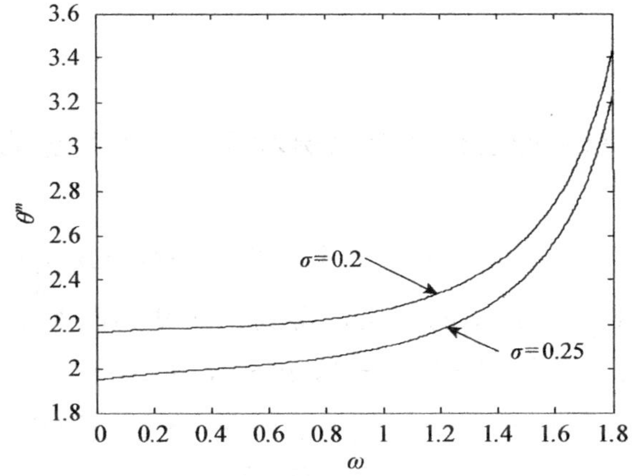

图 5-7　管理者资产选择 θ^m 与资金流动量 ω 的关系（ $SR=\frac{\bar{D}-S}{\sigma}>0, \gamma=2$ ）

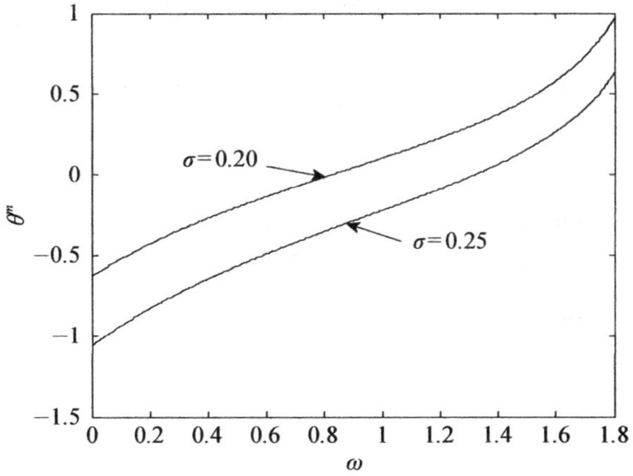

图 5-8　管理者资产选择 θ^m 与资金流动量 ω 的关系（ $SR=\frac{\bar{D}-S}{\sigma}<0, \gamma=5$ ）

图 5–7 和图 5–8 表明，积极基金管理者风险资产持有量 $\hat{\theta}^m$ 是 ω 的增函数，并且在图 5–7 中和图 5–8 中随着 σ 的减少，管理者风险资产持有量 $\hat{\theta}^m$ 增加。在图 5–8 中，$\hat{\theta}^m < 0$ 表示管理者卖空风险资产，σ 越大，管理者卖空风险资产的量越大。

结论 5.4 资金流动量越大，积极基金对风险资产的需求越大，此时市场对风险资产的总需求越大，从而导致资产价格升高。资产价格是资金流动量的增函数，意味着夏普比率是资金流动量的减函数。

5.3.6 积极管理的基金比例对资产价格的影响

最后在（5.22）和（5.23）中，我们分析市场是积极基金的投资者比例 η 对资产价格的影响，得到图 5–9 和图 5–10。参数设定为 $\alpha = 0.1$，$\beta = 0.5$，$\tau = 2$，$c = 2$，$d = 2$，$\theta^b = 0.8$，$\gamma = 2$，$\delta = 2$。

图 5–9 和图 5–10 表明，风险资产价格 S 是积极基金投资者比例 η 的增函数。因为夏普比率 $SR = \dfrac{\bar{D} - S}{\sigma}$，则夏普比率随着 η 的增加而减少。这一结论不同于 Vayanos 和 Woolley（2013）的研究，他们认为市场上委托投资的资金比例与夏普比率之间呈现逆 U 型关系。

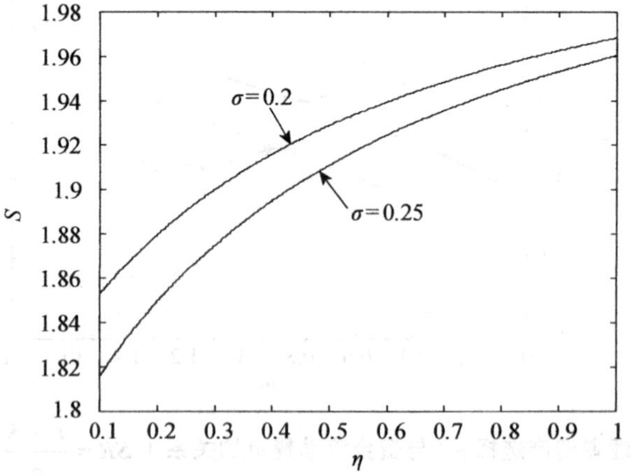

图 5–9 资产价格 S 与积极基金投资者的投资比例 η 的关系

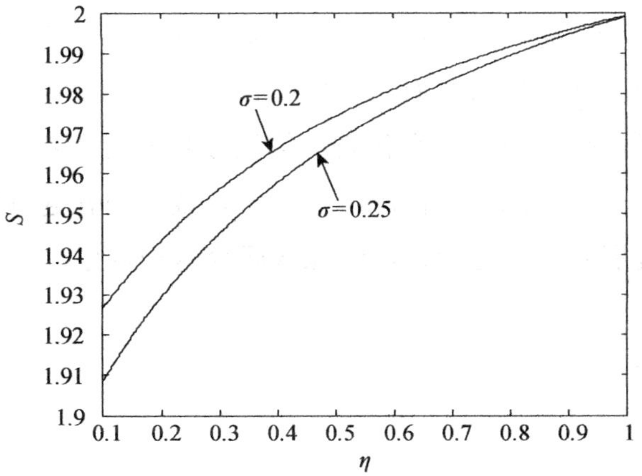

图 5-10 资产价格 S 与积极基金投资者的投资比例 η 的关系（ $\tilde{D}-S<0$ ）

结论 5.5 市场上积极基金投资者的比例越大，资产价格升高，夏普比率是积极基金投资者比例的减函数。

5.4 本章小结

为了激励管理者的努力，在委托投资组合管理中，管理者的报酬一般基于其相对业绩，且资金在业绩不同的基金之间不对称地流动。假设在一个经济体中有四类代表性的代理人：个人投资者、指数基金投资者、积极基金投资者和积极基金管理者，建立资产价格满足的微分方程，利用该微分方程的性质和数值分析方法研究合同不对称、资金流动不对称、资金流动量及机构投资比例等对资产价格的影响。研究结论表明，资产价格随着合同不对称程度、资金流动量和积极基金的投资比例的增加而升高，随着资金流动不对称程度的增加而降低，夏普比率是积极基金比例的减函数。同时考虑合同不对称与资金流动不对称对资产价格的影响，两类不对称之间存在相互制约。资金流动的不对称减弱了合同对资产价格的影响，资金流动的不对称关系对市场上资产价格有一定的稳定作用。

研究结论对金融中介特别是私募基金的管理者的报酬合同设计及机构投资的风险监管具有一定的指导作用。本章在离散时间框架下，假设经济体中只有一个代表性的积极基金投资者，资金在指数基金与积极基金之间相互流动，下一章，我们将在连续时间金融框架下引入投资者异质信念，继续深入研究这一问题。

第 6 章

基准测试对资产价格及其波动率的影响

国内外现有研究激励合同对资产价格影响的文献，多以代表性的机构投资者为市场主体，且假设市场参与者具有同质信念。然而，即使是在成熟金融市场，个人投资者的交易份额也在20%以上，这一比例在新兴资本市场更高，因此机构投资者与个人投资者并存是金融市场参与者构成的典型特征。此外，金融市场的另一重要特征是市场参与者的异质信念广泛存在。综上，本章基于金融市场参与者的这两点特征，从机构投资者与个人投资者之间存在异质信念角度，在机构代理投资框架下利用资产定价模型进行理论研究。

本章内容安排如下：6.1 节介绍模型的假设，包括市场环境和市场参与者及其信念，并分析了激励合同对管理者效用函数的影响。6.2 节首先构建了投资者的动态投资组合策略模型，利用鞅方法求解了投资者的最优投资组合期末价值，然后利用市场出清条件，求解出了市场均衡状态下的价格状态密度函数，最后确定了在一般均衡状态下的风险资产的价格和波动率，并据此分别计算出个人投资者和机构投资者的投资组合价值和市场占有率。6.3 节利用数值模拟分析了各影响因素对风险资产价格和波动率的作用。6.4 节对本章结论进行小结。

6.1 模型假设

6.1.1 市场环境

参考文献 Basak 和 Pavlova（2013）的研究，假设在$[0,T]$的连续时间内，存在一个包含两种投资标的的无摩擦金融市场。两种投资标的分别为：无风险资产 B 和风险资产（资产组合）S。由于接下来的分析中未涉及投资期限内的消费过程，因此假设无风险资产的收益率为零。而风险资产 S 的变化遵循一个动态随机过程，可用下列方程描述：

$$dS_t = S_t(\mu_{S,t}dt + \sigma_{S,t}dZ_t) \tag{6.1}$$

其中 $\mu_{S,t}$ 和 $\sigma_{S,t}$ 分别表示风险资产在 t 时刻的漂移率和波动率，这两个动态变化的取值均由市场均衡内生决定。Z_t 表示一个真实测度下的一维标准布朗运动。

风险资产在投资期限结束时，即 T 时刻，资产获得的回报（payoff）为 D_T，于是有 $D_T = S_T$。而在投资期限内 D_T 是未知的，因此 D_T 是投资回报过程 D_t 在 T 时刻的取值，该随机过程 D_t 满足

$$dD_t = D_t(\mu dt + \sigma dZ_t) \tag{6.2}$$

其中 μ 和 σ 为常数，分别表示风险资产回报的漂移项和波动率。在投资期限内，D_t 这一随机过程表达的是在某一时刻 t，市场关于风险资产 S 的期末回报 D_T 的信息，下文中称 D_t 为现金流消息（cash-flow news），不妨设其初始值 $D_0 = 1$。

6.1.2 市场参与者及其信念

基于市场参与者的现实构成，将其划分为两类：一类为个人投资者，另一类为机构投资者，二者的本质区别为是否以自有资产直接参与市场投资。与个人投资者不同，机构投资者管理资产受托于基金投资者，其负责进行投资决策的基金管理者，根据委托代理时与委托人约定的薪酬合同，在投资期限结束时获得管理费和超额投资回报的分红。由于投资者在获得消息的渠道、投资专业知识和信息处理能力等方面存在的差异性，对投资收益产生了不同的认识，具有了不同的市场信念，体现为对（6.2）式中 D_t 的漂移项 μ 的不同判断，假设对 D_t 的漂移项的评估值为 μ^i（Basak，2005；Sheng 和 Xu 等，2022）。那么基于 i 投资者的信念认知，D_t 满足

$$dD_t = D_t(\mu^i dt + \sigma dZ_t^i), (i = I, R) \tag{6.3}$$

其中I和R分别表示机构投资者和个人投资者，Z_t^i为i投资者的信念测度空间p^i下的一维标准布朗运动。由 Girsanov 定理，有

$$dZ_t^i = dZ_t - \eta^i dt,\ \eta^i = \frac{\mu^i - \mu}{\sigma}, (i = I, R) \tag{6.4}$$

η^i表达了i投资者对市场判断的偏差度，体现了对D_t漂移项的评估值与真实值的差距。η^i越大，i投资者的信念越乐观；η^i越小，i投资者表达了越悲观的信念。

两类投资者在市场上分别选择投资组合，投资期限内t时刻，二者的投资组合价值W_t^i满足

$$\begin{aligned} dW_t^i &= \varphi_t^i W_t^i(\mu_{S,t}^i dt + \sigma_{S,t} dZ_t^i) \\ &= \varphi_t^i W_t^i(\mu_{S,t} dt + \sigma_{S,t} dZ_t) \end{aligned} \tag{6.5}$$

其中$\mu_{S,t}$为风险资产的漂移项，$\mu_{S,t}^i$是i投资者对$\mu_{S,t}$的评估结果。Z_t和Z_t^i分别为真实测度和i投资者信念测度下的标准布朗运动，由于风险资产的真实市场价格由均衡确定，因此（6.5）式中的第二个等式成立。φ_t^i表示i投资者在t时刻投资组合中风险资产的投资比例，是投资者的动态投资组合策略，表达了其投资策略的风险暴露度。设λ为市场参与者中机构投资者的占比，称为机构市场占有率，该参数是讨论机构行为对市场影响的重要参数。则机构投资者的初始投资组合价值为$W_0^I = \lambda S_0$，个人投资者的初始投资组合价值为$W_0^R = (1-\lambda)S_0$。

6.1.3 薪酬合同与投资者效用函数

第一类市场参与者——个人投资者，用自有资产直接参与市场投资，享有投资的全部收益，同时自负投资失误遭受的损失。因此，其投资的效用函数由经典的投资决策原理，效用函数与期末投资组合的价值相关，即

$$u^R(W_T^R) = \ln(W_T^R) \tag{6.6}$$

对于第二类市场参与者——机构投资者而言，情况相对更为复杂。根据本文第 2 章和第 3 章的相关研究可知，其投资决策行为受到两方面的激励：首先是不对称的薪酬合同（2.3）式体现出的显性激励，即投资组合期末价值 W_T^I 超过基准组合期末价值 Y_T 时，则能获得超额收益部分的分享奖金，而 W_T^I 未达到 Y_T 时惩罚比例却较低；其次是（3.3）式基金业绩—流动凸关系引起的隐性激励，若 W_T^I 超过（低于）Y_T，资金流入（流出）会导致基金的管理资产增加（减少），基金的管理费收入也相应增加（减少），而资产的流入量远远大于流出量。

Basak 和 Pavlova（2013）指出在薪酬合同导致的两类激励的作用下，机构投资者关于合同中的基准组合期末回报 Y_T 的边际效用为正。因此，与个人投资者不同，机构投资者的投资效用函数除了由投资组合的期末资产价值 W_T^I 决定，还受基准组合期末价值 Y_T 的影响，具体效用函数为

$$u^I(W_T^I) = (1 + bY_T)\ln(W_T^I) \tag{6.7}$$

其中参数 $b > 0$ 表示机构对合同中基准组合表现的关注程度，称为基准测试强度。由于市场只存在唯一风险资产 S，借鉴 Basak 和 Pavlova（2013）的研究，设基准组合即为该风险资产，即 $Y_T = S_T$ ①。

6.2 模型构建与求解

6.2.1 市场参与者的动态投资决策模型

根据（6.7）和（6.6）式确定的机构投资者 I 和个人投资者 R 的效用函数 $u^{(i)}(W_T^{(i)})$，可以构建投资者的投资决策模型：

① 在投资管理实践中，基准指数的选择通常为某一市场指数（Ma 和 Tang 等，2019），因此针对只有唯一风险资产的定价模型，通常假设该风险资产即为基准。

$$\max_{\varphi_t^{(i)}} E^{(i)}[u^{(i)}(W_T^{(i)})]$$
$$\text{s.t.} \quad dW_t^{(i)} = \varphi_t^{(i)} W_t^{(i)}(\mu_{S,t}dt + \sigma_{S,t}dZ_t) \tag{6.8}$$

其中 $\varphi_t^{(i)}$ 为投资者的动态投资组合策略，表示 t 时刻 i 投资者投资与风险资产的比率，为该模型的决策变量。$E^{(i)}$ 为 i 投资者信念测度空间下的期望算子。Karatzas 和 Shreve（1998）完备市场状态下，对于任一期末价值 X_T 均存在唯一的自融资策略 $\varphi_t^{(i)}$ 使之得以实现。因而，模型（6.8）可转化为以期末价值 W_T^i 为决策变量的规划问题。

记风险市场价格 $\kappa_t = \mu_{S,t}/\sigma_{S,t}$，则存在唯一的市场状态密度过程

$$\xi_t = \exp(-\int_0^t \kappa_t dZ_\tau - \frac{1}{2}\int_0^t \kappa_t^2 d\tau) \tag{6.9}$$

使任一期末价值 X_T，都有 $\xi_t X_t$ 在真实测度 $\mathbb{P}$ 下是一个鞅过程，即任一 t 时刻，下式成立：

$$E_t[\xi_T X_T] = \xi_t X_t \tag{6.10}$$

其中 E_t 为 t 时刻真实测度 $\mathbb{P}$ 下的条件期望算子。令（6.10）式中的 $X_T = W_T^i$，$t=0$，有

$$E[\xi_T W_T^i] = \xi_0 W_0^i \tag{6.11}$$

根据 Girsanov 定理，测度 $\mathbb{P}^i$ 对真实测度 $\mathbb{P}$ 测度转换的 Radon-Nikodym 导数为

$$H_t^i = \frac{\mathrm{d}\mathbb{P}^i}{\mathrm{d}\mathbb{P}} = \exp(\int_0^t \eta^i dZ_\tau - \frac{1}{2}\int_0^t \left(\eta^i\right)^2 d\tau) \tag{6.12}$$

由于 η^i 与 t 无关，因此

$$H_T^i = \exp\left[\eta^i Z_T - \frac{1}{2}\left(\eta^i\right)^2 T\right] \tag{6.13}$$

综上，模型（6.8）可转化为一个真实测度 $\mathbb{P}$ 下的期望最大化的决策模型，即

$$\max_{W_T^i} E[H_T^i u^i(W_T^i)]$$
$$\text{s.t.} \quad E[\xi_T W_T^i] = W_0^i \xi_0 \tag{6.14}$$

6.2.2 市场参与者的动态投资组合策略

通过求解机构投资者和个人投资者的决策问题，得出最优期末价值。

引理 6.1 （i）动态投资组合决策模型中，机构投资者（i=I）的最优资产配置期末价值为

$$W_T^{I*}=\frac{H_T^I(1+bD_T)}{y^I\xi_T} \tag{6.15}$$

其中 y^I 为

$$y^I=\frac{1+be^{\mu T+\sigma\eta^I T}}{\xi_0\lambda S_0} \tag{6.16}$$

（ii）动态投资组合决策模型中，个人投资者（i=R）的最优资产配置期末价值为

$$W_T^{R*}=\frac{M_T^R}{y^R\xi_T} \tag{6.17}$$

其中 y^R 为

$$y^R=\frac{1}{\xi_0(1\text{-}\lambda)S_0} \tag{6.18}$$

拉格朗日乘子 $y^{(i)}$ 是使得 $W_T^{(i)}$ 满足鞅约束条件 $E[\xi_T W_T^i]=W_0^i\xi_0$ 的唯一解。

证明：（i）机构投资决策模型为

$$\begin{aligned}&\max_{W_T^I} E[H_T^I(1+bS_T)\ln(W_T^I)]\\&\text{s.t.}\quad E[\xi_T W_T^I]=\xi_0 W_0^I\end{aligned} \tag{6.19}$$

定义拉格朗日函数 $L(W_T^I)=E[H_T^I(1+bS_T)\ln(W_T^I)]-y^I\{E[\xi_T W_T^I]-\xi_0\lambda S_0\}$，其中 $S_T=D_T$，代入决策模型根据最大值原理可得出 W_T^I 的最优解形式如（6.15）。将（6.15）式中的投资组合期末价值的最优解 W_T^{I*} 代入模型中的鞅约束条件，可求解出拉格朗日乘子

$$\frac{1}{y^I}=\frac{\xi_0\lambda S_0}{E[H_T^I(1+bD_T)]} \tag{6.20}$$

根据（6.13）式中的H_T^i，可知

$$H_T^I = \exp\left[\eta^I Z_T - \frac{1}{2}\left(\eta^I\right)^2 T\right] \tag{6.21}$$

其中Z_T是T时刻测度空间$\mathbb{P}$上的一维标准布朗运动，又因为现金流过程D_T满足（6.2）式，服从对数正态分布，则

$$H_T^I = \exp\left[-\frac{\eta^I}{\sigma}\left(\mu - \frac{1}{2}\sigma^2\right)T - \frac{1}{2}\left(\eta^I\right)^2 T\right] D_T^{\frac{\eta^I}{\sigma}} \tag{6.22}$$

将（6.22）式代入（6.20）式右侧的分母，则

$$\begin{aligned} E\left[H_T^I\left(1+bD_T\right)\right] = \exp\left[-\frac{\eta^I}{\sigma}\left(\mu - \frac{1}{2}\sigma^2\right)T - \frac{1}{2}\left(\eta^I\right)^2 T\right] \times \\ E\left[D_T^{\frac{\eta^I}{\sigma}} + bD_T^{1+\frac{\eta^I}{\sigma}}\right] \end{aligned} \tag{6.23}$$

由对数正态分布的性质可知，对任意常数a都有

$$E_t\left[D_T^a\right] = D_t^a \cdot \exp\left[a\left(\mu - \frac{1}{2}\sigma^2\right)(T-t) + \frac{1}{2}\sigma^2 a^2 (T-t)\right] \tag{6.24}$$

当t=0时，可得出（6.23）中的$E\left[H_T^I\left(1+bD_T\right)\right]$期望，即

$$E\left[H_T^I\left(1+bD_T\right)\right] = 1 + be^{\mu T + \sigma\eta^I T} \tag{6.25}$$

将（6.25）式代入（6.20）式，可得y^I为（6.16）式。

（ii）个人投资者的投资决策模型为

$$\begin{aligned} &\max_{W_T^R} E\left[H_T^R \ln\left(W_T^R\right)\right] \\ &\text{s.t. } E\left[\xi_T W_T^R\right] = \xi_0(1-\lambda)S_0 \end{aligned} \tag{6.26}$$

该模型的求解只需取机构投资模型中基准测试强度b=0即可得证。

综上，引理6.1得证。

根据引理6.1中投资者的投资组合期末价值，利用鞅过程的性质，可以求解出投资者t时刻的动态投资组合策略。

引理6.2 （i）机构投资者的最优动态投资组合策略为

$$\varphi_t^I = \frac{\mu_{S,t}}{\sigma_{S,t}^2} + \frac{\eta^I}{\sigma_{S,t}} + \frac{bA_t D_t}{1+bA_t D_t}\frac{\sigma}{\sigma_{S,t}} \tag{6.27}$$

其中

$$A_t = \exp\left[\mu(T-t) + \sigma\eta^I(T-t)\right] \tag{6.28}$$

（ii）个人投资者的最优动态投资组合策略为

$$\varphi_t^R = \frac{\mu_{S,t}}{\sigma_{S,t}^2} + \frac{\eta^R}{\sigma_{S,t}} \tag{6.29}$$

证明：（i）由机构投资者的最优投资组合期末价值（6.15）式，有

$$\xi_T W_T^I = \frac{1}{y^I} H_T^I\left(1 + bD_T\right) \tag{6.30}$$

根据（6.10）式，$\xi_t W_t^I$ 是鞅过程，于是有

$$\xi_t W_t^I = E_t\left[\xi_T W_T^I\right] = \frac{1}{y^I} E_t\left[H_T^I\left(1 + bD_T\right)\right] \tag{6.31}$$

记

$$G^i = \exp\left[-\frac{\eta^i}{\sigma}\left(\mu - \frac{1}{2}\sigma^2\right)t - \frac{1}{2}\left(\eta^i\right)^2 t\right] \tag{6.32}$$

结合（6.22）式和（6.24）式的结论，有

$$\begin{aligned} E_t\left[H_T^I\left(1 + bD_T\right)\right] &= \exp\left[-\frac{\eta^I}{\sigma}\left(\mu - \frac{1}{2}\sigma^2\right)T - \frac{1}{2}\left(\eta^I\right)^2 T\right] \times \\ &\quad E_t\left[D_T^{\frac{\eta^I}{\sigma}} + bD_T^{1+\frac{\eta^I}{\sigma}}\right] \\ &= G^I \cdot \left[D_t^{\frac{\eta^I}{\sigma}} + bD_t^{1+\frac{\eta^I}{\sigma}} e^{\mu(T-t)+\sigma\eta^I(T-t)}\right] \end{aligned} \tag{6.33}$$

将（6.33）式结论代入（6.31），得到

$$\xi_t W_t^I = \frac{1}{y^I} G^I \cdot \left[D_t^{\frac{\eta^I}{\sigma}} + bD_t^{1+\frac{\eta^I}{\sigma}} e^{\mu(T-t)+\sigma\eta^I(T-t)}\right] \tag{6.34}$$

对（6.34）式两边使用伊藤引理，注意到其中 $d\xi_t = -\xi_t \kappa_t dZ_t$，$dD_t$ 和 dW_t^I 满足（6.2）式和（6.5）式，整理出等式两端扩散项 dZ_t 的系数，得到

$$\xi_t W_t^I\left(-\kappa_t + \varphi_t^I \sigma_{s,t}\right)dZ_t = \frac{1}{y^I} G^I \cdot \left[\eta^I D_t^{\frac{\eta^I}{\sigma}} + b\sigma\left(1 + \frac{\eta^I}{\sigma}\right) D_t^{1+\frac{\eta^I}{\sigma}} e^{\mu(T-t)+\sigma\eta^I(T-t)}\right] dZ_t \tag{6.35}$$

整理得

$$\varphi_t^I = \frac{1}{y^I \xi_t W_t^I \sigma_{S,t}} G^I \cdot \left[\eta^I D_t^{\frac{\eta^I}{\sigma}} + b\sigma \left(1 + \frac{\eta^I}{\sigma}\right) D_t^{1+\frac{\eta^I}{\sigma}} e^{\mu(T-t)+\sigma\eta^I(T-t)} \right] + \frac{\mu_{S,t}}{\sigma_{S,t}^2} \tag{6.36}$$

代入（6.34）中 $y^I \xi_t W_t^I$，得到机构投资者的最优动态投资组合策略 φ_t^I 为（6.27）式。

（ii）当 i=R 时，个人投资者的最优动态投资组合策略 φ_t^R，与情况（i）的求解类似，只需取 b=0 即可得到结论。综上，引理 6.2 得证。

由引理 6.2 的最优投资组合策略可见：

1. 当机构投资者和个人投资者均无信念偏差时，即 $\eta^I = \eta^R = 0$ 时，两类投资者的最优投资组合策略为

$$\overline{\varphi}_t^I = \frac{\mu_{S,t}}{\sigma_{S,t}^2} + \frac{bD_t e^{\mu(T-t)}}{1 + bD_t e^{\mu(T-t)}} \frac{\sigma}{\sigma_{S,t}}, \overline{\varphi}_t^R = \frac{\mu_{S,t}}{\sigma_{S,t}^2} \tag{6.37}$$

（6.37）式结论与 Basak 和 Pavlova（2013）中 Lemma1 的最优投资策略结果一致，因此本文在考虑投资者具有异质信念的假设下，推广了该结论。

2. 当机构投资者和个人投资者不存在异质信念（$\eta^I = \eta^R$），在薪酬合同的激励下，机构投资者的动态风险暴露始终比个人投资者高，即 $\varphi_t^I > \varphi_t^R$。

3. 无论是机构投资者还是个人投资者，当其对市场具有乐观信念（$\eta^i > 0$）时，都有 $\varphi_t^i > \overline{\varphi}_t^i$，投资者会增加风险暴露；投资者具有悲观信念（$\eta^i < 0$）时，有 $\varphi_t^i < \overline{\varphi}_t^i$，风险暴露会相应减少。

6.2.3 均衡资产价格和波动率

上节中的引理 6.1 得出了基于异质偏好和异质信念，机构投资者和个人投资者各自的最优投资策略所获得的期末财富 $W_T^{i^*}$。本节将基于市场出清条件，确定出市场处于均衡状态下的状态价格密度 ξ_T，并利用鞅过程的性质求解出均衡状态下的风险资产价格及其

波动率。

市场参与者中的机构投资者和个人投资者都是理性的投资主体，以最优投资策略选择投资组合。在投资期限结束时，市场上风险资产出清，即风险资产的总需求等于总供给，即

$$W_T^{I^*}+W_T^{R^*}=S_T \tag{6.38}$$

由于期末的现金流消息得到兑现，且全部来自风险资产的期末价值，即 $S_T=D_T$，代入（6.15）式和（6.17）式，可得市场的均衡状态密度函数 ξ_T 满足

$$\xi_T=\frac{\xi_0 S_0}{D_T}\left[\frac{\lambda H_T^I\left(1+bD_T\right)}{1+be^{\mu T+\sigma\eta^I T}}+(1-\lambda)H_T^R\right] \tag{6.39}$$

根据鞅过程的性质，任一 X_T 都有 $E_t\left[\xi_T X_T\right]=\xi_t X_t$，可复制出任意 t 时刻的风险资产的动态均衡价格和波动率，如下定理。

定理 6.1 （i）市场均衡状态下，风险资产的动态价格过程为

$$S_t=\frac{\dfrac{G^I}{y^I}\left(D_t^{\frac{\eta^I}{\sigma}}+b\cdot A_t\cdot D_t^{1+\frac{\eta^I}{\sigma}}\right)+\dfrac{G^R}{y^R}D_t^{\frac{\eta^R}{\sigma}}}{\dfrac{G^I}{y^I}\left(D_t^{\frac{\eta^I}{\sigma}-1}\cdot F^I+bD_t^{\frac{\eta^I}{\sigma}}\right)+\dfrac{G^R}{y^R}D_t^{\frac{\eta^R}{\sigma}-1}\cdot F^R} \tag{6.40}$$

其中 A_t 和 G^i 的定义分别如（6.28）式和（6.32）式，

$$F^i=\exp\left[\left(\sigma^2-\mu-\sigma\eta^i\right)(T-t)\right] \tag{6.41}$$

（ii）风险资产的波动率为

$$\sigma_{S,t}=\frac{\dfrac{G^I}{y^I}\left[\dfrac{\eta^I}{\sigma}D_t^{\frac{\eta^I}{\sigma}}+b\cdot\left(1+\dfrac{\eta^I}{\sigma}\right)A_t\cdot D_t^{1+\frac{\eta^I}{\sigma}}\right]+\dfrac{G^R}{y^R}\dfrac{\eta^R}{\sigma}D_t^{\frac{\eta^R}{\sigma}}}{\dfrac{G^I}{y^I}\left(D_t^{\frac{\eta^I}{\sigma}}+b\cdot A_t\cdot D_t^{1+\frac{\eta^I}{\sigma}}\right)+\dfrac{G^R}{y^R}D_t^{\frac{\eta^R}{\sigma}}}\cdot\sigma$$

$$-\frac{\dfrac{G^I}{y^I}\left[\left(\dfrac{\eta^I}{\sigma}-1\right)D_t^{\frac{\eta^I}{\sigma}-1}\cdot F^I+b\dfrac{\eta^I}{\sigma}D_t^{\frac{\eta^I}{\sigma}}\right]+\dfrac{G^R}{y^R}\left(\dfrac{\eta_2}{\sigma}-1\right)D_t^{\frac{\eta^R}{\sigma}-1}\cdot F^R}{\dfrac{G^I}{y^I}\left(D_t^{\frac{\eta^I}{\sigma}-1}\cdot F^I+bD_t^{\frac{\eta^I}{\sigma}}\right)+\dfrac{G^R}{y^R}D_t^{\frac{\eta^R}{\sigma}-1}\cdot F^R}\cdot\sigma \tag{6.42}$$

证明：（i）根据（6.10）式，市场状态密度过程 ξ_t 和 $\xi_t S_t$ 过程均是鞅过程，所以

$$\xi_t = E_t\left[\xi_T\right] \tag{6.43}$$

$$\xi_t S_t = E_t\left[\xi_T S_T\right] \tag{6.44}$$

代入均衡状态下的市场价格密度 ξ_T（6.39）式，有

$$\begin{aligned}\xi_t &= \xi_0 S_0 E_t\left[\frac{1}{D_T}\frac{\lambda H_T^I\left(1+bD_T\right)}{1+be^{\mu T+\sigma\eta^I T}} + \frac{(1-\lambda)H_T^R}{D_T}\right] \\ &= \frac{\lambda\xi_0 S_0}{1+be^{\mu T+\sigma\eta^I T}}E_t\left[H_T^I\left(\frac{1}{D_T}+b\right)\right] + (1-\lambda)\xi_0 S_0 E_t\left[\frac{H_T^R}{D_T}\right] \\ &= \frac{\lambda\xi_0 S_0}{1+be^{\mu T+\sigma\eta^I T}}\cdot G^I\left[D_t^{\frac{\eta^I}{\sigma}-1}F^I + bD_t^{\frac{\eta^I}{\sigma}}\right] + (1-\lambda)\xi_0 S_0 G^I\left(D_t^{\frac{\eta^I}{\sigma}-1}F^I\right)\end{aligned} \tag{6.45}$$

其中 G^i 和 F^i 分别如（6.32）式和（6.41）式定义。

$$\begin{aligned}\xi_t S_t &= E_t\left[\xi_T S_T\right] = E_t\left[\xi_T D_T\right] = \xi_0 S_0 E_t\left[\frac{\lambda H_T^I\left(1+bD_T\right)}{1+be^{\mu T+\sigma\eta^I T}} + (1-\lambda)H_T^R\right] \\ &= \frac{\lambda\xi_0 S_0}{1+be^{\mu T+\sigma\eta^I T}}E_t\left[H_T^I\left(1+bD_T\right)\right] + (1-\lambda)\xi_0 S_0 E_t\left[H_T^R\right] \\ &= \frac{\lambda\xi_0 S_0}{1+be^{\mu T+\sigma\eta^I T}}G^I\cdot\left[D_t^{\frac{\eta^I}{\sigma}} + bD_t^{1+\frac{\eta^I}{\sigma}}A_t\right] + (1-\lambda)\xi_0 S_0 G^R\cdot D_t^{\frac{\eta^R}{\sigma}}\end{aligned} \tag{6.46}$$

综上，

$$S_t = \frac{E_t\left[\xi_T S_T\right]}{\xi_t} = \frac{\dfrac{1}{y^I}G^I\cdot\left[D_t^{\frac{\eta^I}{\sigma}} + bD_t^{1+\frac{\eta^I}{\sigma}}A_t\right] + \dfrac{1}{y^R}G^R\cdot D_t^{\frac{\eta^R}{\sigma}}}{\dfrac{1}{y^I}\cdot G^I\left[D_t^{\frac{\eta^I}{\sigma}-1}F^I + bD_t^{\frac{\eta^I}{\sigma}}\right] + \dfrac{1}{y^R}G^R\left(D_t^{\frac{\eta^R}{\sigma}-1}F^R\right)} \tag{6.47}$$

其中 y^i 如（6.16）式和（6.18）式定义。

（ii）记（6.40）式中 S_t 的分子和分母分别为 X_1 和 X_2，即

$$S_t = \frac{X_1}{X_2} \tag{6.48}$$

由伊藤引理，对比等式两端 dZ_t 的系数，有

$$\sigma_{S,t}dZ_t = \frac{1}{X_1}dX_1 - \frac{1}{X_2}dX_2 + Qdt \tag{6.49}$$

其中 Qdt 不含扩散项，则

$$\begin{aligned}\sigma_{s,t}dZ_t = &\frac{1}{X_1}\left\{\frac{G^I}{y^I}\left[\frac{\eta^I}{\sigma}D_t^{\frac{\eta^I}{\sigma}-1}dD_t + b\cdot A_t\cdot\left(1+\frac{\eta^I}{\sigma}\right)D_t^{\frac{\eta^I}{\sigma}}dD_t\right]\right.\\&\left.+\frac{G^R}{y^R}\frac{\eta^R}{\sigma}D_t^{\frac{\eta^R}{\sigma}-1}dD_t\right\}\\&-\frac{1}{X_2}\left\{\frac{G^I}{y^I}\left[\left(\frac{\eta^I}{\sigma}-1\right)D_t^{\frac{\eta^I}{\sigma}-2}\cdot F^I dD_t + \frac{\eta^I}{\sigma}bD_t^{\frac{\eta^I}{\sigma}-1}dD_t\right]\right.\\&\left.+\frac{G^R}{y^R}\left(\frac{\eta^R}{\sigma}-1\right)D_t^{\frac{\eta^R}{\sigma}-2}\cdot F^R dD_t\right\}+Qdt\end{aligned}$$

代入（6.2）式，对比扩散项系数，可得波动率 $\sigma_{S,t}$ 为（6.42）式。定理 6.1 得证。

当机构投资者和个人投资者不存在异质信念，且均无信念偏差时，即 $\eta^I = \eta^R = 0$ 时，根据定理 6.1 的结论，均衡下的风险资产价格 S_t 及其波动率 $\sigma_{S,t}$ 为

$$\overline{S}_t = D_t e^{(\mu-\sigma^2)(T-t)}\frac{1+be^{\mu T}+\lambda b\left[D_t e^{\mu(T-t)} - e^{\mu T}\right]}{1+be^{\mu T}+\lambda b\left[D_t e^{(\mu-\sigma^2)(T-t)} - e^{\mu T}\right]} \tag{6.50}$$

$$\overline{\sigma}_{s,t} = \sigma + \lambda b\frac{\left(1-e^{-\sigma^2(T-t)}\right)\left[1+(1-\lambda)be^{\mu T}\right]e^{\mu(T-t)}D_t\sigma}{\left[1+(1-\lambda)be^{\mu T}+\lambda be^{(\mu-\sigma^2)(T-t)}D_t\right]\left[1+(1-\lambda)be^{\mu T}+\lambda be^{\mu(T-t)}D_t\right]} \tag{6.51}$$

（6.50）式和（6.51）式与 Basak 和 Pavlova（2013）中定理 6.1 和定理 6.2 的结论一致，因此我们在考虑投资者具有异质信念的前提下，推广了该结论。

定理 6.1 中（6.40）式和（6.42）给出了在市场均衡状态下，风险资产价格和波动率的封闭解。从解的封闭形式，可见影响均衡状态下风险资产价格及波动率的因素包括机构和个人投资者的信念

偏移程度（η^I 和 η^R），机构代理投资中基准测试强度（b），机构投资者的初始市场占有率（λ），以及现金流消息（D_t）。考虑到解形式的复杂性，定性分析各因素对均衡资产价格的影响困难较大，因此在6.3节中，将取定一些外生参数，通过数值模拟来分析各影响因素对均衡资产价格及波动率的作用。

6.2.4 投资组合价值及市场占有率

为了深入分析资本在投资者之间的流动，对比机构投资者和个人投资者的定价优势和投资风险，给出如下结论。

定理 6.2 （i）一般均衡下，机构投资者和个人投资者的投资组合价值过程分别为

$$W_t^I=\frac{\frac{G^I}{y^I}\left(D_t^{\frac{\eta^I}{\sigma}}+bA_tD_t^{1+\frac{\eta^I}{\sigma}}\right)}{\frac{G^I}{y^I}\left(D_t^{\frac{\eta^I}{\sigma}-1}\cdot F^I+bD_t^{\frac{\eta^I}{\sigma}}\right)+\frac{G^R}{y^R}D_t^{\frac{\eta^R}{\sigma}-1}\cdot F^R}\tag{6.52}$$

$$W_t^R=\frac{\frac{G^R}{y^R}D_t^{\frac{\eta^R}{\sigma}}}{\frac{G^I}{y^I}\left(D_t^{\frac{\eta^I}{\sigma}-1}\cdot F^I+bD_t^{\frac{\eta^I}{\sigma}}\right)+\frac{G^R}{y^R}D_t^{\frac{\eta^R}{\sigma}-1}\cdot F^R}\tag{6.53}$$

（ii）t 时刻，机构投资者和个人投资者的市场占有率分别为

$$\alpha_t^I=\frac{\frac{G^I}{y^I}\left(D_t^{\frac{\eta^I}{\sigma}}+bA_tD_t^{1+\frac{\eta^I}{\sigma}}\right)}{\frac{G^I}{y^I}\left(D_t^{\frac{\eta^I}{\sigma}}+bA_tD_t^{1+\frac{\eta^I}{\sigma}}\right)+\frac{G^R}{y^R}D_t^{\frac{\eta^R}{\sigma}}}\tag{6.54}$$

$$\alpha_t^R=\frac{\frac{G^R}{y^R}D_t^{\frac{\eta^R}{\sigma}}}{\frac{G^I}{y^I}\left(D_t^{\frac{\eta^I}{\sigma}}+bA_tD_t^{1+\frac{\eta^I}{\sigma}}\right)+\frac{G^R}{y^R}D_t^{\frac{\eta^R}{\sigma}}}\tag{6.55}$$

证明：（i）将（6.45）式中的 ξ_t 代入（6.34）式，即得到结论。

（ii）投资者的市场占有率动态过程$\alpha_t^i = W_t^i / S_t$，代入（6.40）式、（6.52）式和（6.53）式，定理 6.2 得证。

由定理 6.2 中（6.52）式和（6.53）式可见，在初始市场占有率一样的情况下（$\lambda = 0.5$），若机构投资者和个人投资者没有异质信念（即$\eta^I = \eta^R$），在 t 时刻机构投资者的投资组合价值高于个人投资者，因此机构也具有了更高的市场占有率。这表明在薪酬合同的激励下，机构投资者通过更高的风险暴露，获得了更大的定价优势，从而占据了更多的市场份额，致使个人投资者面临了相对更大的资产损失风险。

6.3 资产价格及其波动率的影响因素分析

由定理 6.1 和定理 6.2 可见，影响市场均衡状态的因素有：机构和个人投资者的信念偏移程度（η^I 和η^R），机构代理投资中基准测试的强度（b），机构投资者的初始市场占有率（λ），以及现金流消息（D_t）。本节将通过数值模拟来分析各影响因素对均衡资产价格及波动率的作用。

6.3.1 投资者信念偏移度

在本节，将分析机构和个人投资者的信念偏移程度（η^I 和η^R）对均衡风险资产价格及其波动率的影响，η^I 和η^R 分别在−1 到 1 之间变动，其他参数设定参考 Basak 和 Pavlova（2013），设$b=1$，$\xi_0 = 1$，$S_0 = 1$，$\mu = 0.1$，$\sigma = 0.15$，$T = 5$，$t = 1$，为了消除初始市场占有率对分析的影响，取$\lambda = 0.5$，本文 6.3.3 节将通过调整λ的值，分析投资者的初始市场占有率对均衡资产价格的影响。由于

现金流消息 D_t 服从对数正态分布，在 6.3.1 节至 6.3.3 节的模拟中，取其平均值，即 $D_t=E\left[D_t\right]=\exp\left[\left(\mu-0.5\sigma^2\right)t\right]=1.0928$，表示现金流消息是中性的。在 6.3.4 节中，将通过调整 D_t 的值，分析市场对于现金流的利好和利空消息的反应。计算出均衡时风险资产的价格和波动率，如图 6-1 所示，均衡时两类投资者的动态投资组合价值和 t 时刻的市场占有率，如图 6-2 所示。

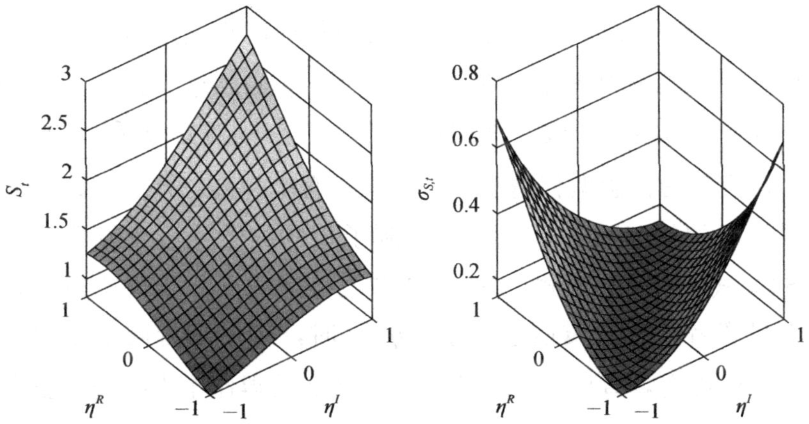

图 6-1　信念偏移程度对均衡资产价格和波动率的影响

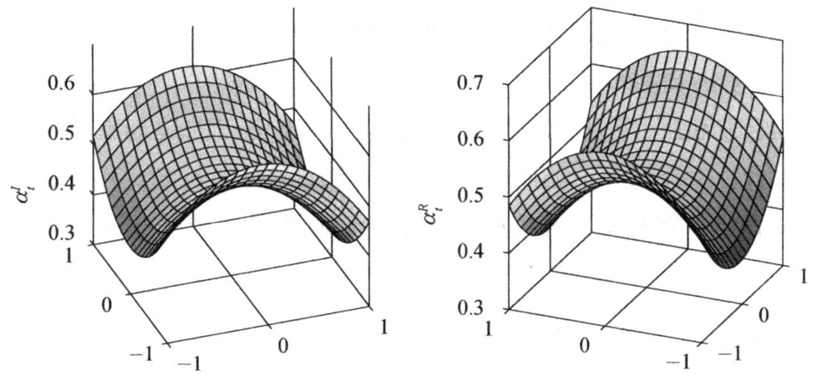

图 6-2　投资者信念偏移程度对市场占有率的影响

由图 6-1 和图 6-2 的模拟结果，结合市场均衡状态风险资产价格和波动率的解析表达式，可知：①随着 η^I 和 η^R 增加，S_t 均递增，这说明投资者的信念越乐观，风险资产价格越高。但是，当投资者存在信念分歧时，该现象仍不显著，而当两类投资者都对市场持有乐观信念时，风险资产价格才会显著增高。这说明当异质信念存在时，持有悲观信念的投资者可以通过卖空交易，抑制风险资产的过度暴涨，这一结论得到了熊熊和高雅等（2017）、孟庆斌和黄清华（2018）的实证研究的验证。②当投资者之间不存在异质信念时，风险资产的波动率最低，即在图 6–1（右）中 $\eta^I=\eta^R$ 这一对角线上，$\sigma_{S,t}$ 在最低水平。随着信念异质程度的提高，风险资产波动率增加。信念异质导致风险资产波动率增加，这一结论与 Atmaz 和 Basak（2018）一致。③在图 6–2 中，分别观察 η^i 和 α_t^i 的关系可知，投资者信念偏移越小，其市场占有率越高。郑敏（2015）在两投资者偏好一致的情况下，得到了相同的结论。一方面，利用（6.54）式和（6.55）式，在 6.2.3 节已分析发现，当机构投资者和个人投资者没有异质信念（$\eta^I=\eta^R$）时，在薪酬合同激励的作用下，机构投资者有更大的定价优势，从而获得比个人投资者更高的市场占有率；另一方面，个人投资者受信息获取渠道和专业水平等限制，较机构投资者而言更易发生信念偏移。因此，随着市场占有率的降低，个人投资者面临着更大的资产损失风险。

综上，得到如下结论。

结论 6.1 投资者的异质信念导致风险资产的波动率增大；投资者信念偏移越小，其在均衡状态下市场占有率越高；由于激励合同的作用，个人投资者较机构投资者面临更大的资产损失风险。

6.3.2 基准测试强度

本节讨论机构投资者的效用函数中所包含的基准测试强度 b，对均衡的风险资产价格和波动率的影响。b 在 0 至 2 之间变动，η^I 和 η^R 取不同的组合以表示投资者不同的信念，其他参数设定与 6.3.1 节相同，模拟结果见图 6–3 和图 6–4。

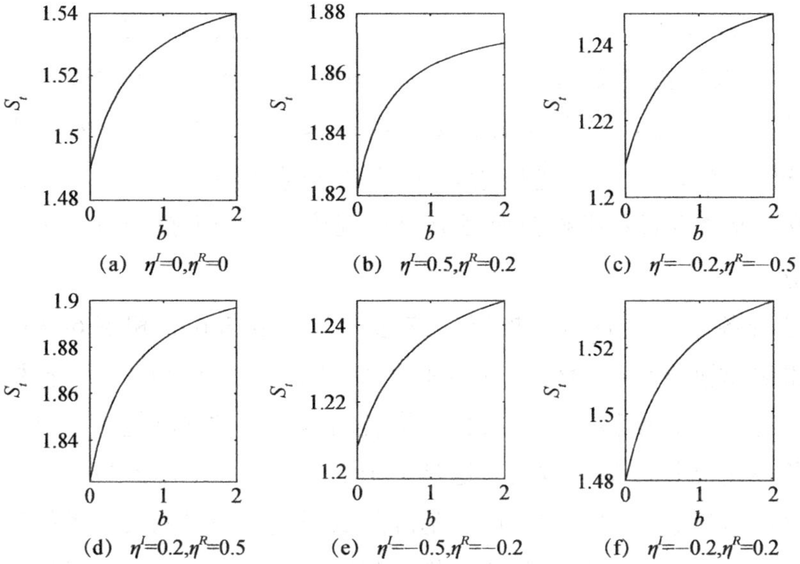

图 6-3　基准测试强度对风险资产价格的影响

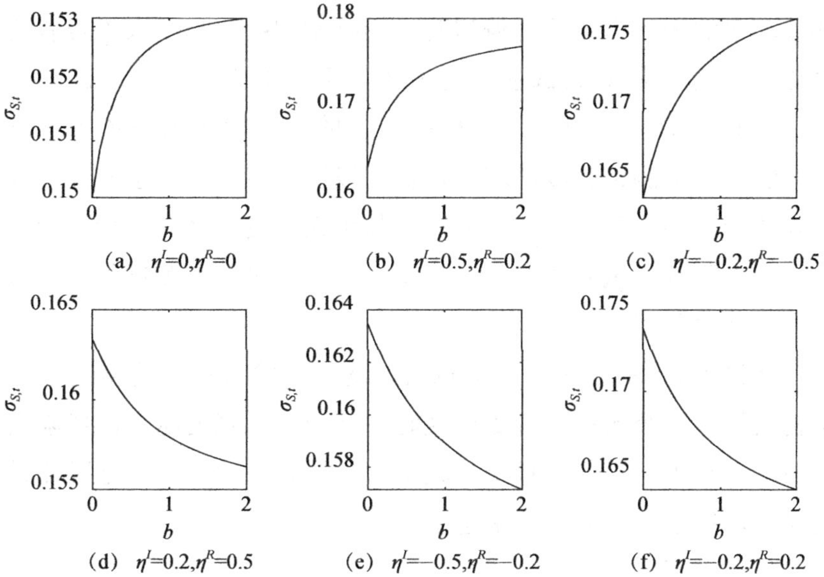

图 6-4　基准测试强度对风险资产波动率的影响

图 6-3 和图 6-4 中的六个子图分别模拟了两投资者的不同信念组合，（a）子图$\eta^I=0$，$\eta^R=0$表示两投资者均没有信念偏移；（b）子图$\eta^I>\eta^R>0$，表示两投资者均具有乐观信念，其中机构投

资者信念更乐观；（c）子图$0>\eta^I>\eta^R$，表示两投资者均具有悲观信念，个人投资者更悲观；（d）子图$\eta^R>\eta^I>0$，表示两投资者均具有乐观信念，个人投资者更乐观；（e）子图$0>\eta^R>\eta^I$，表示两投资者均具有悲观信念，机构投资者更悲观；（f）子图$\eta^I<0$，$\eta^R>0$表示机构投资者具有悲观信念，个人投资者具有乐观信念。

结合各子图所表达的投资者信念含义，由图 6–3 和图 6–4 中的基准测试强度与风险资产价格和波动率的关系，可知：①当投资者均不存在信念偏移时，对机构投资者的基准测试强度越大，风险资产价格越高且波动率越大。这是由于机构投资者的动态投资策略受到基准测试强度的影响，增加基准测试强度使得机构投资者的风险暴露增加，从而导致风险资产价格和波动率的增加；②当机构投资者的信念较个人投资者更乐观时，基准测试强度对风险资产价格和波动率的影响与无信念偏移时的影响相同；③当个人投资者的信念更乐观时，基准测试强度越大风险资产价格越高，但波动率越低。分析其原因发现，当机构投资者的信念较个人投资者更悲观时，随着基准测试强度的增加，机构投资者将增加风险暴露，因此风险资产价格上升；同时，缩小了与个人投资者之间的投资策略分歧，从而降低了风险资产的波动率，于是此时基准测试强度与风险资产波动率负相关。综上，得出如下结论。

结论 6.2 基准测试强度越大，均衡风险资产的价格越高；当机构投资者较个人投资者更乐观时，基准测试强度越大，风险资产的波动率越大；当机构投资者较个人投资者更悲观时，基准测试强度越大，风险资产的波动率越小。

6.3.3 机构市场占有率

本节通过数值模拟，讨论机构投资者的初始市场占有率λ对均衡的风险资产价格及其波动率的影响。λ从 0 到 1 变化，基准测试

强度 b=1，沿用 6.3.2 节中变量 η^I 和 η^R 的六种不同组合来表示投资者的不同信念，其他参数设定亦与 6.3.2 节相同，模拟结果见图 6–5 和图 6–6。

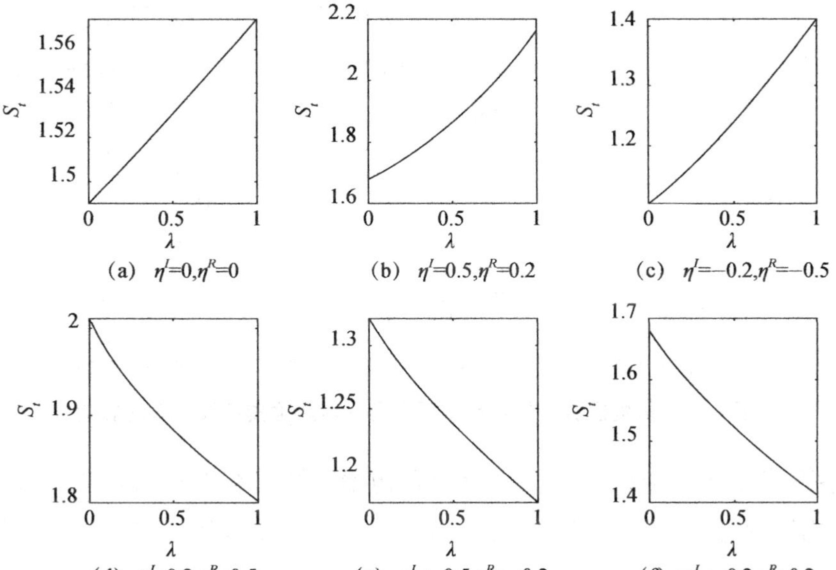

(a) η^I=0,η^R=0　(b) η^I=0.5,η^R=0.2　(c) η^I=–0.2,η^R=–0.5

(d) η^I=0.2,η^R=0.5　(e) η^I=–0.5,η^R=–0.2　(f) η^I=–0.2,η^R=0.2

图 6–5　机构投资者的初始市场占有率对风险资产价格的影响

结合 6.3.2 节各子图所表达的投资者信念的分析结果，由图 6–5 和图 6–6 中的机构初始市场占有率与风险资产价格及其波动率的关系，可知：①当投资者均不存在信念偏移时，风险资产的价格随着机构投资者的初始市场占有率的增加而递增。这是由于机构投资者在薪酬合同的激励下会采取比个人投资者更激进的投资策略（这一点对比引理 6.2 中的（6.27）式和（6.29）式中，机构投资者和个人投资者的动态投资策略可知），因此随着机构投资者初始市场占有率的增加，市场对风险资产的需求增加，风险资产价格增加。②当机构投资者的信念较个人投资者更乐观时，随着机构投资者的初始市场占有率增加，风险资产价格递增。③当个人投资者的信念更乐观时，风险资产价格随机构投资者初始市场占有率的增加而减少。当市场上具有较悲观信念的投资者比例增加，风险资产价

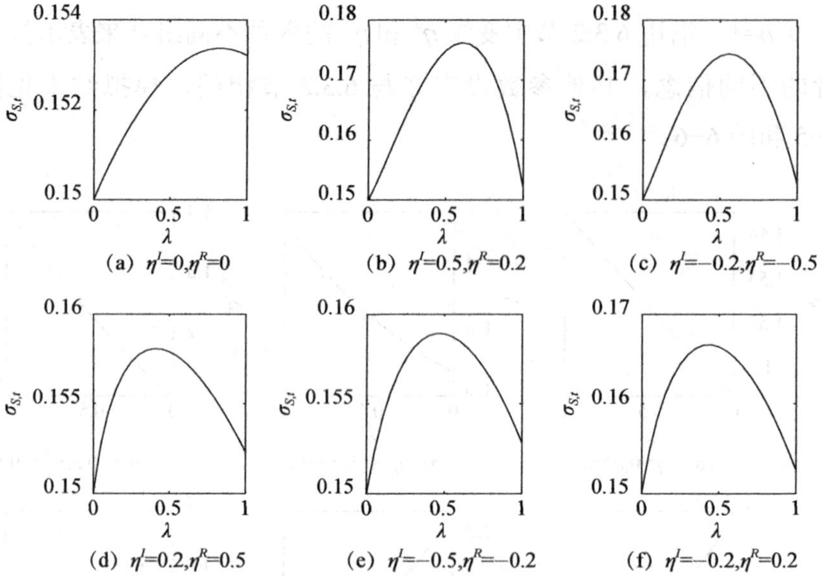

图 6-6　机构投资者的初始市场占有率对风险资产波动率的影响

格下降是必然结果。④机构投资者初始市场占有率对风险资产波动的影响在投资者的不同信念下均一致，具体而言随其增加，风险资产价格先波动加剧后波动缓解。究其原因，由于异质信念和异质偏好的双重作用，个人投资者和机构投资者之间的投资组合策略出现不一致的投资方向（如（6.27）式和（6.29）式所示），这资产价格的波动加剧。当机构投资者的初始市场占有率很高时，个人投资者所能减持风险资产比例显著下降，从而倒逼机构投资者下调投资组合中的杠杆，使得风险资产的波动得到缓解。综上，得到如下结论。

结论 6.3　当机构投资者的信念较个人投资者更乐观时，随着机构初始市场占有率的增加，风险资产价格递增；当个人投资者的信念更乐观时，风险资产价格随机构初始市场占有率的增加而减少；风险资产的波动随机构初始市场占有率先加剧后缓解。

6.3.4　现金流消息

6.3.1 节至 6.3.3 节的模拟中，均假设现金流消息为中性，即

$D_t = E[D_t]$。事实上，现实金融市场中的现金流消息瞬息万变，现金流消息的利好和利空会导致市场的均衡状态发生重大变化。本节模拟不同的现金流消息对风险资产价格和波动率的影响，D_t 在（0，2]区间上连续取值，为了体现异质信念的作用，分别取 $\eta^I = \eta^R = 0$（个人投资者和机构投资者均无信念偏移），$\eta^I = 0.5, \eta^R = -0.5$（机构具有乐观信念，个人投资者具有悲观信念），$\eta^I = -0.5, \eta^R = 0.5$（个人投资者具有乐观信念，机构具有悲观信念），其他参数设定与6.3.1节一致，模拟结果如图6–7所示。

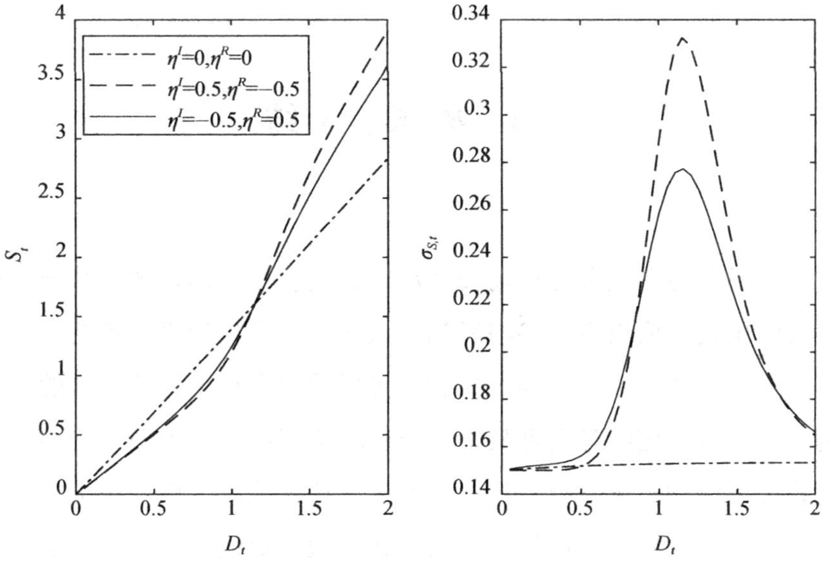

图6–7　现金流消息对风险资产价格和波动率的影响

由图6–7可见：①当投资者均无信念偏移时，现金流消息 D_t 与风险资产价格 S_t 呈线性正相关，D_t 现金流消息对风险资产波动率的影响很小。②当投资者之间存在异质信念时，风险资产价格对现金流消息更敏感，即现金流利好消息引起风险资产价格增加的幅度更大，现金流利空消息导致的风险资产价格下降也更显著。同时，异质信念的存在导致了风险资产波动率上升。③在相同的信念异质水平上，若机构投资者具有乐观信念，风险资产价格对现金流消息更敏感，现金流消息利好时的增幅以及现金流利空时的跌幅会更大。总而言之，机构具有乐观信念时的风险资产波动率更大了。可以认为，从维持市场稳定，防止市场暴涨暴跌的角度出发，机构投资者更应该对市场保持谨慎的态度。

结论 6.4 投资者的异质信念导致风险资产价格对现金流消息更敏感，增加风险资产的波动率；当机构投资者更乐观时，现金流消息也更容易导致市场的暴涨暴跌，风险资产价格的波动率显著提高。

6.4 本章小结

市场参与者是金融市场投资决策和交易的主体，本章从金融市场实际出发，假设市场参与者为个人投资者和机构投资者两类，基于基准测试框架下，从异质信念、异质效用和异质初始禀赋的角度构造并求解了连续时间框架下的一般均衡资产定价模型。给出了均衡状态下的动态风险资产价格和波动率的闭式解，以及两类投资者的动态财富过程和市场份额的闭式解。通过数值模拟，分析了三种异质性对投资者决策和资产价格的影响，发现：①异质信念导致风险资产的波动率增大；异质偏好中的基准测试强度越大，风险资产的均衡价格越高；异质初始禀赋中机构的初始市场占有率足够大时，风险资产的波动率会降低。②当机构投资者比个人投资者具有更悲观的信念时，异质偏好中的基准测试强度越大，风险资产的波动率越小，同时风险资产价格随机构投资者初始市场占有率的增加而减少。

投资者异质性在金融市场中普遍存在，由以上分析不难发现，投资者的异质信念会导致风险资产价格的波动率增大，基准测试强度的增大会导致风险资产泡沫化，使市场投资风险增加。但当机构投资者对市场保持谨慎态度时，随着机构投资者初始市场占有率的增加，市场的波动性和泡沫化都能得到缓解。

第 7 章

结论与建议

7.1 结　　论

本书研究委托代理投资中的激励合同对机构投资行为和资产价格的影响。研究主要包括两部分：第一部分为薪酬合同中的显性和隐性激励对机构投资组合策略的影响，第二部分为双重激励以及薪酬合同中的基准测试对市场风险资产价格及波动率的影响。

第一部分为本书的第2章和第3章，在连续时间金融框架下，构建并求解机构动态投资组合决策模型。第2章假设基金管理者受到不对称的薪酬合同引起的显性激励，第3章假设基金管理者受到业绩—资金流动凸关系引起的隐性激励，分别分析二者对机构动态投资组合策略的影响。在基准为静态基准（常数）和动态基准组合（市场指数）时，均得到了相同的结论，具体如下。

（1）在不对称薪酬导致的显性激励作用下，管理者会采取更激进的投资策略，具体而言，显性激励强度的增加会促使基金管理者增加投资组合的风险暴露，当期末市场状态不佳时，基金投资者将承受巨大的资产损失。若提高不对称薪酬合同中的管理费率，能抵消不对称薪酬合同对管理者的激励作用，缓解显性激励导致的管理者冒险行为。

（2）在业绩—资金流动凸关系导致的隐性激励作用下，资金流入系数的增加会促使基金管理者增加投资组合的风险暴露，而业绩表现较差导致的基金资金流出量对基金动态投资组合策略没有影响。因此，隐性激励强度的增加亦会加剧基金管理者的风险转移行为。

第二部分为本书的后续章节，讨论了在显性和隐性的双重激励下，机构投资者之间的策略互动行为，及其对证券市场中的资产价格产生的影响。进一步探讨了薪酬合同中的基准测试对资产价格和波动率的影响。设风险资产的漂移项和波动率由市场均衡内生决定，通过求解连续时间金融框架下的一般均衡模型，求出风险资产价格和波动率的封闭解。得出如下主要结论。

（1）激励合同中不对称性的存在使证券市场中的个人投资者较机构投资者面临更大的资产损失风险。市场参与者的信念偏移越小，其在均衡状态下的市场占有率越高，但当个人投资者和机构投资者具有相同的信念偏移度时，个人投资者的市场占有率较机构投资者更低。

（2）投资者的异质信念导致风险资产价格对现金流消息更敏感，增加了风险资产的波动率。在市场无卖空限制的情况下，当投资者具有异质信念时，投资者的悲观信念能有效缓解风险资产的泡沫化。

（3）在混合策略纳什均衡下，年中业绩较好的管理者下半年选择风险资产的概率较高，而业绩落后的管理者则采取相反的策略。年中获胜基金选择风险资产的概率随着两种资产收益率的差距、基金年中收益率的差异以及资金流对投资策略的敏感性的增大而增大，但随着两基金收益之差的波动率和固定资金流入系数的增加而减小。当在激励合同中更多地强调相对于基准的相对业绩而不是绝对业绩时，年中获胜基金持有风险资产的概率增加。

7.2 建　　议

根据上述结论，给出金融监管方面的相关政策建议：

（1）从保护基金投资者和个人投资者利益、抑制证券市场资产泡沫的角度，应降低机构代理投资中由合同不对称性引起的显性激励强度。

早在 1940 年，美国颁布的《基金管理公司法案》中有明确条款指出，基金公司必须基于比较基准收取对称的薪酬，但对于私募基金经理的薪酬合同并不受该法案约束。在委托投资管理实践中，具有不对称薪酬结构的合同在美国私募基金行业被广泛采用（Ma和Tang等，2019）。在我国的基金行业中，也存在着类似的情况，私募基金中普遍采用的薪酬合同均具有不对称期权项，这类不对称性薪酬合同所产生的显性激励，不仅会损害基金投资者和市场中其他个人投资者的利益，同时还容易导致股价偏离真实价值产生资产泡沫。基金业监管部门应通过相关指引的发布，对基金管理者薪酬合同设计进行规范，限制不对称期权项在合同中的使用，同时限制管理者薪酬和基准组合业绩的相关性，从而降低基准测试强度。

（2）进一步解除资本市场中个股的卖空交易限制。

目前，我国A股市场已对1 600只股票开放了融资融券业务，投资者可通过融券操作实现个股的卖空交易，但对投资者的资本总量有一定要求。由于金融市场中的市场参与者普遍存在异质信念，若进一步扩大可实现卖空交易的股票范围，下调参与融券业务的资金门槛，让投资者的悲观情绪得到有效释放，能有效缓解证券市场的资产泡沫。根据本研究结论，当机构投资者具有乐观信念时，个人投资者的卖空交易不能有效控制风险资产价格的过快增长，因此，若机构投资者对市场保持更审慎的态度，更能发挥融券业务对资产泡沫的抑制作用。

参考文献

[1] 毕先萍，肖争艳，李正友. 相对财富与股票溢价之谜[J]. 财贸研究，2004，25（3）：68—72.

[2] 蔡庆丰，宋友勇. 超常规发展的机构投资者能稳定市场吗？——对我国基金业跨越式发展的反思[J]. 经济研究，2010，45（1）：90—101.

[3] 蔡庆丰，杨侃，林剑波. 羊群行为的叠加及其市场影响——基于证券分析师与机构投资者行为的实证研究[J]. 中国工业经济，2011，25（12）：111—121.

[4] 曹崇延，李娜. 我国证券投资基金持股与股价波动的关系——基于动态面板数据模型的实证研究[J]. 西安电子科技大学学报（社会科学版），2008，16（3）：98—102.

[5] 曾勇，唐小我，郑维敏. 一种组合证券选择和资产定价分析[J]. 管理工程学报，2000，14（1）：6—11+2.

[6] 陈国进，张贻军. 异质信念、卖空限制与我国股市的暴跌现象研究[J]. 金融研究，2009，04：80—91.

[7] 陈国进，张贻军，刘淳. 机构投资者是股市暴涨暴跌的助推器吗？——来自上海 A 股市场的经验证据[J]. 金融研究，2010，37（11）：45—59.

[8] 邓学斌. 机构投资者与股价波动——以社保基金和 QFII 资金为例[J]. 海南金融，2009，13（2）：8—11.

[9] 丁振华. 基金过去的业绩会影响未来的风险选择吗[J]. 证券市场导报，2006，（4）：39—45.

[10] 董纪昌，庞嘉琦，李秀婷等. 机构投资者持股与股价崩盘风险的关系——基于市场变量的检验[J]. 管理科学学报，2020，23（3）：73—88.

[11] 耿志民. 养老保险基金与资本市场[M]. 北京：经济管理出版社，2000.

[12] 何基报，王霞. 机构投资者发展战略研究[R]. 深圳证券交易所研究报告，2006.

[13] 胡大春，金赛男. 基金持股比例与 A 股市场收益波动率的实证分析[J]. 金融研究，2007，32（4）：129—142.

[14] 胡金焱，元彬. 证券投资基金与 A 股市场波动性——基于 2004—2010 年宏微观数据的实证分析[J]. 经济学动态，2011，12（2）：63—66.

[15] 李诗瑶. 基金持股、止损机制与股价波动[J]. 现代财经（天津财经大学学报），2017，37（4）：15—24.

[16] 李学峰，张舰，田元泉，李佳明. 我国证券投资基金的隐性激励——测度、机制与契约优化[J]. 金融研究，2011（10）：185—197.

[17] 刘建洲，丁楹. 机构投资者的发展对资本市场的影响——以美国为例的分析[J]. 证券市场导报，2002，32（5）：29—34.

[18] 刘京军，梁建峰. 道德风险下的最优委托理财契约研究[J]. 系统工程学报，2009，24（5）：602—606.

[19] 刘京军，刘彦初，熊和平. 基金竞争与泡沫资产配置的模仿行为研究[J]. 管理科学学报，2018（2）：114—126.

[20] 刘京军，徐浩萍. 机构投资者：长期投资者还是短期机会主义者?[J]. 金融研究，2012，15（9）：141—154.

[21] 刘秋平. 机构投资者能否发生稳定器作用——基于个股暴跌风险的实证检验[J]. 现代财经（天津财经大学学报），2015，35（3）：27—37.

[22] 刘燕，朱宏泉. 个体与机构投资者，谁左右 A 股股价变

化？——基于投资者异质信念的视角[J]. 中国管理科学，2018，26（4）：120—130.

[23] 刘奕均，胡奕明. 机构投资者类型与股票市场波动实证研究[J]. 软科学，2010，24（6）：111—114.

[24] 陆蓉，陈百助，徐龙炳，谢新厚. 基金业绩与投资者的选择——中国开放式基金赎回异常现象的研究[J]. 经济研究，2007（6）：39—50.

[25] 路磊，黄京志，吴博. 基金排名变化和羊群效应变化[J]. 金融研究，2014，9：177—191.

[26] 罗琰，杨招军. 基于随机微分博弈的保险公司最优决策模型[J]. 保险研究，2010，15（8）：48—52.

[27] 罗真，张宗成. 职业忧虑影响基金经理投资行为的经验分析[J]. 世界经济，2004（4）：63—71.

[28] 孟庆斌，黄清华. 卖空机制是否降低了股价高估？——基于投资者异质信念的视角[J]. 管理科学学报，2018，21（04）：43—66.

[29] 孟庆茂，常建华. 实验心理学[M]. 北京：北京师范大学出版社，1999.

[30] 米辉，张曙光. 财富约束条件下损失厌恶投资者的动态投资组合选择[J]. 系统工程理论与实践，2013，33（5）：1107—1115.

[31] 莫泰山. 中国开放式基金真的存在“赎回异象”吗？——对开放式基金业绩和资金流入关系的实证检验[J]. 投资研究，2013，32（9）：126—137.

[32] 彭文平，杨蓝蓝. 业绩评价、职业声誉和基金经理行为异化[J]. 经济管理，2013，35（6）：81—94.

[33] 任大源，徐玖平，黄南京，吴萌. 含交易成本和机会成本的极小极大多期投资组合选择模型[J]. 系统工程理论与实践，2012，32（1）：11—19.

[34] 申尊焕，龙建成. 机构投资者的羊群行为能降低投资风险

吗？——来自中国上市公司的证据[J]. 财贸研究，2012，23（2）：108—114.

[35] 盛积良，马永开. 两类不对称对基金风险承担行为的影响研究[J]. 系统工程学报，2008，23（4）：398—404.

[36] 盛积良，李妙，欧阳道中. 委托组合投资管理中两类不对称对资产价格的影响[J]. 系统工程学报，2020，35（4）：504—514.

[37] 盛积良，徐思. 业绩—流动关系与预期收益率对基金动态投资策略的影响——基于损失厌恶型管理者的分析[J]. 系统工程理论与实践，2021，41（6）：1397—1411.

[38] 盛军锋，邓勇，汤大杰. 中国机构投资者的市场稳定性影响研究[J]. 金融研究. 2008，21（9）：143—151.

[39] 施东晖. 证券投资基金的交易行为及其市场影响[J]. 世界经济，2001，14（10）：26—31.

[40] 史晨昱，刘霞. 从竞赛观点探讨基金经理人的风险调整行为[J]. 证券市场导报，2005（2）：37—43.

[41] 史永东，王谨乐. 中国机构投资者真的稳定市场了吗?[J]. 经济研究，2014，49（13）：100—112.

[42] 束景虹. 开放式基金竞争激励机制的效率分析——基于竞争锦标赛的视角[J]. 北京理工大学学报（人文社科版），2013，15（4）：76—83.

[43] 宋晓萍. 机构投资者对我国证券市场稳定的影响研究[J]. 上海金融，2013，35（8）：96—98.

[44] 孙庆雅，荣喜民，赵慧. S 型效用下比例再保险的最优投资策略 [J]. 系统工程理论与实践，2020，40（2）：284—297.

[45] 童元松，王光伟. 机构投资者资金规模对股市波动的影响研究——基于 2004—2013 年季度数据的实证分析[J]. 价格理论与实践，2014，16（3）：107—109

[46] 童元松. 机构投资者行为对股市的影响研究[D]. 苏州：苏州大学，2016.

[47] 汪慧建，张兵，周安宁. 中国开放式基金赎回异象的实证研究[J]. 南方经济，2007（8）：65—73.

[48] 王立文. 机构投资者、现金股利政策与股票市场稳定性研究——来自 2005—2009 年中国 A 股上市公司的经验证据[J]. 当代经济科学，2011，33（5）：99—108.

[49] 王明好，陈忠，蔡晓钰. 费率结构对证券投资基金风险承担行为的影响研究[J]. 系统工程理论与实践，2004，24（10）：117—121.

[50] 王擎，吴玮，蔡栋梁. 基金评级与资金流动：基于中国开放式基金的经验研究[J]. 金融研究，2010，53（09）：106—122.

[51] 伍燕然，王凯，苏淞等. 有限理性对开放式基金业绩——流量关系的影响[J]. 管理科学学报，2019，22（10）：101—126.

[52] 肖峻，石劲. 基金业绩与资金流量：我国基金市场存在“赎回异象”吗？[J]. 经济研究，2011，46（01）：112—125.

[53] 熊熊，高雅，冯绪. 卖空交易与异质信念：基于中国股票市场的证据[J]. 系统工程理论与实践，2017，37（8）：1937—1948.

[54] 徐绪松，陈彦斌. 相对财富和习惯形成的资本资产定价模型[J]. 管理科学学报，2004，7（3）：1—6.

[55] 许年行，于上尧，伊志宏. 机构投资者羊群行为与股价崩盘风险[J]. 管理世界，2013，54（7）：31—43.

[56] 杨坤，曹晖，宋双杰. 基金业绩与资金流量：明星效应与垫底效应[J]. 管理科学学报，2013，16（5）：29—38.

[57] 张文远，孟楠丁，张天培. 我国机构投资对股票市场波动影响研究——基于投资者情绪视角[J]. 北京工业大学学报（社会科学版），2017，17（1）：60—66.

[58] 赵春艳，张芸辉，南士敬. 我国机构投资者对资本市场稳定作用的实证研究[J]. 统计与决策，2012，26（8）：167—170.

[59] 郑敏. 异质信念、生存条件及市场影响力[J]. 管理科学学报，2015，18（8）：73—82.

[60] Abel A. Asset prices under habit formation and catching up with the Joneses[J]. American Economic Review，1990，80（2）：38—42.

[61] Abreu D，Brunnermeier M K. Bubbles and crashes[J]. Econometrica，2003，71（1）：173—204.

[62] Ackermann C，McEnally R，Ravenscraft D. The performance of hedge funds：Risk，returns and incentives[J]. Journal of Finance，1999，54（3）：833—874.

[63] Admati R A，Pfleiderer P. Does it all add up? Benchmarks and the compensation of active portfolio manager[J]. Journal of Business，1997，70（3）：323—350.

[64] Agarwal V，Daniel N D，Naik N Y. Do hedge funds manage their reported returns?[J]. Review of Financial Studies，2011，24（10）：3281—3320.

[65] Agarwal V，Daniel N D，Naik N Y. Flows，performance，and managerial incentives in hedgefunds[R]. EFA 2003 Annual Conference Paper No. 501，2004.

[66] Agarwal V，Green T C，Ren H. Alpha or beta in the eye of the beholder：What drives hedge fund flows?[J]. Journal of Financial Economics，2018，127（3）：417—434.

[67] Agarwal V，Naik N Y. Risk and portfolio decisions involving hedge funds[J]. Review of Financial Studies，2004，17（1）：833—874.

[68] Agarwal V，Daniel N，Naik N. Flows，performance，and managerial incentives in hedge funds，Working paper，London Business School，2004.

[69] Ahoniemi K，Jylha P. Flows，price pressure，and hedge fund returns[J]. Financial Analysts Journal，2014，70（5）：73—93.

[70] Alexander D. Heterogeneous beliefs，speculation，and the equity premium[J]. Journal of Finance，2008，63（1）：41—83.

[71] Allen F，Gorton G. Churning，bubbles[J]. Review of Economic Studies. 1993，60（3）：813—836.

[72] Anderson E J. Ranking Games and Gambling：When to Quit When You're Ahead[J]. Operations Research，2012，60（5）：1229—1244.

[73] Andrei D，Carlin B，Hasler M. Asset pricing with disagreement and uncertainty about the length of business cycles[J]. Management Science，2019，65（6）：2900—2923.

[74] Aragon G O，Nanda V. Tournament behavior in hedge funds：High-water marks，fund liquidation，and managerial stake[J]. The Review of Financial Studies，2011，25（3）：937—974.

[75] Atmaz A，Basak S. Belief dispersion in the stock market[J]. Journal of Finance，2018，73（3）：1125—1279.

[76] Avery C N，Chevalier J A. Herding over the career[J]. Economics Letters，1999，63（3）：327—333.

[77] Banerjee S，Kremer I. Disagreement and learning：Dynamic patterns of trade[J]. Journal of Finance，2009，65（4）：1269—1302.

[78] Barber B M，Odean T. All That Glitters：The Effect of Attention and News onthe Buying Behavior of Individual and Institutional Investors[J]. Review of Financial Studies. 2008，21（2）：785—818.

[79] Barberis N，Huang M，Santos T. Prospect theory and asset prices[J]. Quarterly Journal of Economics，2001，116（1）：1—53.

[80] Barucci E，La Bua G，Marazzina D. On relative performance，remuneration and risk taking of asset managers[J]. Annals of Finance，2018，14（4）：517—545.

[81] Barucci E，Marazzina D，Mastrogiacomo E. Optimal investment strategies with a minimum performance constraint[J]. Annals of Operations Research，2019：1—25.

[82] Basak S，Makarov D. Competition among portfolio managers

and asset specialization[R]. Working paper, London Business School, 2014.

[83] Basak S, Makarov D. Difference in interim performance and risk taking with short-sale constraints[J]. Journal of Financial Economics, 2012, 103 (2): 377—392.

[84] Basak S, Makarov D. Strategic asset allocation in money management[J]. Journal of Finance, 2014, 69 (1): 179—217.

[85] Basak S, Pavlova A, Shapiro A. Offsetting the implicit incentives: Benefits of benchmarking in money management[J]. Journal of Banking and Finance, 2008, 32 (9): 1883—1893.

[86] Basak S, Pavlova A, Shapiro A. Optimal asset allocation and risk shifting in money management[J]. Review of Financial Studies, 2007, 20 (5): 1583—1621.

[87] Basak S, Pavlova A. Asset prices and institutional investors[J]. American Economic Review, 2013, 103 (5): 1728—1758.

[88] Basak S, Shapiro A, Teplá L. Risk management with benchmarking[J]. Management Science, 2006, 52 (4): 542—557.

[89] Basak S. Asset pricing with heterogeneous beliefs[J]. Journal of Banking and Finance, 2005, 29 (11): 2849—2881.

[90] Berk J, Green R. Mutual fund flows and performance in rational markets[J]. Journal of Political Economy, 2004, 112 (6): 1269—1295.

[91] Berkelaar A, Kouwenberg R, Post T. Optimal portfolio choice under loss aversion[J]. Review of Economics and Statistics, 2004, 86 (4): 973—987.

[92] Berkelaar A, Kouwenberg R. From boom til bust: How loss aversion affects asset prices[J]. Journal of Banking and Finance, 2009, 33 (6): 1005—1013.

[93] Berkman H, Dimitrov V, Jain P C, et al. Sell on thc ncws:

Differences of opinion, short-sales constraints, and returns around earnings announcements[J]. Journal of Financial Economics, 2009, 92（3）: 376—399.

[94] Bernile G, Kumar A, Sulaeman J, et al. Skill or Opportunism? Analysis of the Geography of Institutional Trades[J]. Social Science Electronic Publishing. 2015, 25（4）: 293—323.

[95] Bhamra H S, Uppal R. Asset prices with heterogeneity in preferences and beliefs[J]. Review of Financial Studies, 2014, 27（2）: 519—580.

[96] Bhattacharyya S, Vikram N. Portfolio pumping, trading activity and fund performance[J]. Review of Finance, 2013, 17（3）: 885—919.

[97] Biais B, Weber M. Hindsight bias, risk perception, and investment performance[J]. Management Science, 2009, 55（6）: 1018—1029.

[98] Bodnaruk A, Simonov A. Loss-averse preferences, performance, and career success of institutional investors[J]. Review of Financial Studies, 2016, 29（11）: 3140—3176.

[99] Borovička J. Survival and long-run dynamics with heterogeneous beliefs under recursive preferences[J]. Journal of Political Economy, 2020, 128（1）: 206—251.

[100] Boyson N M. Implicit incentives and reputational herding by hedge fund managers[J]. Journal of Empirical Finance, 2010, 17（3）: 283—299.

[101] Bredin D, Liu N. Domestic and Foreign Institutional Investor Behavior in China: Financial Characteristics and Corporate Governance [J]. Social Science Electronic Publishing, 2014, 20（7）: 728—751.

[102] Brennan M J, Cheng X, Li F. Agency and institutional investment[J]. European Financial Management, 2012, 18（1）: 1—27.

[103] Brennan M J. Agency and asset pricing[J]. Available at SSRN 1104546，1993. http://www.escholarship.org/uc/item/53k014sd.pdf.

[104] Brennan M，Cheng X，Li F. Agency and institutional investment[J]. European Financial Management，2012，18（1）：1—27.

[105] Breugem M，Buss A. Institutional investors and information acquisition：Implications for asset prices and informational efficiency [J]. Review of Financial Studies，2019，32（6）：2260—2301.

[106] Breugem M，Buss A. Optimal contracts in delegated portfolio management：An equilibrium analysis[J]. Working paper，2020. http://www.labex-refi.com/wp-content/uploads/2019/09/BB-Optimal AMContracts-2019-11. pdf

[107] Brown K C，Harlow W，Starks，L. Of tournaments and temptations：An analysis of managerial incentives in the mutual fund industry[J]. Journal of Finance，1996，51（1）：85—110.

[108] Brown S J，Goetzmann W N，Park J. Careers and survival：Competition and risk in the hedge fund and CTA industry[J]. Journal of Finance，2001，56（5）：1869—1886.

[109] Browne S J. Risk-Constrained Dynamic Active Portfolio Management[J]. Management Science，2001，46（9）：1188—1199.

[110] Browne S J. Stochastic differential portfolio games[J]. Journal of Applied Probability，2000，37（1）：126—147.

[111] Buffa A，Vayanos D，Woolley P. Asset management contracts and equilibriums prices[R]. Working paper. http://www.nber.org/papers/w20480，2014.

[112] Busse J. Another look at mutual fund tournament[J]. Journal of Financial and Quantitative Analysis，2001，36（1）：53—73.

[113] Campbell J，Cochrane J. By force of habit：A consumption based explanation of aggregate stock market behavior[J]. Journal of Political Economy，1999，107（2）：205—251.

[114] Carpenter J I. Does option compensation increase managerial risk appetite?[J]. Journal of Finance，2000，55（5）：2311—2331.

[115] Chan Y. Kogan L. Catching up with the Joneses : heterogeneous preferences and the dynamics of asset prices[J]. Journal of Political Economy，2002，110（6）：1255—1285.

[116] Chen H L，Pennacchi G G. Does prior performance affect a mutual fund's choice of risk? Theory and further empirical evidence[J]. Journal of Financial and Quantitative Analysis，2009，44（4）：745—775.

[117] Chen J，Hughson E，Stoughton N. Strategic Mutual Fund Tournaments[R]. 2012，working paper. http://www.nealstoughton.com/Documents/tournamentspaper.pdf.

[118] Chevalier J，Ellison G. Career concerns of mutual fund managers[J]. Quarterly Journal of Economics，1999，114（2）：389—432.

[119] Chevalier J，Ellison G. Risk taking by mutual funds as a response to incentives[J]. Journal of Political Economy，1997，105（3）：1167—1200.

[120] Christine D R. Webster's new world finance and investment dictionary[M]. London：Webster's New World Press，1986.

[121] Colaneri K，Angelini F，Herzel S，et al. Implicit incentives for fund managers with partial information[J]. Working paper available at SSRN 3731415，2020.

[122] Cornell B，Roll R. A delegated-agent asset-pricing model[J]. Financial Analysts Journal，2005，61（1）：57—69.

[123] Coval J D，Shumway T. Do behavioral biases affect prices?[J]. Journal of Finance，2005，60（1）：1—34.

[124] Cox J C，Huang C F. Optimal consumptions and portfolio policies when asset prices follow a diffusion process[J]. Journal of

Economic Theory，1989，49（1）：33—83.

[125] Cuoco D，He H，Isaenko S. Optimal dynamic trading strategies with risk limits[J]. Operations Research，2008，56（2）：358—368.

[126] Cuoco D，Kaniel R. Equilibrium prices in the presence of delegated portfolio management[J]. Journal of Financial Economics，2011，101（2）：264—296.

[127] Cvitanić J，Hao X. Asset pricing under optimal contracts[J]. Journal of Economic Theory，2018，173：142—180.

[128] Cvitanić J，Jouini E，Malamud S，et al. Financial markets equilibrium with heterogeneous agents[J]. Review of Finance，2012，16：285—321.

[129] Cvitanić J，Wan X，Zhang J. Optimal compensation with hidden action and lump-sum payment in a continuous-time model[J]. Applied Mathematics and Optimizations，2009，59（1）：99—146.

[130] Dai M，Goncalves-Pinto L，Xu J，et al. Convex incentives and liquidity premia[J]. Working paper available at SSRN 3288875，2020.

[131] Das S R，Sundaram R K. Fee speech：Signaling，risk-sharing，and the impact of fee structures on investor welfare[J]. Review of Financial Studies，2002，15（5）：1465—1497.

[132] Davis M，Norman A. Portfolio selection with transaction costs [J]. Mathematics of Operations Research，1990，15（4）：676—713.

[133] Del Guercio D，Tkac P A. The effect of Morningstar ratings on mutual fund flow[J]. Journal of Financial and Quantitative Analysis，2008，43（4）：907—936.

[134] Del Guercio D，Tkac P A. The determinants of the flow of funds of managed portfolios：Mutual funds vs. pension funds[J]. Journal

of Financial and Quantitative Analysis，2002，37（4）：523—557.

[135] Delong J B，Shleifer A，Summers L H，Waldman R J. Noise Trader Risk in Finance Markets[J]. Journal of Political Economy. 1990，98（2）.

[136] DeMarzo P，Kaniel R，Kremer I. Relative wealth concerns and financial bubbles[J]. Review of Financial Studies，2008，21（1）：19—50.

[137] Diao X F. Asymmetric fund manager compensation and equilibrium asset pricing：theory and evidence from China[M]. Vancouver：University of British Columbia，2003.

[138] Ding B，Getmansky M，Liang B，Wermers R. Share restrictions and investor flows in the hedge fund industry[R]. 2010，Working paper，University of Massachusetts.

[139] Drechsler I. Risk Choice under High-Water Marks[J]. Review of Financial Studies. 2014，27（7）：2052—2096.

[140] Duarte D，Lee K，Schwenkler G. The systemic effects of benchmarking[J]. Working paper available at SSRN 2646791，2019.

[141] Dumas B，Alexander K，Raman U. Equilibrium portfolio strategies in the presence of sentiment risk and excess volatility[J]. Journal of Finance，2009，64（2）：579—629.

[142] Dumas B，Lewis K K，Osambela E. Differences of opinion and international equity markets[J]. Review of Financial Studies，2017，30（3）：750—800.

[143] Dumas B，Luciano E. An exact solution to a dynamic portfolio choice problem under transaction costs[J]. Journal of Finance，1991，46（2）：577—595.

[144] Dybvig P H，Farnsworth H K，Carpenter J N. Portfolio performance and agency[J]. Review of Financial Studies，2010，23（1）：1—23.

[145] Edelen R M. Investor flows and the assessed performance of open-end mutual funds[J]. Journal of Financial Economics，1999，53（3）：439—466.

[146] Elton E，Gruber M，Blake C. Incentive fees and mutual funds[J]. Journal of Finance，2003，58（2）：779—804.

[147] Espinosa G，Touzi N. Optimal investment under relative performance concerns[J]. Mathematical Finance，2013，23（6）：1—37.

[148] Evans R B，Gomez J P，Ma L，et al. Peer versus pure benchmarks in the compensation of mutual fund managers[J]. Darden Business School Working paper available at SSRN 8344130，2020.

[149] Ferreira M A，Keswani A，Miguel A F，et al. The flow-performance relationship around the world[J]. Journal of Banking and Finance，2012，36（6）：1759—1780.

[150] Frei C，Reis G. A financial market with interacting investors：Does an equilibrium exit? [J]. Mathematical Financial and Economics，2011，4（1）：161—182.

[151] Garleanu N，Pedersen L. Dynamic Trading with Predictable Returns and Transaction Costs[J]. Journal of Finance，2013，68（6）：2309—2340.

[152] Getmansky M，Lee P A，Lo A W. Hedge funds：A dynamic industry in transition[J]. Annual Review of Financial Economics，2015（7）：483—577.

[153] Giannikos C I，Gousgounis E. Short sale constraints and dispersion of opinion：Evidence from the Indian equity market[J]. Financial Review，2012，47（1）：115—143.

[154] Glebkin S，Makarov D. Capital market equilibrium with competition among institutional investors[R]. http://papers.ssrn.com/sol3/papers.cfm?abstract_id=2017002，2012.

[155] Goetzmann W N，Ingersoll J E，Ross S A. High-water

marks and hedge fund management contracts[J]. Journal of Finance, 2003, 58 (4): 1685—1718.

[156] Golec J, Starks L. Performance fee contract change and mutual fund risk[J]. Journal of Financial Economics, 2004, 73 (1): 93—118.

[157] Gomez J, Zapatero F. Asset pricing implications of benchmarking: A two-factor CAPM[J]. European Journal of Finance, 2003, 9 (4): 343—357.

[158] Gomez J, Priestley R, Zapatero F. Implications of keeping up with the Joneses behavior for the equilibrium cross-section of stock returns: international evidence[J]. Journal of Finance, 2009, 64, 2703—2737.

[159] Gomez J. The impact of keeping up with the Joneses behavior on asset prices and portfolio choice[J]. Finance Research Letters, 2007, 4 (1): 95—103.

[160] Goriaev A, Nijman T, Werker B. Yet another look at mutual fund tournaments[J]. Journal of Empirical Finance, 2005, 12 (1): 127—137.

[161] Grinblatt M, Titman S. Adverse risk incentives and the design of performance-based contracts[J]. Management Science, 1989, 35 (4): 807—822.

[162] Gruber M J. Another puzzle: The growth in actively managed mutual funds[J]. The journal of finance, 1996, 51 (3): 783—810.

[163] Guercio D D, Genc E, Tran H. Playing favorites: Conflicts of interest in mutual fund management[J]. Journal of Financial Economics, 2018, 128 (3): 535—557.

[164] Guercio D D, Tkac P A. The Determinants of the Flow of Funds of Managed Portfolios: Mutual Funds vs. Pension Funds[J]. Journal of Financial & Quantitative Analysis. 2002, 37 (4): 523—

557.

[165] Haigh M S，List J A. Do professional traders exhibit myopic loss aversion? An experimental analysis[J]. Journal of Finance，2005，60（1）：523—534.

[166] Harjoat S. Bhamra. Asset Prices with Heterogeneity in Preferences and Beliefs[J]. Review of Financial Studies，2014，27（2）：519—580.

[167] Harrison H，Kubik J D，Amit S. Security analysts' career concerns and herding of earnings forecasts[J]. RAND Journal of Economics，2000，31（1）：121—144.

[168] He X D，Zhou X Y. Portfolio choice under cumulative prospect theory：An analytic treatment[J]. Management Science，2011，57（2）：315—331.

[169] He Z，Krishnamurthy A. Intermediary asset pricing[J]. American Economic Review，2013，103（2）：732—770.

[170] Hodor I，Buffa A M，Institutional investors，heterogeneous benchmarks and the comovement of asset prices[J]. Journal of Financial Economics，2020，forthcoming.

[171] Hodor I. Equilibrium with benchmarking institutions[R]. Working paper，School of Management，Boston University. 2014.

[172] Holt C A，Villamil A. The use of laboratory experiments in economics：An introductory survey[J]. Laboratory Market Research，1986：1—14.

[173] Huang C，Li F，Weng X. Star ratings and the incentives of mutual funds[J]. Journal of Finance，2020，75（3）：1715—1765.

[174] Huang J，Clemens S，Zhang H J. Risk shifting and mutual fund performance[J]. Review of Financial Studies，2011，24（8）：2575—2616.

[175] Huang J，Wei K D，Yan H. Participation costs and the

sensitivity of fund flows to past performance[J]. Journal of Finance, 2007, 62 (3): 1273—1311.

[176] Huang J, Zhang S H. Risk shifting and mutual fund performance[J]. Review of Financial Studies, 2011, 24 (8): 2575—2616.

[177] Huang S, Qiu Z, Shang Q, et al. Asset pricing with heterogeneous beliefs and relative performance[J]. Journal of Banking and Finance, 2013, 29 (12): 2849—2881.

[178] Huang S, Qiu Z, Yang L. Institutionalization, delegation, and asset prices[J]. Journal of Economic Theory, 2020, 186: 104—977.

[179] Ivkovich Z, Weisbenner S. Individual investor mutual fund flows[J]. Journal of Financial Economics, 2009, 92 (2): 223—237.

[180] Jans R, Otten R. Tournaments in the UK mutual fund industry[J]. Managerial Finance, 2008, 34 (11): 786—798.

[181] Jiang J, Shrider D G, Ting H, et al. Are mutual fund investors loss averse? Evidence from China[J]. Financial Review, 2020: 1-20. https://doi.org/10.1111/fire.12252.

[182] Kahneman D, Tversky A. Prospect theory: An analysis or decision under risk[J]. Econometrica, 1979, 47 (2): 263—290.

[183] Kaniel R, Kondor P. The delegated Lucas tree[J]. Review of Financial Studies, 2013, 26 (3): 929—984.

[184] Kapur S, Timmerman A. Relative performance evaluation contracts and asset market equilibrium[J]. Economic Journal, 2005, 115 (5): 1077—1102.

[185] Karatzas I, Shreve S. Methods of Mathematical Finance[M]. Springer Verlag, 1998.

[186] Kempf A, Ruenzi S, Thiele T. Employment risk, compensation incentives, and managerial risk taking: Evidence from

the mutual fund industry[J]. Journal of Financial Economics，2009，92（1）：92—108.

[187] Kempf A，Ruenzi S. Tournaments in mutual-fund families[J]. Review of Financial Studies，2008，21（2）：1013—1036.

[188] Kling G，Gao L. Chinese Institutional Investors' Sentiment [J]. Journal of International Financial Markets Institutions & Money. 2008，18（4）：374—387.

[189] Koijen R S J，Yogo M. A demand system approach to asset pricing[J]. Journal of Political Economy，2019，127（4）：1475—1515.

[190] Koijen R. The cross-section of managerial ability，incentives，and risk preferences[J]. Journal of Finance，2014，69（3）：1051—1098.

[191] Koski J L，Pontiff P. How are derivatives used? Evidence from the mutual fund industry[J]. Journal of Finance，1999，54（2）：791—816.

[192] Kouwenberg R，Ziemba W T. Incentives and risk taking in hedge funds[J]. Journal of Banking and Finance，2007，31（11）：3291—3310.

[193] Kyle A S，Ou-Yang H，Wei B. A Model of Portfolio Delegation and Strategic Trading[J]. Review of Financial Studies，2012，24（11）：3378—3812.

[194] Lakonishok J，Shleifer A，Vishny R. The Impact of Institutional Trading on Stock Prices[J]. Journal of Financial Economics. 1992，32（5）：23—43.

[195] Lan Y，Wang N，Yang J. The economics of hedge funds[J]. Journal of Financial Economics，2013，110（2）：300—323.

[196] Lauterbach B，Reisman H. Keeping up with the Joneses and the home Bias[J]. European Financial Management，2004，10（2）：225—234.

[197] Lee J H，Trzcinka C，Venkatesan S. Do portfolio manager contracts contract portfolio management?[J]. Journal of Finance，2019，74（5）：2543—2577.

[198] Lee J，Baek K，Park Y S. What drives portfolio pumping in the Korean equity fund market?[J]. Asia-Pacific Journal of Financial Studies，2014，43（2）：297—315.

[199] Leippold M，Rohner P. Equilibrium implications of delegated asset management under benchmarking [J]. Review of Finance，2012，16（4）：935—984.

[200] Leung C W. Dynamic agency，delegated portfolio management and asset pricing[M]. Beijing：Cheung Kong Graduate School of Business，2014.

[201] Leung C W. Dynamic contracts and the Sharpe Ratio：theory and evidence[M]. Beijing：Cheung Kong Graduate School of Business，2017.

[202] Leung D，Kwong M. The flow-performance relationship in emerging market bond funds[J]. Working paper available at SSRN 3110360，2018.

[203] Li W，Tiwari A. Incentive contracts in delegated portfolio management[J]. Review of Financial Studies，2009，22（11）：4681—4714.

[204] Li Xiangwen，Wu Wenfeng. Portfolio pumping and fund performance ranking：A performance-based compensation contract perspective[J]. Journal of Banking and Finance，2019，105：94—106.

[205] Lim J，Sensoy B A，Weisbach M S. Indirect incentives of hedge fund managers[J]. Journal of Finance，2016，71（2）：871—918.

[206] Lipson M，Puckett A. Institutional Trading during Extreme Market Movements[J]. SSRN eLibrary. 2007，46（5）：127—142.

[207] Luo M , Chen T , Yan I K. Price Informativeness and Institutional Ownership: Evidence from Japan[J]. Review of Quantitative Finance & Accounting. 2014, 42 (4): 627—651.

[208] Ma L L , Tang Y H , Gómez J P. Portfolio manager compensation in the U. S. mutual fund industry[J]. Journal of Finance, 2019, 74 (2): 587—638.

[209] Markowitz H. Portfolio selection[J]. Journal of Finance, 1952 (7): 77—91.

[210] Merton R C. Theory of rational option pricing[J]. The Bell Journal of Economics and Management Science, 1973: 141—183.

[211] Merton R C. Life time portfolio selection under uncertainty: the continuous time cases [J]. Review of Economics and statistics, 1969, 51 (1): 247—257.

[212] Merton R C. Optimal consumption and portfolio rules in a continuous-time model [J]. Journal of Economic Theory, 1971, 3 (4): 373—413.

[213] Miller E M. Risk, Uncertainty, and divergence of opinion [J]. Journal of Finance, 1977, 32 (4): 1151—1168.

[214] Neave E H, Yang J. Disaggregating marketplace attitudes toward risk: A contingent-claim-based model[J]. Applied Financial Economics, 2009, 19 (9): 719—733.

[215] Neumannn J V , Morgenstern O. Theory of games and economic behavior[M]. Princeton, New Jersey: Princeton University Press, 3rd ed, 1953.

[216] Newman P K, Milgate M, Eatwell J. The new palgrave dictionary of money and finance[M]. London: Macmillan Press Ltd., 1992.

[217] Nicolosi M, Angelini F, Herzel, S. Portfolio management with benchmark related incentives under mean reverting processes[J].

Annals of Operations Research，2018，266（1—2）：373—394.

[218] Nicolosi M. Optimal strategy for a fund manager with option compensation[J]. Decisions in Economics & Finance，2018，41：1—17.

[219] Nieken P，Sliwka D. Risk-taking tournaments-Theory and experimental evidence[J]. Journal of Economic Psychology，2010，31（3）：254—268.

[220] Nutz M，Scheinkman J A. Shorting in speculative markets[J]. The Journal of Finance，2020，75（2）：995—1036.

[221] Ou-Yang H. Optimal contracts in a continuous-time delegated portfolio management problem[J]. Review of Financial Studies，2003，16（1）：173—208.

[222] Palomino F. Relative performance objectives in financial markets[J] Journal of Financial Intermediation，2005，14（3）：351—375.

[223] Panageas S. Westerfield M. High-water marks：High risk appetites? Convex compensation，long horizons，and portfolio choice [J]. Journal of Finance. 2009，64（1）：1—30.

[224] Pavlova A，Sikorskaya T. Benchmarking intensity[J]. Working paper available at SSRN 3689959，2020.

[225] Pool V K，Stoffman N，Yonker S E，et al. Do shocks to personal wealth affect risk-taking in delegated portfolios?[J]. Review of Financial Studies，2019，32（4）：1457—1493.

[226] Qiu J. Termination risk，multiple managers and mutual fund tournaments[J]. European Finance Review，2003，7（2）：161—190.

[227] Qiu Z G. Equilibrium-informed trading with relative performance measurement[J]. Journal of Financial and Quantitative Analysis，2017，52（5）：2083—2118.

[228] Qiu Z. An institutional REE model with relative performance[R]. Working paper，2014. http://papers.ssrn.com/sol3/

papers.cfm?abstract_id=2015202.

[229] Reed A， Wu L. Racing the clock：Benchmarking or tournaments in mutual fund risk-shifting? Working paper，2005. University of North Carolina.

[230] Ross S. Compensation，incentives and the duality of risk aversion and riskiness[J]. Journal of Finance. 2004，59（1）：207—225.

[231] Rubin A，Smith D R. Institutional Ownership，Volatility and Dividends[J]. Journal of Banking & Finance. 2009，33（4）：627—639.

[232] Sato Y. Delegated portfolio management，optimal fee contracts，and asset prices[J]. Journal of Economic Theory，2016，165：360—389.

[233] Sato Y. Fund tournaments and asset bubbles[J]. Review of Finance，2016，20（4）：1383—1426.

[234] Savage L J. The foundation of statistics[M]. New York：Dover Publication，1972.

[235] Savov A. The price of skill：Performance evaluation by households[J]. Journal of Financial Economics，2014，112（2）：213—231.

[236] Scheinkman J A，Xiong W. Overconfidence and speculative bubbles[J]. Journal of Political Economy，2003，111（6）：1183—1220.

[237] Schwarz C G. Mutual fund tournaments：The sorting bias and new evidence[J]. The Review of Financial Studies，2012，25（3）：913—936.

[238] Sensoy B A. Performance evaluation and self-designated benchmark indexes in the mutual fund industry[J]. Journal of Financial Economics，2009，92（1）：25—39.

[239] Servaes H， Sigurdsson K. The costs and benefits of performance fees in mutual funds[J]. European Corporate Governance Institute（ECGI）-Finance Working Paper，2018（588）.

[240] Sharpe W F. Capital asset prices： A theory of market equilibrium under conditions of risk[J]. Journal of Finance，1964，19（3）：425—442.

[241] Sheng J，Wang X，Yang J，et al. Performance-based fee contract and risk-taking strategy in asset management tournament[J]. Bulletin of Economic Research，2019，71（3）：3307—3378.

[242] Sheng J，Xu S，An Y，et al. Dynamic asset pricing in delegated investment An investigation from the perspective of heterogeneous beliefs of institutional and retail investors[J]. Economic Modelling，2022，107：105—716.

[243] Sheng J，Xu S，An Y，et al. Dynamic portfolio strategy by loss-averse fund managers facing performance-induced fund flows[J]. International Review of Financial Analysis，2021，73：101—609.

[244] Shu-Fan H. Individual and Institutional Herding and the Impact on Stock Returns：Evidence from Taiwan Stock Market [J]. International Review of Financial Analysis. 2013，29（3）：175—188.

[245] Sirri E，Tufano P. Costly search and mutual fund flows[J]. Journal of Finance，1998，53（5）：1589—1622.

[246] Sotes-Paladino J M，Zapatero F. Carrot and stick：A risk-sharing rationale for fulcrum fees in active fund management[J]. Working paper available at SSRN 2143838，2020.

[247] Sotes-Paladino J M，Zapatero F. Riding the bubble with convex incentives[J]. Review of Financial Studies，2019，32（4）：1416—1456.

[248] Spatt C S. Conflicts of interest in asset management and advising[J]. Annual Review of Financial Economics，2020，12：217—

235.

[249] Spiegel M，Zhang H. Mutual fund risk and market share-adjusted fund flows[J]. Journal of Financial Economics，2013，108（2）：506—528.

[250] Steven G，Kaniel R，Starks L. Madison Avenue meets Wall Street：Mutual fund families，competition，and advertising[R]. 2006，Working paper，University of Texas.

[251] Stoughton N. Moral hazard and the portfolio management problem[J]. Journal of Finance，1993，48（3）：2009—2028.

[252] Stracca L. Delegated portfolio management：A survey of the theoretical literature[J]. Joumal of Economic Surveys，2006，20（5）：823—848.

[253] Taylor J D. A role for the theory of tournaments in studies of mutual fund behavior[J]. Journal of Economic Behavior and Organization，2003，50（2）：373—383.

[254] Tversky A，Kahneman D. Loss aversion in riskless choice：A reference-dependent model[J]. Quarterly Journal of Economics，1991，106（4）：1039—1061.

[255] Van Binsbergen，Brandt M，Koijen R. Optimal decentralized investment management[J]. Journal of Finance，2008，63（4）：1849—1895.

[256] Vayanos D，Woolley P. An institutional theory of momentum and reversal[J]. Review of Financial Studies，2013，26（5）：1087—1145.

[257] Wermers，Russ. Mutual Fund Herding and the Impact on Stock Prices[J]. Journal of Finance. 1999，54（2）：581—622.

[258] Yiu K. Optimal portfolios under a value-at-risk constraint[J]. Journal of Economic Dynamics & Control，2004，28（4）：1317—1334.

[259] Yu J. Disagreement and return predictability of stock portfolios[J]. Journal of Financial Economics，2011，99（1）：162—183.

[260] Zhang A. A secret to create a complete market from an incomplete market[J]. Applied Mathematics and Computation，2007，191（1）：253—262.

后 记

基于行为金融学的相关理论，分析和解释证券市场中机构投资者行为及其对股票价格的影响，是现代金融研究领域的一项重要课题。本书基于前景理论和投资者异质信念视角，分析了管理者薪酬激励合同导致的显性激励、基金业绩—流动关系导致的隐性激励和基金管理者对基准组合业绩的关注，对机构投资决策行为和资产价格的影响。本书对现有研究进行了一些有益的补充，但研究内容仍有很大的拓展空间，相关领域仍有大量问题亟待解决，这里列出几点供读者参考。

首先，本书中机构投资者动态投资决策模型无风险约束限制。从保护基金投资者利益的角度出发，对机构投资组合选择进行风险约束可从一定程度上缓解管理者投资决策时的风险转嫁行为。因此，在机构动态投资组合决策模型中增加风险约束，如 VaR（value at risk）约束、条件 VaR 约束等，探讨其对机构投资行为的影响，进而分析风险约束对资产价格带来的变化，具有一定实践意义。

其次，本书的投资决策模型中市场参与者无交易限制。而我国证券市场仅有部分股票可以通过融资融券实现做多和做空交易，且进行融资融券投资行为对投资者的资本总量有一定要求，不少个人投资者因不满足资金门槛限制而不能进行融资融券操作。因此，在动态资产定价模型中对市场参与者设定交易限制，不仅更符合我国证券市场相关政策，同时能从理论机理上分析相关交易限制政策对市场风险资产价格和波动率的影响。

此外，本书中动态资产定价模型只包含一个风险资产，这一局限性导致相关研究无法深入探讨基准组合成分股（包含在激励合同的基准组合内的股票）和非成分股（不包含在基准组合内的股票）的价格形成机制的差异性分析。由于机构代理投资中的激励合同往往与一个动态的投资组合相关，即基准组合，目前投资实践中一般取定为某一指数，因此激励合同对基准组合成分股和非成分股的价格和波动率的影响机制截然不同。后续研究可通过求解多风险资产的资产定价模型，分别求解基准组合成分股和非成分股的价格，进而探讨两者在价格形成机制上的差异。

最后，希望本书能起到抛砖引玉的作用，为金融工程、资产定价方面的学习和研究者们提供帮助，期待上述问题能在你们的工作中得到解决。